고쳐 풀이한 법성게

지엄·의상 두 분 선사께 지극한 공경과 감사를 표합니다.

고쳐 풀이한
법성게

◉그 공능功能과 쓰임새

학송 지음

운주사

*편집자주: 월하月河 학송鶴松 스님(권경술權景述)은 이 책의 출간을 준비 중이던 2016년 6월 18일에 열반하셨다. 따라서 이 책은 유고집이 되었다. 하지만 이미 출간을 위한 원고가 마무리된 상태였으므로 가능한 한 당시의 원고 내용을 그대로 실었다.

불법佛法 프리즘

임윤수(공학박사)

여쭙겠습니다.

"햇빛을 본 적이 있으십니까?"

매일매일 보는데 무슨 소리냐고 할 것입니다.

다시 여쭙겠습니다.

"정말 햇빛을 보신 적이 있으십니까?"

안타깝게도 햇빛은 그 실체가 우리 눈에는 보이지 않습니다. 다만 세상에 존재하는 물체들을 우리가 인식할 수 있도록 조명해줄 뿐입니다. 하지만 아무것도 보이지 않던 햇빛도 삼각 프리즘을 통해 바라보면 빨·주·노·초·파·남·보 이렇게 일곱 빛깔로 파장波長을 달리하며 구분됩니다.

그래서 또 여쭙니다.

"「법성게法性偈」를 읽어본 적이 있으십니까?"

또 무슨 소리냐고 할 것입니다.

210자밖에 되지 않는 짧은 게송偈頌이니 당연히 읽고, 외고, 알고 있다고 할지도 모릅니다.

그래서 다시 한 번 더 여쭙겠습니다.

"「법성게」를 진짜로 보셨습니까?"

매일매일 햇빛을 보고 있다고 착각을 하고 있는 것처럼 혹시 진짜로 「법성게」를 보았다고 착각을 하고 있는 건 아닌지 모르겠습니다. 「법성게」는 부처님의 가르침을 비추고 있지만, 어쩌면 실체가 보이지 않는 햇살 같습니다.

햇살의 실체를 또렷하게 볼 수 있게 해주는 것이 삼각 프리즘이라면, 학송 스님께서 쓰신 『고쳐 풀이한 법성게法性偈 ─ 그 공능과 쓰임새』는 「법성게」를 또렷하게 새길 수 있도록 해주는 또 다른 형태의 불법佛法 프리즘입니다.

지금까지 읽고, 보고, 외고, 알고 있던 「법성게」는 어쩌면 단색광을 무심히 투과시키는 평면유리처럼 구조와 해석이 조금은 불분명한 내용이었을 수도 있습니다. 하지만 학송 스님께서 쓰신 『고쳐 풀이한 법성게』를 통해서 다시 읽게 되는 「법성게」는 단색광을 일곱 색깔 무지갯빛으로 만들어내는 삼각 프리즘처럼 구조와 해석이 또렷합니다.

삼각 프리즘을 통과한 햇살은 무지갯빛이 되고, 학송 스님이 쓰신 「법성게」는 그동안 보고 있으면서도 보지 못하고, 외고 있으면서도 새기지 못했던 「법성게」에 담긴 뜻을 온전히 새기며 바르게 익히게 해줄 불법-프리즘이 될 거라 기대됩니다.

「법성게」를 현대적으로 장엄하는 불사

야청也青 황정원黃鉦源 (부산 보림선원)

강원도 횡성의 불영사佛迎寺 월하月河 학송당鶴松堂께서 며칠 전에 의상義湘 대사의 「법성게法性偈」에 등장하는 한자 210자를 그대로 살려서 나름대로 새롭게 뜻을 정리한 옥고를 보내 주셨다. 비록 환갑의 나이에 이르러 늦게 출가한 학송당이지만, 대학 시절에 인천 보각선원의 소천 스님을 스승으로 모시고 불교공부를 시작한 이후로, 불자로서 계속 정진한 경력이 50년이 넘는다. 이미 대학교수로 재직하는 동안에 발간한 불교 관련 저술만도 상당수에 이른다.

이번에는 우리가 잘 아는 「법성게」를 대중들이 알기 쉽게 풀이하여 달라는 지인知人의 요청으로 그 해설서를 집필하던 중에, 게송偈頌을 배치한 순서가 순리順理가 아니라고 생각하여 새로운 형태로 바로잡아 보고자 마음을 냈다고 한다. 주위에서는 고인古人의 유명한 글을 제 마음대로 편집하는 것은 무례한 짓이라고 만류하는 사람도 있지만, 그러나 꼭 그렇게만 볼 것은 아니라고 생각하여 주위의 만류에도 불구하고 천학淺學인 내가 추천사를 쓰고자 자청하였다.

부처님을 제외하면 모두 중생이다. 설사 대사大師나 보살 같은 선지식이라 하더라도 그 견처見處가 각각 다르다. 완벽한 지견知見은 오직 부처님의 불지견佛知見뿐이다. 따라서 공부하는 중생들이 210개의 한자를 가지고 『화엄경』의 의취를 요약한다면 학인學人마다 그 표현이 다를 수밖에 없고, 그런 견해가 같은 성향을 가진 다른 학인에게 도움이 되기도 한다. 학송 스님의 원고를 보니 구절구절마다 자세하게 설명하고 그 근거를 경론經論에서 적시摘示하므로, 누구나 이해할 수 있도록 잘 정리된 현대적인 해설서라 할 만하다.

이번에 학송당이 이렇게 의상 대사의 「법성게」를 손질한 것은 대중에게 『화엄경』의 의취를 보다 쉽게 설명하려는 보리심菩提心에서 나온 것이다. 나는 학송당의 이번 발간이 의상 대사의 「법성게」를 한층 더 귀중하게 장엄하는 불사佛事가 될 것이라고 믿는다.

『고쳐 풀이한 법성게』의 논쟁적 성격

금장태(서울대학교 명예교수)

의상 대사의 「법성게」를 그동안 「화엄일승법계도華嚴一乘法界圖」로만 알아왔는데, 이 글이 방대한 『화엄경』의 정신과 세계를 210자로 압축하여 제시하였다는 것은 참으로 정수精粹를 뽑아내고 다시 정수를 갈아서 다듬어낸 보석 같은 글이라 생각합니다. 그래서 1,300여 년이 지나도록 많은 불교인들이 암송하며, 가슴에 새기고 주석하여 뜻을 밝혀내면서 경전처럼 소중하게 여겨 왔을 것으로 짐작됩니다.

그런데 이제 학송 스님께서 「법성게」의 편차를 전면적으로 재정리하고 글자의 위치까지 변동하여 해석하신 것은 참으로 1,300여 년 동안 고승대덕高僧大德의 어느 누구도 시도하지 않았던 일이요, 한국불교사상사에서 '획기적 사건'이라 해야 할 것 같습니다.

저는 『고쳐 풀이한 법성게』를 읽으면서, 유교전통에서 보면 마치 주자朱子가 과감하게 『대학大學』의 편차를 변동하고 글자를 수정했던 사실에 흡사한 광경을 떠올렸습니다. 주자는 『대학』의 전면적 수정을 하면서 세밀하게 주석하여 『대학장구大學章句』를 저술했는데, 이 저술은 1,000여 년 동안 유교사상을 지배하는 위력을 발휘했습니다.

그런데 주자의 『대학장구』는 논리적으로 치밀한 체계요 해석이지만, 그 사이에 많은 반론과 비판이 제기되었던 것도 사실입니다.

이렇게 주자의『대학』에 대한 체계와 해석을 둘러싸고 일어난 논쟁이 사실상 지난 1,000여 년 동안 유교사상의 학문적 깊이와 폭을 넓혀주었던 위대한 성과라 할 수 있습니다.

이제 학송 스님의『고쳐 풀이한 법성게』에 대해서는 의상 대사의 「법성게」를 조술祖述하는 많은 학자와 수도자들의 비판을 받을 것으로 짐작됩니다. 역사는 언제나 개혁과 수구의 대립이나 진보와 보수의 숙명적인 대결을 통해 발전해 왔던 것이 아니겠습니까? 그렇다면 학송 스님은 이 저술을 내면서 많은 비판에 대답하실 준비를 미리 해두셔야 될 것 같습니다.

이렇게 학송 스님이 제기하는 「법성게」의 새로운 해석으로 논쟁의 불이 붙는다면, 저는 그것이 한국불교가 '신앙으로서의 불교'나 '경전을 해설하는 불교'에 머물지 않고, '사상으로서의 불교'나 '논쟁으로 사유를 연마해가는 불교'로 심화될 수 있는 중요한 계기를 열어줄 것이라 생각합니다.

글머리에

「법성계法性偈」는 ① 위없이 심히 깊고 미묘한 부처님 말씀에 가장 쉬이, 가장 가까이, 가장 온전히 다가갈 수 있는 키워드keyword 중 하나이다. 그리고 ② 모든 종교[宗教: 최상의 온전한 진리(宗)의 가르침(敎)]*의 근본 교리가 어느 정도 온전한 진리를 일깨우는 가르침인가를 변별할 수 있는 척도 내지 준거이자, 종교와 사교邪教의 변별 준거가 되므로 종교간 소통은 물론 종교전쟁의 예방 내지 종식, 그리고 성직자와 종교 상인과 종교 사기꾼을 변별할 수 있는 역량을 길러줄 수 있어 사교의 폐해를 잠재울 수 있을 것으로 기대된다. 뿐만 아니라 ③ 무엇이 참으로 바르고(正) 옳은 것(義)인가를 확연히 밝혀 제시하므로 모든 사상·이념·철학이 온당한지 아닌지를 판단할 수 있는 준거이기도 하다. 이 준거를 활용하면 그릇된 이념과 사상이나 철학에 근거한 부당한 정책 등의 추진을 예방하고 이념과 사상의

---

*서양에서 종교(religion)는 의례儀禮·제의祭儀를 뜻하는 라틴어에서 유래하는데, 키케로cicero는 "의례문儀禮文을 반복적으로 다시 읽는다"는 뜻으로, 락탄티우스 Lactantius는 '다시 묶는다', '재결합하다'는 뜻으로 풀이한다. 필자는 '재결합하다, 다시 묶는다'의 본지를 살려 '인간의 본성本性으로의 회귀 방편'을 뜻하는 것으로 파악하고자 한다. 그 까닭은 「법성계」 해설을 끝까지 살펴보면 수긍하게 될 것이다.

실없는 논쟁을 종식시킬 수 있어, 인류 위기상황, 즉 전쟁·범죄·계층 간 갈등·빈부격차 심화·공해·자원고갈·사교邪敎의 범람·도덕적 해이·인간성 상실 등도 잠재울 수 있다.

특히 법法의 이념인 정의正義를 명확히 설정할 수 있고, 정치政治의 본령인 '법으로써 국민을 바르게 함(以法正民)'의 본지本旨에 확연히 다가설 수 있는 방안의 제시 또한 가능해진다.

나아가 자본주의 시장경제가 영성靈性을 상품화하는 '마케팅 3.0'을 지향하고 있으므로 영성을 일깨우는 종교의 상품성에 착안하면, 종교 는 ①그 자체만으로도 새로운 시대를 이끌 신 성장 동력 산업이자, ②육식六識을 넘어 팔식八識에로, 팔식을 넘어 영성에로 과학의 폭과 깊이를 더욱 심화시켜 무궁무진한 신 성장 동력 산업을 창출할 수 있는 무소불위의 창조력을 지닌 창조의 원천임을 알아야 한다.

그런데 「법성게」는 이 창조력의 원천을 거머쥔 핵核을 일깨우고 있다. 이 사실을 직시하여 ①「법성게」의 일깨움을 과학에 접목하면 획기적으로 과학 발전을 창도하는 선진 과학입국科學立國이 가능하고, ②「법성게」를 종교라는 상품의 품질을 평가하는 국제표준으로 활용하면 세계 종교시장을 석권할 수 있는 신 성장 동력 상품의 발명, 생산, 판매에 이르기까지 다른 종교의 추종을 불허할 독점적 지위를 확보할 수 있어 우리나라가 새로운 종교 종주국으로 발돋움 할 수 있는 기틀을 제공할 것으로 기대된다.

필자는 「법성게法性偈」의 공능功能과 쓰임새에 대한 새로운 시각을 일깨워 「법성게」의 공능을 인류의 복지증진에 제대로 활용할 수 있게 되길 간절히 소망한다. 이 소망을 성취하고자 「법성게」의 공능과 쓰임새가 제대로 드러날 수 있도록 필자 나름으로 「법성게」의 전개 순서 등을 이치에 맞게 고쳐 번역, 풀이하면서, 『화엄경華嚴經』을 위주로 『법화경』·『지세경』·『원각경』·『능엄경』·『금강경』·『반야심경』·『대승기신론』 등을 참고하여 「법성게」 내용의 타당 근거를 제시해 보았다. 1,300여 년의 깊은 잠을 깨우는 작업이어서 필자의 열악한 근기根機로는 분명한 한계를 느낄 수밖에 없음을 절감한다.

부디 누군가가 평이하고 반듯하게 온전한 '법성게 해설서'를 출간하길 소망한다. 아울러 독자께서는 혹여 태산이 높다고 탓하며 스스로 오르려는 노력을 게을리 하지는 않는지 돌이켜 보길 바란다.

이 책을 펴내는 과정에서 ①"촌음을 아껴라"라고 한 말씀과 '깨달음을 구하기 위해서나 부처님의 가르침을 지켜 나가기 위해 목숨을 아끼지 않아야 하는(不惜身命) 까닭'에 눈뜨게 되고, ②『화엄경』·『금강경』·『원각경』·『능엄경』·『반야심경』 등 부처님의 가르침이 한결 쉬이 이해되는 것으로 미루어, 이 『고쳐 풀이한 법성게』가 부처님의 가르침에 다가서는 키워드의 하나임을 확신하여 추후 『금강경 해설서』의 출간도 계획하게 되었다. 이런 일련의 사안을 접하게 되니, ③부처님과 부처님의 말씀을 결집한 분들과 이 말씀을 오늘날까지 널리 펴신 분들께 진심으로 감사하지 않을 수 없고, 불법승佛法僧 삼보三寶의 은혜에 감사하며 이 은혜를 갚는 일에 최선을 다 하고자 더욱 간절히 서원하게 되었다.

이 책을 펴낼 수 있도록 격려와 도움을 주신 분들이 많다. 서평을

14

해주신 금장태 교수님, 황정원 교수님, 임윤수 공학박사님, 그리고 '불영사'에서 봉행하는 천일기도에 동참하신 모든 분들과 유한조 보살님, 원광식 교수님, 전창렬 변호사님, 한중석 회장님, 전병두 원장님, 이진두 거사님, 김정희 보살님, 김 이사벨라 님, 김배꿩 님, 나의 꿈을 이해하고 함께 꿈꾸며 반생을 같이해준 이자옥 님, 권재원 님, 권태임 님의 공덕이 원만히 성취되고 널리 회향되길 불보살님과 화엄성중님께 진심으로 기원한다.

2016. 1.

월하 학송 합장

※이 책에 인용한 『화엄경』은 무비 편찬, 『화엄경』을, 『원각경』은 ①소천, 『원각경 강의』, ②진종식, 『원각경』, ③황정원, 『원각경 이가해』를, 『능엄경』은 ①진종식, 『능엄경』, ②황정원, 『능엄경 상·하』 등등의 번역을 참고하였다. 이분들의 노고에 경의와 감사를 표한다.

제2부 「법성게」의 공능과 쓰임새

제1부

고쳐 풀이한 법성게

Ⅰ. 서언

    경經에 이르시길 ①"세간의 말(言論)이란 모두가 분별이니 일찍이 한 법도 법성法性에 들어가지 못하는도다(世間所言論 一切是分別 未曾有一法 得入於法性)"[1]라고 했고, ②"말로써 모든 법을 말하고자 하나 능히 참모습을 나타낼 수 없다(言語說諸法 不能顯實相)"[2]라고 했다. 뿐만 아니라 "일체세간 문자文字로 하는 말도 모두 제한이 있어서 여래의 지혜를 알지 못한다(一切世間文字所說 皆有齊限 悉不能知如來智慧)"[3]라고 일깨우신다.

---

1 『화엄경, 보살문명품』, 그리고 『능엄경』에서 "세상 사람들이 모르고 인연因緣인가 자연自然인가 헤아리지만 모두가 식심識心의 분별分別과 계탁計度이다. 다만 언설 言說만 있고 진실한 것이 전혀 없다"고 하신 말씀도 참조.

2 『화엄경, 수미정상게찬품』

3 『화엄경, 이세간품』. 위 말씀들은 '아난'이 '가섭'에게 교외별전教外別傳을 따져 물은 데 대해 선가禪家에서는 삼처전심三處傳心과 불입문자 직지인심 견성성불(不立文字 直指人心 見性成佛)을 전가傳家의 보도寶刀로 삼는 배경 내지 까닭을 이해하는 데 도움이 될 것임(상세는 졸저, 『아이고 부처님』 중 '여시아문如是我聞' 참조).

이는 ①"부처님께서는 모든 중생들이 좋아하는 마음을 따라서 법法을 연설(佛隨諸衆生心之所樂而演說法)/(隨一切衆生心之所樂雨法雨)"하시기도 하고, 때로는 ②"중생들의 의심에 상응하여 법法을 펼치시기도(隨諸衆生心之所疑 而爲說法)"하며, ③"욕망과 이해함이 뛰어나고 못한 차별을 따라서 법을 말씀(隨其欲解勝劣 差別而 爲說法)"하시고,[4] ④"중생을 편안케 하려고 가지가지 법문을 하시며(安穩衆生故 以種種法門)", "가지가지 인연과 비유와 언사로 방편 따라 설법하시고(以種種因緣 譬喩亦言辭 隨應方便說)", "방편으로 설법하여 모두 환희토록 하시는(方便說法 皆於歡喜)"[5] 등 ⑤"일체의 가르침(法)이 다 인연으로 생겨나나니…… 중생의 욕락欲樂에 수순하여 방편方便으로 설說(一切法皆從緣起……順衆生諸欲樂 方便爲說)"[6]하여짐을 유념하게 한다.

이들 말씀을 참고하건대 법성法性을 노래한 「법성게法性偈」도 세간의 문자文字로 이루어져 있어 온전히 '법성'을 밝힐 수 없다 할 것이다. 다만 "모든 지혜로운 사람들은 비유로써 개오함(諸有智者 要以譬喩 而得開悟)"[7] 내지 "모든 지혜로운 사람들은 비유로써 이해함(諸有智者

---

4 『화엄경, 입법계품』

5 『법화경, 방편품』

6 『화엄경, 십통품十通品』, 그리고 함허 득통涵虛得通의 『원각경해圓覺經解』에 의하면 "육범六凡의 삼독三毒·십사十使와 삼승三乘의 사제四諦·12인연·육도六度가 모두 환화幻化이고 모두 연생緣生이다"라고 한 바도 참조(황정원 역주, 『원각경 이가해』, 운주사, p.61). 참고로 일체의 가르침이 중생의 근기와 욕락에 수순하여 방편으로 설하여짐을 일러 대기설법對機說法이라고 함.

以譬喩得解)"[8]을 유념하면 「법성게」도 '법성에 들어가는 비유로서' 족히 깨침의 방편이 되는지라 오랜 세월 동안 지혜로운 사람들의 사랑을 받아온 것 같다.

그러나 ①"부처님께서…… 중생의 마음을 기쁘게 하려고 비유를 말씀함일지언정 최상의 법이 아님(諸佛…… 但隨衆生心 令其歡喜 爲說 譬喩 非是究竟)"을 알아야 하고, 또 ②"여래는 법성法性의 소견으로가 아니라 모든 법성을 떠나는 것을 보는 자를 이름하여 여래를 본다고 한다. 만약 능히 이와 같이 보면 이름하여 정견正見이라 한다"라고 일깨우신다.

이들 말씀에 비추어 보건대, 의상 조사의 「법성게」도 하나의 '비유' 에 준하여 깨달음에 이르는 징검다리의 징검돌에 불과함을 유념하여, 징검돌에 마냥 주저앉는 어리석음을 범하지 않아야 할 것이다.

부처님께서 "내가 설한 법法을 뗏목에 비유함과 같음을 안다면 법도 오히려 응당 놓아 버려야 하거늘 어찌 하물며 법 아님이리오(知我 說法 如筏喩者 法尙應捨 何況非法)"[9]라고 일깨우신 말씀과 "나는 이 뗏목의 비유로써 교법敎法을 배워 그 뜻을 안 후에는 버려야 할 것이지, 결코 거기에 집착할 것이 아니라고 말하였다. 하물며 법 아닌 것이겠느 냐? 만약 법과 법 아닌 것을 버리면 이를 부처님을 본다고 이름한다.

---

7 『화엄경, 여래출현품』

8 『지세경持世經』, 한글대장경(대장경 제158책), p.190.

9 『금강경』 '칠사구게七四句偈' 중 하나. 백용성 역해, 『금강경』(삼장역회 발행), pp.29, 31.

무슨 까닭인가 하면, 여래를 이름하여 일체의 법을 버린 자라고 하기 때문이다"[10]라고 일깨우신 말씀도 연계하여 돌이켜 봄직하다.

그리고 ①"모든 법이 말로 할 수 없음을 알지만 청정한 법륜을 굴려 여럿의 마음을 기쁘게 하며…… 방편과 실상을 함께 행하는 법을 짓는 것이 부처의 업(雖知諸法不可言說 而轉淨法輪 令衆心喜…… 權實雙行法是佛業)"[11]임을 알고, 아울러 ②"모든 부처님의 가르침은 자비를 의지하고, 자비는 방편을 의지하고, 방편은 지智를 의지하고, 지는 혜慧를 의지함(一切佛法依慈悲 慈悲復依方便立 方便依智智依慧)"[12]도 알면, ③부처님의 모든 가르침에 깃든 자비와 방편과 지혜에 대한 공경과 믿음이 증장되어 「법성계」에 한결 쉬이 접근할 수 있을 것이다.

그런데 이 「법성계」에 이 사람 저 사람이 세간의 말로 제 나름의 신기루 같은 환상의 꽃구름을 피우고 사족蛇足을 달아 갈피를 잡을 수 없게 한다. 부디 눈 밝은 이가 이 꽃구름을 말끔히 치워주기를 바라며 또 하나의 꽃구름을 들춘다. 이이제이以夷制夷가 되거나 서로 두들겨서 유기방자가 되길 바라서이다.

흔히들 '미쳐야(狂) 미친다(及)'라고들 한다. 아마도 온전히 미쳐야

10 『지세경持世經』, 한글대장경(대장경 제158책), p.190.

11 『화엄경, 이세간품』. 참고로 정법正法을 바로 설하는 법설法說과 비유를 들어 설하는 비설譬說, 그리고 인연을 들추어 설하는 인연설因緣說 등 셋을 삼주설법三周說法이라고 함.

12 『화엄경, 여래출현품』

(狂) 제대로 미칠(及) 수 있음을 일깨우는 말일 게다. 같은 맥락에서 「법성게」에 온전히 미쳐야 법성法性에 제대로 미칠 수 있음을 유념하건대, 필자가 「법성게」에 온전히 미쳤(狂)는지, 법성에 제대로 미쳤(及)는지 여부의 판단은 깨쳐 눈 밝은 이의 몫이지만 독자 제현諸賢도 분명 한 몫을 해줄 것으로 믿는다.[13]

---

13 이 책의 오류나 부족한 부분에 대해 지적해 주시면 증보판 출간시 반영하고자 하오니, 부디 아낌없는 편달을 당부 드린다. ※ 저자는 이미 고인이 되었으나 원래 원고의 내용을 그대로 살렸다.(편집자)

II. 고쳐 풀이한 배경과 요지

1. 고쳐 풀이한 배경

1) 의문의 제기

"한 구절의 법문을 제대로 갖추어 말하려면 아승지겁으로도 다 말할 수 없고 글과 뜻도 제각기 같지 않다(欲具演說一句法 阿僧祇劫無有盡 而令文義各不同)"고 일깨우신 『화엄경, 십주품』 말씀[14]에 비추어 보건대, 방대한 『화엄경』 말씀을 7언言 30구句 210자字로 축약한 「법성게」야말로 실로 경탄을 금할 수 없는 걸작 중 걸작이라 하겠다.

그런데 육수六秀 중 하나인 병오일丙午日에 태어난 필자가 210자에 불과한 「법성게」를 72살이 된 오늘까지 외우질 못한다면 누가 믿을까마는, 이건 사실이다. 외워지지 않는 것은 아마도 뜻이 통하지 않아서

---

14 그리고 혜가 대사가 "밝고 밝게 항상 알지만 말로써 미칠 수 없다(了了常知 言之不可及)"라고 하신 말씀(보각, 『마음달이 홀로 밝으니』, 대한출판사, 2013, p.154) 참조.

인가보다 하는 생각이 들어 필자 나름으로 공들여 풀이해보니 참으로
아리송한 구절이 적지 않았다.

　내로라하는 분들의 번역도 명쾌하질 않았고 세세한 해설 역시
마음에 와 닿질 않았다. 그런가 하면 첫 구인 '법성원융무이상法性圓融
無二相' 중 무이상無二相이 제3구인 '무명무상절일체無名無相絶一切'와
상응하지 않아 잘못된 것 같다는 생각이 떠나질 않았다.

　첫 구절에 대한 의문이 다음 구절을 외우는 데 은근히 브레이크로
작용하여 겨우 210자인 「법성게」를 외우지 못하는 것으로 판단되어,
결국 「법성게」 풀이에 매달리게 되었다. 한해 겨울이 언제 봄맞이를
한 줄도 모를 만큼 흥미로운 세월에 묻혀 지냈다. 한동안은 「법성게」가
'의상義湘' 조사의 창작품이 아니라 '문수보살님'께서 하사下賜하신
것으로 판단했다. 의상 스님이 문수보살님을 다시 친견하고자 '등갈
령'에서 기다린 사연과 「법성게」 내용이 워낙 심오하여 무어라 입을
열기 어려운데 '의상' 조사의 과문(科文: 경론經論을 해석하기 위해
내용에 따라서 문단文段을 구별하는 것)은 내 깜냥에는 얼토당토않게
여겨졌기 때문이다.

　그러던 어느 날, 「법성게」가 만들어진 경위와 과정에 얽힌 사연을
접하고 나서 의문의 첫 구를 고쳐 보는 만용을 부리게 되었다. 그러면
「법성게」가 만들어진 경위와 과정을 먼저 살펴보자.

2) 「법성게」가 만들어진 경위와 과정

　'최치원'이 전하는 바에 의하면[15] '의상'이 '지엄智儼'에게 수학하고

있던 어느 때 ① 한 번은 용모가 매우 괴위(魁偉: 체격이 장대하고
훌륭함)한 신인神人이 나타나서 의상에게 "스스로 깨달은 바를 저술해
서 남에게 널리 베풂이 마땅하다"고 일러 주는 꿈을 꾸었고, 또 다시
② 선재동자가 총명해진다는 약을 십여 제劑나 주는 꿈을 꾸었으며,
다음에는 ③ 청의동자를 만나 세 번 비결을 전수해 주는 꿈을 꾸고서
스승 '지엄'에게 이를 말씀드렸다. '지엄'이 그 말을 듣고 말하기를
"나는 신神에게서 신령한 베풂(靈貺)을 한 번 받았는데, 너는 세 번이나
받았다 하니 멀리까지 와서 부지런히 수행한 좋은 과보가 이에 순현(順
現: 현세에 지은 업의 과보를 현세에 받음)한 것이로다!" 하며 수행하여
얻은 바를 깊이 살펴 순서대로 편집하라고 분부했다.

　스승 '지엄'의 분부를 계기로 의상은 『대승장大乘章』 열 권을 편집하
여 스승 '지엄'에게 결점을 지적해 주기를 청하였다. 스승 '지엄'이
평하기를 "의리義理는 매우 잘 부합하나 문장에 나타난 말은 아직
옹색하다"라고 하므로, 의상이 번잡한 곳을 삭제하고 서로 통하게
다듬어 이를 『입의숭현立義崇玄』이라 하였다.

　이에 스승 '지엄'이 '의상'과 함께 부처님 앞에 나아가 원을 세우고(結
願) 이 『입의숭현』을 불사르면서 축원하기를 "이 글이 부처님의 뜻(聖
旨)에 부합함이 있다면 원컨대 타 없어지지 마소서" 하니, 불에 타지
않고 남은 것이 210자였다 한다. 의상으로 하여금 주워 모으게 한
후 간절히 서원하면서 이 210자를 다시 맹렬한 불길에 던졌다. 그러나
이 210자는 타지 아니하므로 스승 지엄이 눈물을 머금은 채 마음에

15 채인환, 「의상화엄교학의 특성」(불교문화연구소편, 『한국화엄사상연구』, 동국대학
　교출판부, 1982), pp.91~92. 그리고 광명 역주, 「법성게」(솔과학, 2010), pp.25~26.

감동하여 찬탄하며 '의상'으로 하여금 게송偈頌으로 편찬케 하였다. 의상이 방문을 걸어 닫고 수일 만에 7언言 30구句의 게송을 만드니 이것이 「법성게」가 만들어진 경위와 과정을 전해 주는 대목이다.

3) 만용蠻勇의 발단

「법성게」가 만들어진 경위와 과정에 나타난 불가사의한 영역을 그대로 존중하건대

①「법성게」 전체 글자 210자는 부처님의 뜻에 부합하므로 어느 한 글자도 가볍게 여길 수 없고, 또 고칠 수도 없음은 명확하다. 그리고

②이 210자는 부처님의 뜻에 부합하나, 의상의 창의적 경계가 아닐 뿐 아니라 210자를 짜 맞추어 배열한 「법성게」는 의상의 경계일 뿐 부처님 뜻에 부합하는 부동 불변의 게송으로 단정할 수는 없다. 특히

③의상의 「법성게 과문」에 의하면 「법성게」를 '자리행自利行'과 '이타행利他行'으로 구분하고 있는데 이는 자타自他가 없는 법성法性의 실상과는 어긋나는 바여서 의상이 법성의 본지를 제대로 알지 못한 것으로 판단하게 되었다. 비록 불에 타지 않은 210자는 부처님의 뜻(聖旨)에 부합한다 하더라도, 이 210자를 부처님의 뜻에 부합하도록 엮는 것은 별개의 문제다. 이 210자가 부처님의 뜻에 부합한다고 해서 아무렇게나 엮어도 부처님의 뜻에 부합한다면 '의상'이 굳이 방문을 걸어 닫고 수일 동안 고심할 까닭이 없기 때문이다. 의상의 「법성게」는 부처님의 뜻에 부합하는 210자를 부처님의 뜻에 온전히

부합하도록 엮지는 못했다는 생각이 필자로 하여금 「법성게」 210자
의 배열을 고쳐보고자 하는 만용을 불러 일으켰다. 더욱이 만용을
부채질한 것은 다음 이유에서이다.

④필자가 접한 「법성게」의 번역과 풀이 중 어느 하나도 여섯 번째
구句인 '불수자성수연성不守自性隨緣成'의 본뜻을 제대로 알고 풀이한
것을 볼 수가 없어서이다. 「법성게」가 만들어진 경위와 과정에 얽힌
사연을 통해 첫 구가 잘못된 것 같다는 의구심이 더욱 증폭되고,
'불수자성수연성'을 올바르게 번역, 풀이하고자 하는 객기客氣가 필자
로 하여금 이 『고쳐 풀이한 법성게』를 저술하게 한 셈이다.

'의상' 조사의 「법성게」를 ①고친 이유는 '첫 구'의 구성과 배열이
잘못되어 전체의 뜻이 제대로 통하지 않는 것으로 판단하여 이를
바로잡아 보고자 함이고, ②고친 배경으로는 「법성게」가 만들어진
과정에서 보듯 「법성게」는 불에 타지 않은 210자를 의상 조사가
짜 맞추어 만든 것이므로, 의상 조사와는 근기根機와 경계가 다른
사람은 달리 짜 맞출 수도 있다는 융통성에 착안한 것이며, ③고친
범위는 불에 타지 않은 210자를 존중하여 더 보태거나 바꾸거나
삭제하지 않았다. 다만 이 210자는 의상 조사가 저술한 『대승장』
내지 『입의숭현』에 수록된 글자에 한정된 한계는 있지만 이는 논외論
外로 하기로 한다.

필자가 「법성게」를 고쳐 풀이함에 있어 「법성게」가 만들어진 과정
에서 엿볼 수 있는, 부처님의 불가사의한 경계에 대한 '지엄' 대사의
지극한 신심과 정법正法을 호지護持하고 선양하고자 하는 서원과

원력, 그리고 법열의 눈물, 나아가 끝마무리를 제자에게 맡겨 제자의
공덕을 결코 가로채지 않고 북돋아주는 스승다운 면모 등등을 어찌
모른다 할 수 있겠는가! '지엄' 대사와 '의상' 조사에 대한 지극한
존경심을 지닌 채, 이하에서 「법성게」를 고쳐 풀어보기로 한다.

2. 고친 내용과 그 까닭

1) '증지소지비여경證智所知非餘境'과 '시불보현대인경十佛普賢大人境'의 위치 조정

「법성게」의 내용 요지는 ① 참다운 존재의 근본성품(眞性)의 특성
과 ② 그 특성의 드러냄(隨緣成: 用)과 ③ 드러남(諸法-참다운 존재
〔體·相〕), 그리고 ④ 이들의 상호관계 등 법계法界의 실상實相을 노래
하고, 나아가 ⑤ 무명無明으로 참다운 존재의 실상을 망령되이 인식
(妄識)하는 중생이 그 업습을 떨치어 본래의 근본성품 자리로 회귀하
는 방편과 과정, 그리고 깨침의 실상과 법계 실상의 경계 등을 일깨우
고 있다.

단적으로 말해 법계의 실상을 일깨우는 「법성게」의 내용은 중생의
업습을 떨치어 확철대오한 사람들만이 알 수 있는 경계다. 즉 「법성게」
의 내용은 온통 '깨친 지혜로만이 알 수 있는 경계(證智所知非餘境)'요
'모든 부처님이나 보현보살과 같은 대승보살의 경계(十佛普賢大人境)'
임을 알아야 한다.

이 점을 유념하면 이 두 구句(證智所知非餘境 十佛普賢大人境)는
간결함과 명료함을 생명으로 삼는 '게偈'[16]에서는 군이 언급하지 않아

도 된다 할 것이다. 굳이 언급한다면 주의적으로 맨 처음이나 맨
끝에 배열함이 온당해 보인다.

맨 처음에 배열하면 호기심을 증폭시키고 주의를 집중케 하는
효과가 있으나 중압감을 주어 외면당하게 하는 역효과가 우려된다.
그러나 맨 끝에 배열하면 뒤늦게나마 새삼 감동하여 다시 살펴보고자
하여 반복 암송을 이어가도록 이끄는 순기능이 있어 맨 처음보다는
맨 끝에 배열하는 것이 바람직해 보인다.

이 두 구를 모아서 맨 끝에 배열하면 ① 나머지 28구를 연계된
내용별로 네 구씩 일곱 그룹으로 배열할 수 있어, ②「법성게」 전체의
뜻이 흐트러짐 없이 논리 정연하게 제대로 전개되고 한결 이해하기
쉬운 이점利點이 있다. 이에 이 두 구의 위치를 고쳐 제29구와 제30구로
배열해 보았다.

2) '법성원융무이상法性圓融無二相'의 위치 조정
(1) '법성'의 다른 이름들

'법성法性'은 우주의 모든 현상이 지니고 있는 진실 불변한 본성으로
서, 진여법성眞如法性·진법성眞法性·진성眞性이라고도 하고 진여眞
如의 다른 이름이라고도 한다.[17] 그리고『화엄경, 입법계품』에서 "허공

---

16 '게偈'란 범어 gatha를 가타(加陀/伽他) 또는 게타偈他라고 음역하고 풍송(諷誦·諷
頌)·게송偈頌 등으로 번역한 것으로, 일반적으로 부처의 공덕이나 가르침을
찬미하는 운문체韻文體의 노래글귀·시구·게문偈文·송문頌文 등을 뜻함.
17 『불교학대사전』(홍법원, 1988), p.511. 그리고『화엄경, 십정품』에서 "일체법의
본연성품이 모두 진여(一切法自性皆如)"라고 한 말씀 참조.

虛空·진여眞如·실제實際·열반涅槃·법성法性·적멸寂滅 등 이와 같이 진실한 법으로써만 여래를 드러내어 보일 수 있다(虛空眞如及實際涅槃法性寂滅等 唯有如是眞實法 可以顯示於如來)"는 말씀에 비추어 법성法性은 각기 다른 이름으로 광범위하게 사용될 수 있음을 알 수 있다.

그래서인지 법성法性을 ①「대반야大般若」에서는 진여眞如·법계法界·법성法性·불허망성不虛妄性·불변이성不變異性·평등성平等性·이생성離生性·법정法定·법주法住·실제實際·허공계虛空界·부사의계不思議界 등 12개의 각기 다른 이름으로, ②「대법론大法論」에서는 진여眞如·무아성無我性·공성空性·무상無相·실상實相·실제實際·승의勝義·법계法界 등 7개의 각기 다른 이름으로, ③「유식론唯識論」에서는 승의勝義·진여眞如·법계法界·실제實際 등 4개의 각기 다른 이름으로, ④「지도론智度論」에서는 진여眞如·법성法性·실제實際·실상實相 등 4개의 각기 다른 이름으로, ⑤「대승지관大乘止觀」에서는 자성청정심自性淸淨心·진여眞如·불성佛性·법신法身·여래장如來藏·법계法界·법성法性 등 7개, 도합 34개의 각기 다른 이름으로 사용하고 있다.[18]

참고로 그때그때의 인연이나 쓰임새에 상응하는 다른 이름이 있어 하나의 존재에 각기 다른 이름이 천 개나 있을 수 있음—예컨대 갑甲을 부인은 '남편'이라 하고, 자식들은 '아버지', 제자들은 '스승님', 직원들은 '사장님'으로 호칭하듯—을 일러 일법천명一法千名이라고 한다. 이를 유념하여 부처님 가르침을 엮은 각 경전經典에서 사용하는 많은

---

18 『불교학대사전』(홍법원, 1988), p.512 '법성이명法性異名' 참조.

용어는 그 인연과 쓰임새에 상응하여 '법성法性'의 예에서 보듯 각기
다른 이름으로 사용되므로, 이를 변별하는 여유를 가져야 함을 알
수 있다.

　이와 같이 법성法性을 각 쓰임새에 따라 각기 다른 이름으로 사용하
나 크게 나누어 보면, ① 존재(法)의 근본성품(性)만을 지칭하거나,
② 성품(性)에 치중하여 그 특성을 표현한 경우, ③ 법계法界·법주法住·
법정法定·실상實相 등 존재(法)에 치중하여 사용하는 것으로 보이는
경우도 있다.

(2)「법성게法性偈」에서 법성法性의 의의意義

　「법성게」 210자 중에서도 법성을 다른 이름으로 사용하고 있는데,
법성法性의 의의에 대한 두 견해와 그 당부當否를 살펴보기로 한다.

　「법성게」의 첫 구인 '법성원융무이상法性圓融無二相'을 한글로 번역
한 게송을 살펴보면

　　① 법성(진리)은 원만히 융통하여 오직 한 모습(청화 스님)
　　② 법성(법의 본성) 원융하여 두 모습(모양)이 본래 없고(전종식,
　　정토사, 대행 스님, 광덕 스님, 석우 스님, 박정진, 해주 스님, 보각
　　스님, 정화 스님, 벽공 스님, 광명 스님)
　　③ 성품자리 원만하여 분별심 없으므로(서춘 스님)
　　④ 오묘하고 원만한 법 둘이 없나니(문수선원)
　　⑤ 원융한 법의 성품 두 모습이 아니로다(만대산, 선재동자)
　　⑥ 둥글고 오묘한 법 진리의 모습이여(오고산 스님)

⑦ 둥글고 둘이 아닌 법성의 모습이여(안경우)

등이다.[19]

위 번역들은 '법성法性을 법法과 성性으로 구분하지 않거나 구분하는지 여부가 불분명하고, 특히 제2구(諸法不動本來寂) 이하의 번역을 보면 모두 법法과 성性으로 구분하지 않은 것으로 보인다. 필자는 법성法性을 법과 성으로 구분하여 풀이하는 것이 온당하다고 생각한다. 그 이유로는

① 유문有聞 스님이 "법法은 사법계事法界를, 성性은 이법계理法界를 뜻한다"[20]라고 한 해설,

② 설잠雪岑 김시습이 그의 『법계도주고法界圖注考』에서 "법法이란 것은 육근문六根門의 삼라만상森羅萬象이고, 성性이라고 하는 것은 육근문의 상상수용常常受用이다"라고 한 해설,[21]

③ 원융圓融(하다)의 사전적 의의는 "i) 한데 통하여 아무 구별이 없다. ii) 원만하여 막힘이 없다. iii) 불교 모든 법의 이치가 하나로 융화되어 구별이 없다"[22] 등이다. 특히 '불교'에서 사용하는 원융하다의 의의는 '모든' 법의 이치가 '하나'로 융화되어 구별 없음을 뜻하므로

---

19 이들 번역은 전종식, 「대승기신론을 통해 본 법성계 연구」(『都序』, 예학, 2008), pp.233~236; 보각 스님의 앞의 책 p.203; 정화, 『법성게』(법공양, 2010), p.81; 안경우, 『법성계강론』(이화문화출판사, 단기 4345), p.152; 광명, 『법성게』(솔과학, 2010), p.128/ 벽공, 『법성게강의』(퍼플, 2013), p.9 등에서 옮겨 온 것임.

20 전해주, 『의상화엄사상사연구』(민족사, 1994), p.222.

21 목정배, 앞의 논문 p.276.

22 민중서림 편집국, 『에센스 국어사전』(민중서림, 2006), p.1996.

'원융'은 둘 이상의 '다수'를 전제로 한 개념이어서 원융의 주어격인 법성法性은 법法과 성性으로 나누어 보아야 함을 알 수 있다.

④김시습이 그의 『법계도주고』에서 "원융圓融이라는 것은 일체의 법法이 곧 일체의 성품性品이며, 일체의 성품이 곧 일체의 법"[23]이라고 한 설명에서 보듯 i) '일체의 법'과 '일체의 성품'의 원융, 즉 원융은 '둘 이상의 다수'를 전제함을 알 수 있고, 또 ii) '원융'의 주어격인 법성法性을 '일체의 법'과 '일체의 성품'으로 나누어 파악하고 있음도 알 수 있다.

⑤법성法性을 진여자성眞如自性으로만 보고 법法과 성性으로 나누어 파악하지 않는다면 「법성게」의 내용 중 제법諸法과 제법의 상호관계인 상즉상입相卽相入과 사사무애事事無礙 등을 설명하는 구절을 위시하여 대부분의 구절들은 모두 삭제되어야 하므로 온당하지 않아 보인다.

⑥법성法性을 법과 성으로 나누어 접근해야 법法은 제2구 '제법부동본래적諸法不動本來寂'의 제법諸法으로, 성性은 제5구 '진성심심극미묘眞性甚深極微妙'의 진성眞性으로 연계 설명이 용이하다.

⑦첫 여섯 구의 배열 내지 체계를 바로 잡아야 법法과 성性 각각의 특성과 상호관계를 명쾌하게 설명할 수 있기 때문이다.

단적으로 말해 그간의 「법성게」에 대한 '유문' 스님과 '김시습' 이외의 대부분의 해설은 모두 한결같이 이 점을 간과했거나 아예 모른

23 목정배, 위 논문, p.276; 전해주, 위의 책, p.211.

채 더듬어 얼버무리고 있다 할 것이다. 「법성게」의 각 구절의 배열 내지 체계의 적정 여부에 대하여 어느 누구도 거론조차 하지 않은 것으로 미루어 더욱 확연하다.

법성法性을 법法과 성性으로 구분하여 접근하면 법法과 성性 각각의 특성 내지 내용을 먼저 거론하고, 이어서 법과 성의 상호관계를 언급하는 것이 온당한 전개 순서라고 여겨진다. 이런 관점에서 필자는 「법성게」의 첫 여섯 구를 다음 3항과 같이 고쳐 배열하고자 한다.

(3) '법성원융무이상法性圓融無二相'의 적정한 위치 등

법성法性을 법과 성으로 구분하여 「법성게」를 파악할 경우, ①성(性: 참다운 존재의 근본성품 내지 법계의 특성)과 법(法: 법계를 구성하는 참다운 존재)에 상응하는 총설적 구절은 각각 ②'진성심심극미묘眞性甚深極微妙 불수자성수연성不守自性隨緣成'과 ③'제법부동본래적諸法不動本來寂무명무상절일체無名無相絕一切'이다.

위 두 그룹의 내용으로 보아 성性을 설명하는 구절을 먼저, 법法을 설명하는 구절을 다음에 배열하는 것이 온당하다. 그 까닭은 다음 단원에서 각각 해당 구절을 풀이한 내용을 참고하면 쉬이 알 수 있으므로 해당 단원의 설명으로 미룬다.

성性과 법法의 특성을 설명하는 구절에 이어서 ①성과 법의 상호관계를 설명하는 구절인 '법성원융무이상法性圓融無二相'을 배열함이 온당하고, ②'증지소지비여경證智所知非餘境'을 앞서 설명한 대로 '시불보현대인경十佛普賢大人境'과 함께 맨 끝에 배열함이 바람직하다.

위 설명에 의거 「법성게」첫 여섯 구를 고쳐 배열하면 다음과 같다.

진성심심극미묘眞性甚深極微妙(1)

불수자성수연성不守自性隨緣成(2)

제법부동본래적諸法不動本來寂(3)

무명무상절일체無名無相絶一切(4)

법성원융무이상法性圓融無二相(5)

〔증지소지비여경證智所知非餘境〕(29)

위와 같이 고쳐 배열하면 성(性: 眞性)과 법(法: 諸法) 각각의 특성과 내용, 그리고 상호관계가 확연해진다. 특히 '기존의 법성게' 제3구인 '무명무상절일체無名無相絶一切'는 제2구의 제법(諸法: 법계의 모든 존재)의 특성을 설명하는 내용임에도 불구하고 제2구보다는 제4구인 '증지소지비여경證智所知非餘境'과 억지로 연계하여 설명하는 경향이 두드러졌었다.

이는 첫 구인 '법성원융무이상法性圓融無二相'의 법성法性을 법과 성으로 구분하여 파악하지 못하고 법성을 법계 모든 존재의 근본성품으로 오해하여 '법성원융무이상'을 맨 첫 구로 배열한 데 따른 억지 해설이었음을 돌이켜 보게 한다. 위 배열과 같이 '기존의 법성게'를 고치면 이러한 억지 해설에 따른 무리가 없음을 다음 단원의 해설에서 쉬이 알 수 있을 것이다.

3) '법성원융무이상法性圓融無二相'과 내용상 연계된 구절의 조합 및 배열

「법성게」 30구 중 맨 끝으로 배열한 '증지소지비여경證智所知非餘境'과 '시불보현대인경十佛普賢大人境' 두 구를 제외하면 나머지 28구는 내용상 연계된 4구씩 각각 짝을 이루어 일곱 그룹으로 구분함이 온당하다. 위 '고쳐 배열한 「법성게」'에서 제1구에서 4구까지를 한 그룹으로 묶을 경우 제5구인 '법성원융무이상法性圓融無二相'과 내용상 연계된 세 구는 무엇인지 살펴보자.

우선 '원융圓融'과 유사한 뉘앙스를 지닌 용어로는 '명연冥然'과 '공화共和' 등을 들 수 있으므로 '이사명연무분별理事冥然無分別'과 '생사열반상공화生死涅槃相共和' 두 구를 '법성원융무이상'과 내용상 연계된 구로 묶을 수 있을 것 같다. 나머지 한 구는 다른 여섯 그룹과는 내용상 연계도가 낮은 '초발심시변정각初發心時便正覺'으로 봄이 온당하다. 특히 '변便'은 '같을 변'을 뜻하므로 명연·공화와 뉘앙스가 같아서이기도 하다.

이렇게 네 구를 한 그룹으로 묶을 경우 배열 순서를 정하는 것이 상당히 어려워 보인다. 그룹 내의 내용상 연계도連繫度로 보아 '법성원융무이상法性圓融無二相' 다음에 '이사명연무분별理事冥然無分別', 그리고 그 다음에 '초발심시변정각初發心時便正覺', '생사열반상공화生死涅槃相共和' 순으로 배열함이 온당할 것 같다.

그러나 그 다음 그룹인 '일중일체다중일一中一切多中一', 일즉일체다즉일一卽一切多卽一'의 상입상즉相入相卽과 연계하여 설명의 편의를 위해서는 '이사명연무분별理事冥然無分別'을 '생사열반상공화生死涅槃相共和' 다음에 배열하는 것도 고려해봄직하다. 우선 그룹 내의

내용상 연계도에 비중을 두어 '법성원융무이상法性圓融無二相, 이사명
연무분별理事冥然無分別, 초발심시변정각初發心時便正覺, 생사열반
상공화生死涅槃相共和' 순으로 배열하고자 한다.

4) '무이상無二相'과 '무분별無分別'의 적정성 검토 및 조정

(1) '법성원융무이상法性圓融無二相'에서 원융의 사전적 의미가 '모
든 법의 이치가 하나로 융화되어 구별이 없다'임을 유념하면 '법성원융
무이상法性圓融無二相'을 '법성원융무분별法性圓融無分別'로 고침이 온
당하다. 이는 ①'고친 법성게' 제3구인 '제법부동본래적諸法不動本來
寂'과 제4구인 '무명무상절일체無名無相絶一切'를 묶어보면 '제법諸
法…… 무상無相', 즉 '제법무상諸法無相'(법계의 모든 존재는 상相이
없음)을 알 수 있고, 또 ②『화엄경, 십지품』에서 "법의 성품 본래
고요하고 아무 형상이 없음(法性本寂無諸相)"을 일깨우신 말씀에 비추
어 법계의 모든 존재(諸法)의 근본성품(眞性) 또한 이렇다 할 '상相'을
내세울 수 없으므로 '법法과 성性'은 '두 모습(相)이 없다'는 설명[24]은

---

24 '법法과 성性'은 '두 모습(相)이 없다'는 설명: 일수사견一水四見, 즉 물은 하나로되
사람은 물이라 하나 고기는 집으로 삼고, 천상인간은 보석으로, 아귀는 불로
보나니 중생 나름의 업식으로 각기 달리 봄의 예에서 보듯 모든 형상이 제
눈의 안경놀음이라 자신의 망식妄識의 물결이니 모든 존재(諸法)의 본래 모습
알 길 없네. 망식의 물결이 헛되이 일어 모든 존재의 본래 모습을 덧쒸우나
모든 존재의 본래 모습은 부동不動하여 본래 고요(本來寂)하니 이름도 형상도
있을 수 없는데, 모든 존재의 근본성품인들 어찌 형상이 있을 것이며 두 모습이
없다(無二相)고 한들 적확한 표현 아니네. 존재의 근본성품(法性)이 원융함을
설명하기 위함이라면 굳이 형상을 빌어 앞뒤 설명이 서로 어긋나게 해서야

적절치 못하다. 이런 견지에 비추어 보아 '법성원융무이상法性圓融無
二相'은 '법성원융무분별法性圓融無分別'로 고치는 것이 바람직하다.

(2) '이사명연무분별理事冥然無分別'은 다음 문단 이하의 사사무애
事事無碍, 이사무애理事無碍를 설명하는 구절의 내용과 연계해 검토하
건대 '이사명연무이상理事冥然無二相'으로 고침이 온당해 보인다. 상
세한 내용은 해당 구절의 풀이를 통해 다시 설명하기로 한다.

(3) '법성원융무이상法性圓融無二相'과 '이사명연무분별理事冥然無
分別'의 각각 끝 구절인 '무이상無二相'과 '무분별無分別'을 맞바꾸면
「법성게」 전체 210자 범위 내에서 위치 내지 배열을 조정하는 것이어
서, 「법성게」가 만들어진 경위와 과정에서 본 210자의 신령스러움을
훼손하지 않고 존중함이 된다고 본다.

배열조정 내용은 아래 '기존 법성게와 고친 법성게의 대비표'를
참고하고, 고친 까닭은 해당 내용과 연계하여 상세히 설명하기로
한다.

되겠는가? 한즉 존재의 근본성품 원융하여 '두 모습이 없다' 함은 눈 밝은 이를
가려내기 위한 속임수가 아닐는지.

3. '기존 법성게'와 '고친 법성게'의 대비

기존 법성게	고친 법성게	비고
① 法性圓融無二相 (5)	① 眞性甚深極微妙(5)	※'기존 법성게'의 오른쪽 ( )번호는 '고친 법성게'의 일련번호
② 諸法不動本來寂 (3)	② 不守自性隨緣成(6)	
③ 無名無相絶一切 (4)	③ 諸法不動本來寂(2)	
④ 證智所知非餘境 (29)	④ 無名無相絶一切(3)	
⑤ 眞性甚深極微妙 (1)	⑤ 法性圓融無分別 (1)	※'고친 법성게' 오른쪽 ( )번호는 '기존 법성게'의 일련번호
⑥ 不守自性隨緣成 (2)	⑥ 理事冥然無二相 (17)	
⑦ 一中一切多中一 (9)	⑦ 初發心時便正覺 (15)	
⑧ 一卽一切多卽一 (10)	⑧ 生死涅槃相共和 (16)	
⑨ 一微塵中含十方 (11)	⑨ 一中一切多中一 (7)	
⑩ 一切塵中亦如是 (12)	⑩ 一卽一切多卽一 (8)	
⑪ 無量遠劫卽一念 (13)	⑪ 一微塵中含十方 (9)	
⑫ 一念卽是無量劫 (14)	⑫ 一切塵中亦如是 (10)	
⑬ 九世十世互相卽 (15)	⑬ 無量遠劫卽一念 (11)	
⑭ 仍不雜亂隔別成 (16)	⑭ 一念卽是無量劫 (12)	
⑮ 初發心時便正覺 (9)	⑮ 九世十世互相卽 (13)	
⑯ 生死涅槃相共和 (8)	⑯ 仍不雜亂隔別成 (14)	
⑰ 理事冥然無分別 (6)	⑰ 能仁海印三昧中 (19)	
⑱ 十佛普賢大人境 (30)	⑱ 繁出如意不思議 (20)	
⑲ 能仁海印三昧中 (19)	⑲ 雨寶益生滿虛空 (21)	
⑳ 繁出如意不思議 (20)	⑳ 衆生隨器得利益 (22)	
㉑ 雨寶益生滿虛空 (21)	㉑ 是故行者還本際 (23)	
㉒ 衆生隨器得利益 (22)	㉒ 叵息妄想必不得 (24)	

㉓ 是故行者還本際 (17)	㉓ 無緣善巧捉如是 (25)	
㉔ 叵息妄想必不得 (18)	㉔ 歸家隨分得資糧 (26)	
㉕ 無緣善巧捉如是 (23)	㉕ 以陀羅尼無盡寶 (27)	
㉖ 歸家隨分得資糧 (24)	㉖ 莊嚴法界實寶殿 (28)	
㉗ 以陀羅尼無盡寶 (25)	㉗ 窮坐實際中道床 (29)	
㉘ 莊嚴法界實寶殿 (26)	㉘ 舊來不動名爲佛 (30)	
㉙ 窮坐實際中道床 (27)	㉙ 證智所知非餘境 (4)	
㉚ 舊來不動名爲佛 (28)	㉚ 十佛普賢大人境 (18)	

III. '고친 법성게' 풀이

　「법성게」가 만들어진 경위와 과정에서 보듯 「법성게」는 의상 스님의 저술 『입의숭현立義崇玄』에 포함된 글자의 범위 내에서, 다시이를 태우고 남은 210자의 제약 하에 만들어진 게송이다. 그 일깨우고자 하는 바를 제한된 글자로 온전히 표현하기에는 다소 한계가 있을수밖에 없으므로 이 게송을 직역하여서는 그 본뜻을 제대로 밝히기어렵다. 이에 직역보다는 뜻을 살려서 풀이한 내용을 본 후, 다시직역을 살펴보면 뜻이 통할 것이다.

1. 근본성품의 특성과 작용(드러냄)[25]

　眞性甚深極微妙진성심심극미묘 (1)

---

[25] 이 두 구를 의상은 그의 과문科門에서 '연기의 체를 가리킨다(指緣起體)'로, 유문有
　聞은 그의 과주科註에서 '이와 사가 무애함(理事無碍)'으로 해석함(전해주, 앞의
　책, pp.123, 221) 참조.

不守自性隨緣成불수자성수연성 (2)

(그대는 아는가) 참다운 존재의 근본성품[眞性]은

인연 따라 (모든 참다운 존재[諸法]를) 이루(드러내)나니

이는 참다운 존재의 근본성품[眞性]이

제 성품에 갇혀 잠들어 있지 않고

(깨어 살아있는 존재여서)〔不守自性〕

인연 따라 자신의 성품을 드러내고 있음〔隨緣成〕이라

실로 참다운 존재의 근본성품은

심히 깊고 지극히 미묘한 특성을 지니고 있다고 할 수밖에.

참고로 법계法界의 모든 존재(諸法)를 삼계三界의 일체 존재와 구별하여 설명하기 위해 이하에서 법계法界의 모든 존재를 '참다운 존재'라고 지칭하고 '진성眞性'은 이 참다운 존재의 '근본성품'으로 풀이하기로 한다.

필자가 위와 같이 풀이하는 까닭과 배경에 대한 이해를 돕고자 이하에서 다른 분들의 해설을 간략히 소개하고 「법성게」를 이해하는 데 참고가 될 삼계三界와 법계法界의 특성 등을 대비 설명하기로 한다.

첫 구인 진성심심극미묘眞性甚深極微妙에 대한 그간의 번역 내지 풀이를 개괄적으로 살펴보면 다음과 같다.

① 그대로의 참 성품은 매우 깊고 미묘하여 (전종식)

②참 성품은 깊고 깊어 지극히 미묘하여(대행 스님)

③깊고 깊고 매우 깊은 참된 성품 진리 자리(서춘 스님)

④깊고도 현묘할 손 진리의 성품(문수선원)

⑤참된 성품 심히 깊어 지극히 미묘하니(광덕 스님)

⑥진성은 매우 깊고 지극히 미묘하여(석우 스님, 해주 스님)

⑦진성은 참으로 깊고도 지극히 미묘하여(박정진)

⑧참된 성품 깊고 깊어 지극히도 오묘하니(만대산)

⑨참된 성품 심히 깊어 지극히도 미묘하니(정토사, 광명 스님)

⑩묘하고 깊고 깊은 현묘한 진성이여(오고산 스님)

⑪참된 성품 깊고 깊어 지극하고 오묘하니(선재동자)[26]

⑫진여 본성 깊고 깊어 미묘하기 끝없으나(보각 스님)[27]

⑬참된 성품 깊고 깊어 가장 미묘하온지라(해인사본)[28]

⑭진성은 깊고 깊으며 가장 미묘해(정화 스님)[29]

'진성眞性'의 특성인 '심심극미묘甚深極微妙'의 번역은 더러 지나친 강조 어법이 있긴 하나 비슷비슷하다.

둘째 구 '불수자성수연성不守自性隨緣成'에 대한 번역 내지 풀이를

---

26 ①에서 ⑪까지의 번역은 전종식, 위의 책, pp.233~236; 광명, 『법성게』(솔과학, 2010), p.218.

27 보각. 앞의 책, p.82.

28 보각. 앞의 책, p.85.

29 정화. 앞의 책, p.113.

개괄적으로 살펴보면 다음과 같다.

① 자기 본성 못 지키고 인연 따라 생겨나니(전종식)

② 자기 성품 고집 않고 인연 따라 나투우네(대행 스님)

③ 자성 마음 못 지키면 인연 따라 나타날세(서춘 스님)

④ 내 성품 못 벗으면 인연 따라 이루네(문수선원)

⑤ 자기 성품 지키지 않고 인연 따라 이루더라(광덕 스님, 정토사, 광명 스님)

⑥ 자성을 지키지 않고 연을 따라 이룸이라(석우 스님, 해주 스님)

⑦ 자성을 지키지 않고 인연을 따라 이루어진다(박정진)

⑧ 자기 성품에 묶이지 않고 인연 따라 이뤄지네(만대산)

⑨ 제자리 벗어난 듯 세계를 나툼이여(오고산 스님)

⑩ 자기 성품 못 지키고 인연 따라 이어지니(선재동자)[30]

⑪ 자성을 못 지키고 인연 따라 나타나네(보각 스님)[31]

⑫ 제 성품 안 지키고 인연 따라 생겨나니(해인사본)[32]

⑬ 자성을 지키지 않고 인연 따라 이루네(정화 스님, 광명 스님)[33]

그런데 이들 번역은 '불수자성수연성不守自性隨緣成'의 본뜻을 모른 데서 나온, 다들 문자에 국집한 잘못된 번역이다. 위 두 구를 연계하여

---

30 ①에서 ⑪까지의 번역은 전종식, 위의 책, pp.233~236.

31 보각. 앞의 책, p.85.

32 보각. 앞의 책, p.82.

33 정화, 앞의 책, p.119; 광명, 앞의 책, p.128.

살펴보면, 두 번째 구인 '불수자성수연성不守自性隨緣成'은 첫 구인 진성眞性의 특성인 '심심극미묘甚深極微妙'의 내용 중 가장 중요한 내용 하나를 설명하는 문구이자 근본성품(眞性)의 작용 중 하나를 설명하는 문구임을 알 수 있다.

참다운 존재의 근본성품(眞性: 진여법계眞如法界의 모든 존재[諸法]의 근본성품)은 ①자신의 성품에 갇혀 잠들어 있거나 죽은(死藏) 존재가 아니어서 ②인연 따라 제 성품을 발현하여 무엇인가를 이루는 특성을 지닌지라 ③깨어 있고 살아 있는(活的) 존재임을 설명하는 문구가 '불수자성수연성'이다.

'불수자성不守自性'은 참다운 존재의 근본성품(眞性)이 인연 따라 이루(드러내)는[隨緣成] 작용을 되풀이하여 강조하는 문구인 셈이다.

『불교학대사전에』 의하면 "진성眞性은 사물·현상의 본디 성질, 진여眞如"라고 정의하고 있다. 이를 참고하여 경經에서 ①"진여는 변함이 없음(眞如無有變易)", "진여가 항상 본 성품을 지키고 달라짐이 없음(眞如恒守本性無有改變)"[34]과 ②"법의 성품 지음 없고 변치도 않음(法性無作無變易)"[35]을 일깨우고 있음을 유념하건대, '진성眞性······ 불수자성不守自性'을 '진성이 제 성품을 지키지 못한다'거나 '진성이 제 성품을 지키지 않는다'는 번역은 근본성품(眞性)의 특성을 이해하지 못한 한문 직역으로 자못 '근본성품'이 변하는 존재로 오해하게 할 소지가 있다.

---

34 『화엄경, 십회향품』

35 『화엄경, 여래출현품』

'불수자성不守自性'의 본뜻은 ① 참다운 존재의 근본성품(眞性)이 인연 따라 이루어 냄(隨緣成)을 일컬어 표현한 문구이고, ②이 '불수자성수연성'하는 것이 '심히 깊고 극히 미묘한' '진성眞性'의 특성임을 설명하는 내용인 셈이다. 위 두 구를 축약하면 진성眞性이 수연성隨緣成하는 특성이 심히 깊고 미묘하다는 요지로 설명할 수 있다.

『법계도기총수록』에 의하면 "'자성을 지키지 않고' 등은 스스로 자성이 없으므로 다른 것으로써 성품을 삼고, 다른 것에도 자성이 없으므로 스스로를 성품으로 삼기 때문에 '자성을 지키지 않으며 인연을 따라 이룬다'고 말한 것이다"[36]라고 설명한다, 이는 ① 불수자성수연성不守自性隨緣成의 본뜻을 이해하지 못함에서, 또 ②진성眞性의 특성에 대한 무지에서 비롯된 잘못된 해설이다.

그리고 대각국사 의천이 그의 문집에서 "법의 본체는 스스로의 성품을 지키지 않고 사물에 감응하여 움직이고 인연에 따라 변한다"[37]라고 한 말씀도 번역상의 오류거나 '불수자성수연성'의 본뜻을 이해하지 못함에서 비롯된 잘못된 해설로 여겨진다.

정화 스님이 "모든 법들은 지킬 자성이 따로 존재하는 것이 아니라, 관계 속에서 스스로 끊임없이 변화하고 있습니다. 변화가 자성입니다. 변화와 부동, 이것과 저것이 어울려 있는 한 장면만이 공성空性의 장, 무자성無自性의 장입니다"[38]라고 한 해설 또한 진성의 특성과

---

36 한글대장경(동국역경원 제238책), p.36.
37 한글대장경(동국역경원 제139책), p.79.
38 정화, 앞의 책, p.119.

'불수자성수연성'의 본뜻을 이해하지 못한 잘못된 해설로서 삼계三界의 연기문緣起門의 특성을 설명하는 내용에 가까워 보인다.

그리고 전종식은 "법성이 자성을 지키지 못하고 유전연기流轉緣起하여 제법이 생성되는 내용을 불수자성수연성不守自性隨緣成"[39]으로 파악하나, 이 또한 '불수자성수연성'의 본뜻과 진성에 대한 몰이해로 『대승기신론』의 논거를 잘못 인용한 그릇된 해설이다. 위 해설들은 삼계三界의 안목으로 삼계의 허상을 법계의 실상으로 잘못 이해한 설명으로 여겨진다. 이들 해설의 오류는 아래 관련 설명과 연계하여 다시 살펴보기로 한다.

첫 두 구(眞性…… 隨緣成)를 종합하여 검토하건대, 참다운 존재의 근본성품(眞性)이 인연 따라 이루어(드러)내는 것이 무엇인지 명확하지 않다.

『화엄경, 십회향품』에서 "법의 성품(法性: 眞性)이 모양을 어기지 않고, 법의 모양이 성품을 어기지 않으며, 법의 나는 것이 성품을 어기지 않고, 법의 성품이 나는 것을 어기지 않느니라(法性不違相 法相不違性 法生不違性 法性不違生)"라고 일깨우신 말씀과 『대승본생심지관경』에서 "모든 법이 인연으로 이루어지지 않은 것이 없다"[40]고 하신 말씀, 그리고 육조 혜능惠能의 돈황본 『단경壇經』에서 "일체 법이 남김없이 제 성품에 담겨 있다(一切法盡在自性). 일체의 모든 법이 제 성품을 여의지 않는다(一切萬法不離自性). 제 성품 가운데

---

39 전종식, 위의 논문, P.213.
40 한글대장경 제154책, p.66.

모든 법이 다 나타난다(於自性中 萬法皆現). 자성이 능히 만법을 낸다
(自性能生萬法)"라고 일깨우신 말씀과 『원각경, 청정혜보살장』에서
"원각자성이 비성非性이나 성性이 있어 모든 것(諸法)을 좇아 성性이
일어난다(圓覺自性 非性性有 循諸性起)"라고 하신 말씀[41]과 『원각경,
보안보살장』에서 "가없는 허공은 각覺이 나툰 바이다(無邊虛空 覺所顯
發)"라고 하신 말씀을 '함허 득통'이 "무변허공과 육근六根·육진六塵·
사대四大와 성聖·범凡, 의依·정正, 세법世法·출세법出世法 등이 원래
모두 각성覺性이 나툰 것…… 제법諸法도 또한 이와 같아서 본래
정각淨覺이 나툰 것"[42]이라고 한 풀이 등을 종합하면 "법계의 일체법(諸
法)은 진성眞性이 지었다"로 풀이할 수 있다. 즉 참다운 존재의 근본성
품이 인연 따라 이루어(드러)낸 것이 법계의 '모든 참다운 존재(諸法)'
내지 '참다운 존재의 총합체인 법계法界'임을 알 수 있다.

참고로 '근본성품'은 능소能所를 여읜지라 근본성품도 내세울 수
없어 '없지 않으나 있다고도 할 수 없음'을 유념하면 위 『원각경』
말씀 중 '원각자성은 비성非性이나 성性이 있어'라고 한 말씀을 쉬이
이해할 수 있을 것이다. 그리고 '함허 득통'의 해설 중 '원각자성,
정각淨覺과 각성覺性' 등은 근본성품(眞性)의 다른 이름으로 파악하
고, 또 '원각자성은 성품이 스스로 공적하여 본래 명상名相이 끊어졌으

---

41 위 『원각경』 말씀을 '함허 득통'은 "원각자성은 성품이 스스로 공적空寂하여
　 본래 명상名相이 끊어졌으나, 또한 공空하지 않은 성품이 있어 영통감응靈通感
　 應하여 연緣을 따라서 일체의 사법事法을 성취한다"고 한 해설 참조(황정원,
　 『원각경 이가해』, p.176).
42 황정원, 위의 책, p.91.

나'라고 한 풀이는 '고친 법성게' 제1구에서 제4구까지의 해설을 참고
하면 이해에 도움이 될 것이다.

'고친 법성게' 제1, 2구(眞性甚深極微妙 不守自性隨緣成)와 다음 두
구(諸法不動本來寂 無名無相絶一切)의 이해를 돕기 위해 참다운 존재
의 근본성품(眞性)의 특성을 참다운 존재(諸法)의 실상과 연계하여
다음과 같이 간략히 도시圖示한다.

〈그림 1〉

(性)	(用)	(體·相)	
진성眞性 ——	수연성隨緣成 ——	제법諸法(有情·無情) ——	법계法界
(因)	(緣)	(果起)	

위 〈그림 1〉의 내용을 설명하면
① 진성은 참다운 존재의 근본성품(性)이고,
② 근본성품(性)의 작용(用)인 '근본성품의 드러냄'이 수연성隨緣成
이며,
③ 인연 따라 근본성품의 드러남이 모든 참다운 존재(諸法)[43]로서
돌, 산, 바다 등등 정신작용이 없는 무정물을 총칭하는 무정無情과

---

43 설잠 김시습은 "법法이란 육근문두六根門頭의 삼라만상森羅萬象인 정情과 무정無
情"이라고 함(전해주, 앞의 책, p.211). 그리고 이산怡山 혜연 선사慧然禪師가 그의
「발원문」에서 "유정들도 무정들도 일체 종지 이루어지이다(情與無情 同圓種智)"
라고 서원한 내용 참조.

정신작용을 하는 일체 중생衆生을 총칭하는 유정有情으로 구분할 수 있고,

④근본성품의 드러남인 제법諸法은 그 몸(體) 내지 형상(相)을 따로 내세울 수 없어 없지 않으나 있다고도 할 수 없다. 다만 삼계 중생의 이해를 돕기 위해 설명의 편의상 근본성품의 드러남인 제법諸法은 그 몸(體) 내지 형상(相)을 지니는 것으로 보아 성性·용用과 더불어 위쪽에 덧붙여 표기하고 인연과기(因緣果起: 因果와 緣起)를 쉬이 파악할 수 있도록 인因과 연緣과 그 드러남(果起)을 아래에 덧붙여 표기하였다.

부연 설명하면, 참다운 존재의 근본성품(眞性)이 인연 따라 이룬(用) 법계法界는

①모든 참다운 존재(諸法: 體·相)의 총합체로서

②성性과 용用과 체體와 상相이 서로 분리 불가한 혼연일체를 이루어

③'하나라고도 할 수 없는 하나'인 절대 독존의 독생獨生이어서

④자自와 타他, 능(能: 주체)과 소(所: 객체), 안(內)과 밖(外), 주住와 처處가 없음을 유념해야 한다.[44] 이를 일깨우기 위해 제2구 중 수연성(隨緣成: 인연 따라 이룸)의 목적어가 생략되어 있는 것으로 볼 수도 있다.

위 설명에서

---

[44] 승찬 대사의 『신심명信心銘』도 "진여법계는 나와 남이 없음(眞如法界 無他無自)"을 일깨우고 있다.

①참다운 존재의 근본성품(眞性)이 인연 따라 이룬(用) 법계法界는 모든 참다운 존재(諸法: 體·相)의 총합체로서 '성性과 용用과 체體와 상相이 서로 분리 불가한 혼연일체를 이루고 있다' 함은, 앞서 살펴본 i)『화엄경, 십회향품』에서 "법의 성품(法性: 眞性)이 모양과 어기지 않고, 법의 모양이 성품과 어기지 않으며, 법의 나는 것이 성품과 어기지 않고, 법의 성품이 나는 것과 어기지 않느니라(法性不違相 法相不違性 法生不違性 法性不違生)"라고 일깨우신 말씀[45]과 ii)『대승본생심지관경』에서 "모든 법이 인연으로 이루어지지 않은 것이 없다"고 하신 말씀, 그리고 iii) 육조 혜능惠能의 돈황본『단경壇經』에서 "일체 법이 남김없이 제 성품에 담겨 있다(一切法盡在自性). 일체의 모든 법이 제 성품을 떠나지 않는다(一切萬法不離自性). 제 성품 가운데 모든 법이 다 나타난다(於自性中 萬法皆現). 자성이 능히 만법을 낸다(自性能生萬法)"[46]라고 일깨우신 말씀을 연계 파악하면 그 뜻이 명확해질 것이다.

②'참다운 존재의 근본성품이 인연 따라 이룬 법계法界'는 '성性과 용用과 체體와 상相이 서로 분리 불가한 혼연일체'를 이루어 '하나라고

---

45 『원각경, 문수보살장』에서 "바른 주지住持를 얻어"라고 하신 말씀을 '함허 득통'이 "원각체圓覺體 중에는 성性과 상相이 모두 잠기고……"로 풀이한 내용 참조.

46 보각, 앞의 책, p.44, pp.46~9. 그리고『능엄경』에서 "마음이 생기므로 말미암아 가지가지 법이 생기고, 법이 생기므로 말미암아 가지가지 마음이 생긴다(由心生故 種種法生 由法生故 種種心生)"는 말씀과 "모든 법이 생기는 것은 오직 마음이 나타내는 것(諸法所生 唯心所現)"이라는 말씀 중 '마음'은 근본성품의 작용을 뜻함을 유념하면 성·용·체·상이 분리 불가하여 혼연일체를 이루고 있음을 이해하는 데 도움이 될 것임.

도 할 수 없는 하나'라 함은

ⅰ) 만약 법계를 '하나'라고 하면

(ⅰ) 그 '하나'가 있고

(ⅱ) 그 '하나'를 따로 세우고 이를 아는 그 '무엇'이 또 있고

(ⅲ) 그 '하나'에 상응하는 '둘, 셋……'이 있게 되는 등 멀쩡한 일진법계一眞法界를 억지로 능能과 소所로 구분하여 조각조각 내어 본모습을 잃게 하므로 '하나라고도 할 수 없다'고 할 수밖에 없다.(육조 혜능 선사가 '본래 한 물건도 없다〔本來無一物〕'고 한 바나, 회양 선사가 '가령 한 물건이라고 해도 옳지 않다〔說似一物 卽不中〕'고 한 까닭을 연계하여 헤아려 봄직하다.) 그럼에도

ⅱ) '하나'라고 한 것은 '능소能所, 주객主客, 안팎內外, 주처住處' 등 온갖 분별에 얽매여 있는 삼계 중생의 언설言說의 한계를 넘어 설명의 편의를 위해서다. 그래서

③'하나라고도 할 수 없는 하나'를 부언 설명하기 위해 '능소能所, 주객主客, 안팎內外, 주처住處'가 없는 '절대 독존獨尊의 독생獨生'이라고 한 것이다. 이와 같은 맥락에서

④일진법계一眞法界는 '없진 않으나, 있다고도 할 수 없음'도 알아야 한다.

ⅰ) 만약 일진법계가 '있다'고 하면

(ⅰ) 일진법계가 '있고'

(ⅱ) 일진법계가 '있음을 아는 놈'이 또 있어

(ⅲ) 근본성품(眞性)과 그 드러냄(用)과 그 드러남(體·相)이 혼연 합일하여 능소能所, 주객主客이 없어 '하나라고도 할 수 없는 하나'인

일진법계를 능과 소, 주와 객으로 조각내어 일진법계의 본 모습을 잃게 하기 때문이다. 그리고

ii) '있음(有)과 없음(無) 이전의 경계'인 일진법계의 실상을 삼계의 언설로 굳이 말하자니 '없진 않으나 있다고도 할 수 없다'고 할 수밖에 없음을 유념해야 할 것이다.[47]

근본성품(性)과 그 드러냄(用)과 그 드러남(諸法: 體·相)이 혼연 합일을 이루어 '하나라고도 할 수 없는 하나'인 법계(一眞法界)를 도시하여 보충 설명하면 다음과 같다.

〈그림 2〉

진성眞性 − 수연성隨緣成 − 제법諸法(有情·無情)〔眞性〕 − 법계法界〔一眞法界〕

① 위 〈그림 2〉에서 보듯 법계의 유정有情, 무정無情은 근본성품(眞性)과 혼연 합일을 이루고 있어, 일체 유정·무정은 모두 근본성품을 지니고 있는 법계이자 법신法身 그 자체임을 알 수 있다. 특히 법계의 유정有情인 중생은 근본성품을 지니고 있어 '본래 부처(本來佛)'임을 유념해야 한다. 이는『열반경』에서 "일체 중생이 모두 불성(佛性: 眞性)을 지니고 있다(一切衆生悉有佛性)"라고 일깨우신 말씀과『부증

─────────────

47 진성眞性과 그 나툼인 제법諸法은 혼연일체가 되어 자타自他가 없는데 '의상' 스님은 어찌하여 법성게과문科門에서 자리행自利行과 이타행利他行으로 나누어 『법성게』를 해설(전해주,『의상화엄사상연구』, 민족사,1994, p.123; 광명,『법성게』, 솔과학, 2010, p.127)하는지 이해할 수 없음.

불감경』에서 "법신이 곧 중생이고 중생이 곧 법신이다(法身卽衆生 衆生卽法身)"라고 하신 말씀[48]과 그대로 부합한다. 이로 미루어

②우리 모두는 자신이 본래 부처임을 믿고 자긍심을 가지고 부처님 다운 삶을 영위하고자 하는 서원을 세워 나날이 실천해야 함을 알아야 한다. 나아가

③모든 생명체, 특히 우리네 인간 모두는 꼭 같이, 꼭 같은 불성(佛 性: 眞性)을 지닌 본래 부처여서 '남과 내가 근본성품이 같다(人吾同 性)'거나 '남과 내가 동포(人吾同胞)'여서 '널리 서로를 부처님으로 공경(事人如天, 愛人敬天)'하고 '네 이웃을 네 자신과 같이 사랑'[49]하여 '널리 서로 이롭게 함(弘益人間)'[50]이 온당하고,

④우리네 인간을 둘러싼 모든 생명체와 자연(無情)도 우리와 동일 한 근본성품을 지니고 있음(一切無情悉有佛性: 物吾同性·物吾同胞)을 유념하여 내 몸 아끼듯이 '자연사랑', '환경보전'을 실천함이 온당함을 알 수 있다. 사리불이 '일체 중생을 안온하게 하고, 일체 중생을 안락하게 하고, 일체 중생을 가엽게 여기며, 일체 중생을 널리 이롭게 하고자' 부처님께 간절히 일깨움을 간청했듯이……[51]

---

48 한글대장경 제165책 p.260; 한자경, 『대승기신론 강해』(불광출판사, 2013), P.277.

49 『신약성서, 로마서』 13: 9.

50 "인인개개가 모두 한얼님(天)을 뫼시고(侍天) 있는 주인공(主)이니(侍天主) '사람이 곧 한얼님'(人乃天)인지라, 이웃을 한얼님으로 섬겨야 함(事人如天)을 일깨운 동학東學의 주장과 상통함. 상세한 내용은 제2부 중 시천주侍天主와 인내천人乃天 참조.

51 『부증불감경』(한글대장경 제165책), p.256.

'고친 법성게' 제 1, 2구의 일깨움을 보다 온전히 이해할 수 있도록 좀 더 설명을 보태고자 한다.

똑같은 근본성품(眞性·佛性)을 똑같이 지닌 일체 중생을 중심으로 위 도시圖示를 다시 살펴보면 다음과 같다.

〈그림 3〉

진성眞性 ― 수연성隨緣成 ― 제법諸法(有情衆生·無情)(眞性)
‖
중생衆生(眞性:本來佛) ― 수연성隨緣成

①근본성품의 드러남인 중생(諸法 중 有情)은 근본성품과 혼연 합일을 이루고 있어 일체 중생도 근본성품을 지닌지라,

②근본성품(眞性)을 지닌 중생(本來佛)도 자신이 지닌 근본성품(自性)의 작용으로 인연 따라 무엇이건 드러낼 수 있음을 알아야 한다. 각종 발명과 발견, 인공위성·우주선 등 각종 장비의 개발 및 제조와 우주여행, 정치·경제·과학·문명·문화·예술·건축 등의 발달과 종교의 창달에 이르기까지 인연만 성숙되면 무소불위無所不爲의 능력을 발현하는 것은 중생(本來佛·法身佛) 자신이 지닌 근본성품의 공능功能이자 작용임도 알아야 한다. 아울러

③근본성품(眞性)과 일체 중생이 혼연 합일되어 있어 주객主客, 능소能所가 없는지라, '창조주와 피조물'의 구분 자체가 불가능함을 유념하면 '하느님이 인간을 창조했다'거나 '하느님'을 주님 혹은 '주 하느님'으로 호칭하는 것은 이치에 부합하지 않는 망발임도 알 수 있다.[52]

④『부증불감경』에서 "법신이 곧 중생이고 중생이 곧 법신인지라, 법신과 중생은 뜻은 같고 이름만 다를 뿐이어서 법신을 따라 보신報身과 화신化身의 작용이 드러나는 것이 어찌 중생의 진심이 아닐 수 있겠는가(法身卽衆生 衆生卽法身 法身與衆生 義一名異也 旣從法身起報化用 何得不是衆生眞心耶)"라고 일깨우신 말씀[53]에서 인간이 지닌 근본성품의 무소불위·전지전능의 공능을 돌이켜보아야 할 것이다. 특히 '하느님은 전지전능하다'는 말의 본뜻을 새김에 있어, 그리고 '하느님과 인간이 하나라고도 할 수 없는 하나(神人合一)'라는 주장의 당부當否를 판단함에 있어 그러하다.

참고로 가톨릭교나 개신교를 신봉하는 교역자들이 자신을 비롯한 신도信徒 모두를 하느님의 종從으로 자칭하는 경우를 흔히 접하게 된다. 이들은

①모든 참다운 존재의 근본성품과 그 드러냄과 드러남, 즉 성性·용用·체體·상相이 혼연 합일하여 i) 능소, 주객, 내외, 주종主從 등등의 구분, 분열, 대립이 없음(不一不異)을 일깨우는 ii)「법성게」의 '진성眞性…… 수연성隨緣成'의 본지인 '법계의 모든 존재가 절대 동등함', 즉 iii) 우리네 인간 모두는 꼭 같이, 꼭 같은 영성(佛性·眞性)을 지닌 본래 하느님, 본래 부처님임을 모름에서

②절대동등의 세계에 사이비 창조주를 가설假說하고 스스로를 '사이비 종從'으로 비하하여 억지 주종主從관계를 내세움은 참다운

---

52 굳이 설명하자면 근본성품을 하느님에, 근본성품이 인연 따라 드러남(諸法: 有情衆生-인간·無情)을 인간(眞性…… 隨緣成)에 비유함직하다.

53 법장, 『대승기신론의기』, 275a11~13.

이치理致에 어긋남이어서

③이치에 어긋나는 교리를 주창하는 '가톨릭교나 개신교'는 종교(宗敎; 최상의 온전한 진리[宗]의 가르침[敎])가 아닌 사교邪敎로 오해받을 소지가 없지 않다. 다만 대부분의 종교가 무명 업습에 헤매는 삼계 중생의 망념妄念의 소산이라는 측면에서 보면 대부분의 종교가 삼계 중생 나름의 명분과 타당 근거가 있을 것이다.

그러나 진정한 종교와 중생 나름의 사이비 종교의 경계를 분명히 해야 할 것이다. 가톨릭교와 개신교의 경전인 성서가 만들어진 과정과 표현하고자 하는 본지를 엄정하고 냉철하게 다시 살펴보는 지혜가 절실히 요구되는 상황이다.

특히 하느님과 인간의 관계를 '창조주와 피조물' 내지 '주님과 종從'으로 잘못 설정하면 그 연장선상에서 인간과 인간 간에도 주종관계를 은연중 설정하고 합리화하는 역기능이 우려된다. 인간의 존엄성이 설 자리를 잃고 평등과 자유가 유린되는 원천적 불평등과 부자유가 가톨릭교와 개신교의 성서 해석상 오류에서 비롯되고 있지는 않은지, 「법성게」는 돌이켜 보게 한다.

아울러 우주 자연의 온갖 조화로운 드러냄과 드러남의 실상과 그 근거도 무정無情이 지닌 근본성품과 연계해서 파악해야 할 것이다.

그리고 근본성품(眞性)의 작용을 크게 둘로 나누어 볼 수 있다. 이를 도시하면 다음과 같다.

〈그림 4〉

①'고친 법성게'의 첫 구와 둘째 구(眞性…… 隨緣成)에서 보듯 드러난 작용은 근본성품이 인연에 상응하여 발현하는 작용, 즉 수연응용隨緣應用이고, 다음에 검토하게 될 ②초발심初發心과 같이 인연과 무관하게 근본성품의 본연작용으로 발현되는 작용도 있음을 유념해야 한다. 같은 맥락에서 근본성품을 지닌 중생이 자신의 근본성품을 드러냄(用)도 다음과 같이 도시할 수 있다.

〈그림 5〉

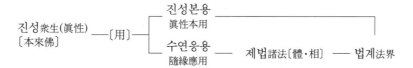

모든 중생이 근본성품을 지니고 있어 이 근본성품의 드러냄(用)도 근본성품 그대로의 드러냄인 진성본용眞性本用과 인연 따라 나투는 수연응용隨緣應用으로 나누어 볼 수 있다. 그러나 대부분의 중생은 자신이 근본성품을 지닌 법계法界이자 법신法身인 본래 부처(法界衆生: 本來佛)임을 모르고 중생 꿈꾸기에 열중하고 있다.

『능엄경』에서 "색色과 심心의 제연諸緣과 심소사心所使와 모든 소연법所緣法이 오직 마음에서 나툰 것(色心諸緣及心所使 諸所緣法 唯心所現)"이기에 "너의 몸과 마음이 모두 이 묘명진정妙明眞精한 묘심妙心

가운데 나툰 것(汝身汝心 皆是妙明眞精 妙心中所現物)"이며, "이 몸과
밖에 있는 산하와 대지와 허공이 모두 묘명진심妙明眞心 가운데 있는
물건(色身外洎山河虛空大地 咸是妙明眞心中物)"이라고 하신 말씀과 그
럼에도 불구하고 "본묘本妙하고 원묘圓妙한 밝은 마음과 보명寶明한
묘한 성품을 유실하여 깨달음(悟) 중에 있으면서 미迷를 인식하려고
하여 회매晦昧하여 허공이 되고, 허공과 회암晦暗한 가운데에서 암暗
이 맺혀서 물질이 된다. 물질이 망상과 섞여서 생각인 상想과 허망한
모습인 상相을 몸이라 여기고, 연緣을 모아 안으로 흔들리면서 밖으로
나가 분주하게 설치는 그 혼요요昏擾擾한 모습을 자기 심성心性이라
여긴다. 한 번 미迷하여 마음이라고 믿고는 '마음은 몸 안에 있다'고
잘못 알고 이 몸과 밖에 있는 산하대지와 허공이 모두 묘명진심
가운데 있는 물건인 줄 알지 못한다(遺失本妙 圓妙明心 寶明妙性 認悟中
迷 晦昧爲空 空晦暗中 結暗爲色 色雜妄想 想相爲身 聚緣內搖 趣外奔逸
昏擾擾相 以爲心性 一迷爲心 決定惑爲 色身之內 不知色身 外洎山河虛空大
地 咸是妙明眞心中物)"라고 일깨우신 말씀과 "일체의 물질과 정신인
환화상幻化相의 성품은 실로 묘각명체妙覺明体임을 알지 못하는구나.
이와 같이 몸과 마음을 형성하는 물질과 정신인 오음五陰과 육입六入,
12처十二處와 십팔계十八界가 모두 인연이 화합하면 허망하게 생겨나
고, 인연이 떠나면 허망하게 사라지지만, …… 이러한 생멸과 거래가
본래 여래장의 상주하고 묘명하며 부동하고 두루하고 원만한 묘한
진여성眞如性이다(未明一切浮塵諸幻化相 其性眞爲妙覺明體 如是乃至
五陰六入 從十二處至十八界 因緣和合虛妄有生 因緣別離虛妄名滅…… 生
滅去來 本如來藏常住妙明 不動 周圓妙眞如性)"[54]라고 하신 말씀에 미루

어 보건대 대부분의 중생들은 무명업습無明業習에 사로잡혀『능엄
경』과 위「법성게」제1, 2구의 해설에서 일깨우는 사실을 모르고
있음을 유념해야 한다. 위『능엄경』말씀과 〈그림 5〉를 연계하여
다시 도시하면 〈그림 6〉과 같다.

〈그림 6〉

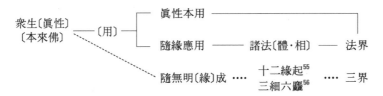

위 〈그림 6〉에서 보듯 중생의 근본성품이 무명無明의 연緣에 상응하
여 무언가를 드러냄을 유념해야 한다. 무명은 실답지 않은 허망한
것이어서 이 허망한 것을 인연하여 드러나는 존재 또한 허망하므
로……라고 표시했다.

---

54 황정원,『능엄경 상』, pp.71~2; pp.112~3. 위 능엄경 말씀 중 '보명묘성寶明妙性'과
'진여성眞如性'은 근본성품(眞性)으로, '묘명진심妙明眞心'은 '근본성품의 작용'으
로 '묘각명체', '여래장' 등은 근본성품의 드러남으로 보아 위 '고친 법성게' 제1,
2구의 해설과 연계 파악하면 이해에 도움이 될 것이다.

55 十二緣起: 無明·行·識·名色·六入·觸·受·愛·取·有·生·老死. 상세한 것은 후술
'쉬어가기' 중 '(4) 모든 중생은 모두 오온 중에 있다' 참조.

56 三細六麤: 삼세는 무명업상無明業相·능견상能見相·경계상境界相 등 미세한 번뇌
를, 육추는 지상智相·상속상相續相·집취상執取相·계명자상計名字相·기업상起業
相·업계고상業繫苦相 등 거친 번뇌로 근본무명根本無明에 의하여 나타나는 것이다
(전종식,『능엄경』, 예학, p.86).

『능엄경』에서 "모든 중생들이 경계에 끄달리는 반연심攀緣心으로써 자신의 성품을 삼는다(諸衆生 用攀緣心 爲自性者)"라는 말씀과 "지금 너의 '식정識精의 원명元明한 놈'이 능히 모든 인연을 나투는데, 그만 그 나타난 인연에 끄달려 원래 청정한 바탕인 원청정체元淸淨體를 잊어버리고 윤회하게 되었다(則汝今者 識精元明 能生諸緣 緣所遺者 由諸衆生 遺此本明)"라는 말씀, 그리고 "그것은 육진六塵 경계의 허망한 모습을 인연하여 일어나는 생각인 허망한 망상妄想을 너의 근본성품(眞性)으로 착각하고 있다(此是前塵 虛妄相想 惑汝眞性)"[57]라는 말씀을 위 〈그림 6〉의 12연기와 〈그림 8〉의 '망심·망념'과 연계 파악하면 이해에 도움이 될 것이다.

위 『능엄경』의 일깨움을 유념하면서 무명이 무엇인지, 무명은 어디에서 연원하며, 중생은 왜 무명에 사로잡히는지 살펴보자. 무명의 실체와 연원 등에 대해서는 갈피를 잡기 어려울 정도로 여러 견해가 있다. 이해를 돕기 위해 몇 가지 사례를 들어 의문에 접근하기로 한다.

① 꽃미남 '나르시스'는 물속에 자리한 자기 그림자의 아름다움에 혹惑해서 이 그림자를 마냥 바라보느라 굶어 죽었고, 그 자리에 수선화(나르시스)로 다시 태어났다고 한다. 이 예화에서 나르시스가 물속에 비친 자신의 그림자에 사로잡히게 된 것은 자신의 그림자를 실재하는 다른 꽃미남으로 착각했기 때문이고, 이와 같은 착각은 자신의 그림자

---

57 황정원, 『능엄경 상』, pp.46~48.

내지 그림자 일반에 대한 무지無知에서 비롯된 것으로 볼 수 있다.

즉 무지(迷)하여 착각을 일으키고 이 착각으로 실상을 제대로 파악하지 못하여 그 그림자인 허상에 매료(惑)되어 허상을 실상으로 알고 이에 집착한 어리석음(痴)의 소치라고 볼 수 있다. 이유가 무엇이건 매료되면 어리석어진다고 볼 수 있고, 어리석어서 매료된다고 할 수도 있을 것 같다.

②끝이 보이지 않는 사막을 횡단하는 지친 대상隊商에게 신기루蜃氣樓는 자못 오아시스로 보여서 실없이 헤매게 되는 경우가 있다고 한다. 신기루는 온도나 습도 관계로 대기의 밀도가 층층이 달라져 광선의 굴절로 인해 엉뚱한 곳에 어떤 사물의 모습(그림자)이 나타나는 현상이다. 이런 현상을 모르거나 이런 현상을 알고 있더라도 너무 지쳐서 착각하는 경우에는 이 신기루를 오아시스인줄 알고 마냥 신기루를 향해 헛걸음을 하게 된다는 거다. 나르시스가 물속 그림자에 혹했다면 대상들은 허공의 그림자에 혹한 셈이다. 어리석게도 무지해서거나 착각으로.

③영화나 TV를 보면서 웃고 울거나 놀라는 것은 영화나 TV 화면에 전개되는 허상에 몰입되어 이를 실제상황으로 착각하기 때문이다. 그러나 이를 모르는 사람은 거의 없다. 시작과 끝이 가까워서 쉬이 알게 되기 때문이다. 그런가 하면 인터넷 게임에 몰입되어 가상현실에서 벗어나지 못하는 사람들도 더러 있다고 한다. 아무튼 영화나 TV의 허상에 몰입되어 실제 상황으로 착각하는 경우와 유사한 사례로는 꿈을 유념할 필요가 있다.

④꿈 얘기에서 흥미로운 것은 꿈꾸는 동안은 꿈속 사연이 모두

허황된 것인 줄 전혀 감지하지 못한다는 점이다. 꿈속에서도 설탕은 달고, 호랑이는 소름끼치게 하며, 사랑하는 이의 눈웃음은 가슴을 파고드는 등 꿈꾸기 전에 겪던 실제 상황과 전혀 다르지 않아서 때로는 울고 때로는 감동을 받곤 한다.

우리네 인간이 어떤 물체를 보려면 먼저 그 물체가 있어야 하고, 내 눈과 시신경, 중추신경 등이 건강해야 하며, 그 물체가 내 눈과 적정한 거리에 있어야 하고, 빛光이 있어 적정하게 밝아야 한다.

그런데 눈먼 장님도 꿈속에서 보고 겪은 상황을 얘기하며, 잠잘 때는 눈감고, 불도 끄는 등 물리적 생리적 여건이 결여 되었음에도 불구하고 꿈속 사연은 생생하기만 하다. 그리고 또 꿈에 본 물건 중에는 세상에 없는 것도 있는 등 도무지 상식 밖의 의문투성이다. 무엇을 몰라서이거나 무엇을 착각해서가 아닌 게 분명한데 너무도 생생하니, 나르시스의 얘기도 대상의 신기루도 꿈속 사연에 비하면 그렇게 신기하지 않다.

그런데 꿈속 사연만큼이나 신기하고 이해하기 어려운 것이 무명無明이다. 이 무명이 근본성품과 연緣이 상응하여 드러내는 우리네 중생 경계 또한 실은 꿈속 사연 같이 허망하여 꿈속 사연 뺨칠 정도라 하니, 다소 어렵고 황당하더라도 무명에 얽힌 사연을 살펴보기로 한다.

앞서 본 도표를 다시 그려 기억을 되살려 보자.

〈그림 7〉

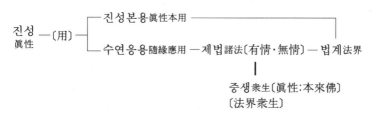

〈그림 8〉

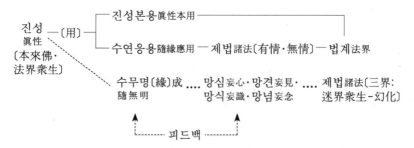

〈그림 7〉의 요지는 근본성품(眞性)의 드러남인 모든 존재는 근본성품과 그 드러냄과 혼연 합일되어 '하나라고도 할 수 없는 하나'인지라 모든 존재(諸法) 중 유정有情인 중생衆生은 근본성품을 지닌 본래 부처(本來佛)인 중생(法界衆生)이다.

〈그림 8〉의 요지는 본래 부처인 중생이 자신이 지닌 근본성품(自性)의 드러냄과 드러남 또한 혼연 합일을 이루고 있어 중생 자신의 근본성품이 인연 따라 드러낸 모든 존재 또한 그대로 법계이자 법신이다. 그러나 우리네 중생이 지닌 근본성품이 실답지 못한 착각의 소산인 무명無明과 연緣을 이루어 드러난 망심·망식의 소산인 삼라만상 등 모든 것은 꿈속 사연 같이 허망하기 짝이 없는 세계(三界: 幻化)여서

이 삼계를 구성하는 모든 존재 중 유정有情인 중생(迷界衆生)[58] 또한 실답지 못한 환화幻化이다.

그럼에도 대부분의 중생은 이 사실을 모르고 '나르시스'가 물속에 비친 제 그림자에 혹하듯, 대상隊商들이 신기루를 향해 나아가듯 무명으로 드러난 허망한 마음(妄心)이 일구어낸 허망한 경계를 실재 하는 경계로 잘못 인식(妄識)하고 이 망심·망견·망식에 미혹하여 끝없이 허망한 경계에 세세생생世世生生 끌려 다닌 업습으로 중생과 보살과 부처가 확연한 중생 꿈에서 깨어날 기약이 없다는 것이다.

위 〈그림 7〉, 〈그림 8〉의 설명에 대한 이해를 돕고자 경經의 말씀을 곁들여 부연 설명한다. 『원각경, 청정혜보살장』에서 "원각자성圓覺自 性이 비성非性이나 성性이 있으니, 모두 성性을 좇아서 일어나지만 취取함도 없고 증證함도 없다. 저 실상實相 중에는 실로 보살과 중생이 없다. 왜냐하면 보살과 중생이 다 환화幻化이고, 환화는 소멸하므로 취증取證할 자가 없기 때문이다(圓覺自性 非性性有 循諸性起 無取無證 於實相中 實無菩薩及諸衆生 何以故 菩薩衆生 皆是幻化 幻化滅故 無取證 者)"라고 일깨우시는 말씀 중 '한 존재(一法)'가 연緣이나 쓰임새에 따라 천 가지 이름으로 불릴 수 있음(一法千名)을 유념하면 '원각자성'

---

58 미계중생을 구류중생(九類衆生: 胎生…… 등 아홉 종류)으로, 구류중생 중 태생胎生 인 인간을 아홉 종류의 인간(금수인간·학자·철인·달사達士·이인異人·신인神人·지 인至人·도인道人·부처) 등으로, 이 아홉 종류의 인간 중 달사·이인·신인·지인·도 인을 보살로, 금수인간·학자·철인을 중생으로, 그리고 부처로 다시 분류하기도 하나 이 모두 실답지 못한 존재의 헛된 이름일 뿐이다.

을 '근본성품(眞性)'으로 봄직하다.

그리고 '원각자성'이 "성性이 아니다(非性)" 함은 원각자성은 능소能所가 없어 '없지 않으나 있다고도 할 수 없음'을 일깨우는 표현이고, 이어서 '성性이 있다' 함은 능소에 얽매여 분별이 치성한 삼계 중생을 일깨우기 위한 궁여지책이다. "모두 성性을 좇아 일어남"을 함허 득통은 "성품이 있어서 영통감응하여 연緣을 따라서 일체의 사법事法을 성취한다"라고 풀이하고 있다.[59] 이는 '고친 법성게' 제1, 2구의 내용을 도시한 〈그림 7〉에 상응함을 알 수 있다.

그리고 위 『원각경』에서 "모두 성性을 좇아 일어나지만 취取함도 없고 증證함도 없다"라고 함 또한 능소가 없는 근본성품의 특성을 유념하면 쉬이 이해할 수 있을 것이다. 또 근본성품은 미오迷悟가 없어 법계에는 미迷한 중생은커녕 깨친 부처도 없거늘 보살인들 있을 수 없겠기에 "저 실상實相 중에는 실로 '보살'과 중생이 없다"라고 『원각경』은 일깨우고 있다.

나아가 "보살과 중생이 다 환화幻化"라 함은 법계의 실상 측면에서건 미迷한 중생의 무명無明 망견을 반연한 삼계의 허망한 경계로 보건다 온당한 일깨움이다. 이 일깨움에 의거하여 〈그림 8〉에서 삼계와 삼계의 중생을 모두 환화幻化로 적시한 것을 알 수 있을 것이다. 『원각경, 보안보살장』에서 "일체 모든 중생의 신심身心이 모두 환幻과 같음"을 일깨우신 말씀도 연계해서 파악하면 이해에 도움이 될 것이다. 그리고 『원각경, 보현보살장』에서 "일체 중생의 여러 가지 환화幻

59 황정원, 『원각경 이가해』, p.176.

化가 모두 여래의 원각묘심에서 나온다(一切衆生 種種幻化 皆生如來 圓覺妙心)"라고 일깨우신 말씀과『능엄경』에서 "일체의 물질과 정신인 환화상幻化相이 당처當處에서 생겨나고, 곳에 따라 사라지나 그 성품은 묘각명체妙覺明體이다. 이러한 생멸과 거래가 본래 여래장의 묘한 진여성이다(一切浮塵 諸幻化相 當處出生 隨處滅盡 幻妄稱相 其性眞 爲妙覺明體 生滅去來 本如來藏常住妙明不動周圓 妙眞如性)"라고 하신 말씀 중 '환화幻化' 내지 '환화상幻化相'은 근본성품이 중생의 무명을 반연하여 드러낸 것으로, '여래의 원각묘심'·'묘각명체'·'여래장의 묘진여성' 등을 '근본성품' 내지 그 드러냄과 드러남으로 연계 파악하면 〈그림 8〉 중 아래 부분의 도시 내용과『원각경』·『능엄경』의 위 말씀을 쉬이 이해할 수 있을 것이다.

　『원각경, 정제업장보살장』의 말씀 중 "각심覺心의 본성本性과 법성法性"에 대해 함허 득통은 "각성(覺性: 각심의 본성)과 법성은 각각 체體와 용用을 가리킨다. 각성은 연기緣起가 일어나지 않은 시절이요, 법성은 연기를 가리키니 미오迷悟가 나뉘고 수증修證이 일어난 시절이다"[60]라고 해설한다.

　위 해설에서 '각성'은 '근본성품(眞性)'으로, 법성法性은 위 〈그림 8〉의 아래 부분에서 보듯 본래 부처인 중생의 진성眞性이 무명을 반연하여 드러낸 망계의 허상인 모든 존재(法)의 성품(性)으로 파악해야 한다.

---

60 황정원,『원각경 이가해』, pp.256~257.

「법성게」에서 사용하고 있는 '법성法性'은 근본성품(眞性)과 근본성품의 드러남(諸法)의 복합어이고 근본성품과 그 드러남은 모두 '미오迷悟와 수증修證'이 본래 없는 법계의 소식이다. 그러나 위 『원각경』 말씀 중 '법성'은 '미오와 수증'을 거론하고 있어 망계(迷界)의 소식으로 봄이 온당하다. 이 점을 유념하면 용어의 표현은 같으나 그 뜻하는 바와 쓰임새가 다름을 쉬이 알 수 있을 것이다.

『원각경, 청정혜보살장』에서 "중생과 국토가 동일한 법성(衆生國土同一法性)"이라고 일깨우신다. 깨친 부처님의 경계에서 보면 모든 경계가 다 부처님이어서 이 경계에서 열 가지 불신佛身을 세워 '해경시불解境十佛'[61]로 설명하고 있음을 유념하면 '법성'이라는 용어의 쓰임새를 보다 폭넓게 파악·이해할 수 있을 것이다.

참고로 『원각경』은 근본성품이 중생의 무명을 반연하여 드러난 일체 환화幻化를 여의는 수행방편에 무게 중심이 실린 만큼 환화를 여의어 근본성품에 회귀하려는 본연작용에 상응하는 용어와 언설을 사용하게 됨을 유념해야 한다. 『원각경』에서 사용하는 '원각묘심'은 '근본성품의 본연작용(眞性本用)'에 착안한 용어로 봄이 온당해 보인다.

망계의 허망한 실상을 소개하기 전에 그 시원始原이 되는 무명이 무엇인지, 그리고 무명의 원인은 무엇인지 『능엄경』과 『원각경』 등을 참조하여 보다 상세히 살펴봄이 온당하다. 그러나 여기서는

---

61 제30구 해설 참조.

『불교학대사전』과 『대승기신론』 등에 의거 그 개요를 간략히 살펴
본다.

무명無明은 다음과 같은 뜻이 있다.

①진리에 어두워서 사물에 통달하지 못하고 사물과 현상이나 도리
를 확실히 이해할 수 없는 정신 상태로 어리석음(愚痴)을 그 내용으
로 함.

②범부가 목마르게 다섯 가지 욕망에 애착하는 갈애渴愛와 표리관
계에 있는 지혜롭지 못함을 뜻함.

③모든 번뇌 중에서 가장 무겁고 돋보이는 작용을 지닌 것.

④제6식과 상응하는 어리석음으로서 선악의 업을 일으키는 것.

⑤탐貪 등의 근본번뇌와 상응하여 같이 혹은 홀로 일어나는 것.

⑥중생심(衆生心: 眞如心)의 본래적 각성覺性인 본각本覺을 가리키
는 것.

⑦망심이 차별 경계만 보고 마음 자체의 본래 각성을 망각하
는 것.

⑧일체 심식心識의 상相.

⑨지혜의 장애(智碍).

⑩모든 생멸상生滅相의 인因.

⑪진여眞如를 훈습하여 오염된 상을 일으키게 하는 것.

⑫진여를 알지 못하는 것.

⑬하나의 법계에 통달하지 못하기 때문에 마음이 상응하지 못하여
홀연히 염念이 일어나는 것 등등.[62]

개략적으로 보아 무명無明은 '어리석어서 진리에 밝지 못해 선악의

분별과 탐욕, 갈애渴愛의 번뇌 등 망심妄心을 일으키게 하는 무지無智'
로 파악함직하다.[63]

'고친 법성게' 첫 두 구(眞性…… 隨緣成)와 연계하여 무명의 뜻을
다시 살펴보면 '일체 중생이 모두 근본성품을 지닌 본래 부처임을
모름'에서 본래 부처인 중생이 착각으로 자못 능소能所, 주객主客
등을 분별하는 망심을 일으키게 되는데 이 망심을 일으키는 어리석음
을 무명으로 파악하면 될 것 같다.

그런데 무명의 의의에 관한 여러 견해를 종합하여 무명의 의의를
위와 같이 파악하여도 무명은 어디에서 비롯되는지 확연하지 않다.
필자의 좁은 소견으로는 무명無明은 다음의 의미를 지니고 있다.

① 태양의 과도한 폭발로 흑점이 생겨 전파장애를 야기하듯이 햇빛
보다 밝은 근본성품이 하도 밝아서 그 밝음이 지나쳐 중생이 착시현상
을 일으킨 것이거나,

② 중생이 자신의 근본성품(自性)을 드러냄에 있어 나르시스가
제 그림자를 다른 꽃미남으로 착각하여 혹惑하듯이 근본성품(眞性)과
중생의 근본성품인 자성自性이 상호 능소能所로 작용하여 빚어진
착각을 중생 스스로 모름에서, 혹은

③ 근본성품의 진성본용과 수연응용이 서로 거울이 되어 마주 비춤

---

62 ①~⑤는 『불교학대사전』 참조. ⑥~⑬은 한자경, 앞의 책, pp.142, 193, 204,
211, 222, 225, 266 참조.

63 언기 스님은 "무명이란 반야의 큰 지혜 밝음이 없는 것(無明者無般若大智明也)"이라
고 함(보각, 앞의 책, p.67).

에 중생이 착각으로 스스로 능소能所의 분별을 일으킨 것을 중생이 모름에서 비롯된 것이거나,

④중생이 자신의 근본성품을 모름에서 자신의 근본성품의 본연작용과 수연응용이 서로 마주 비춤에 착각으로 능소能所의 분별을 일으킨 것을 중생 스스로 모름에서 비롯된 것이 무명의 시원이 아닌가 생각한다.

이런 견지에서 보면 '무명'은 근본성품 그 자체 내지 근본성품의 작용을 중생이 능소로 분별하여 착각한 망견妄見일 뿐 실상은 '무명의 본 성품은 곧 불성(無明實性卽佛性)'[64]이라고 할 수 있다. 이는『원각경, 보현보살장』에서 "일체 모든 중생의 무시無始의 환幻인 무명無明이 여래의 원각심으로 좇아서 건립됨(一切諸衆生 無始幻無明 皆從諸如來 圓覺心建立)"을 일깨우신 말씀에 미루어 보아도 그러하다.

그리고 '중생이 본래 부처님'이므로 무명은 본래 없는 것일 뿐 아니라, 무명은 중생 경계의 착각의 소산일 뿐 실재하지 않으므로『반야심경』에서는 '무명은 없는 것(無無明)'이어서 '무명을 순치시킴 또한 없는 것(亦無無明盡)'임을 일깨우고 있다.

필자의 소견에 의거하여 무명의 시원始元을 도시해 본다. 참고로 능소能所가 없는 법계를 능소로 분별하는 배경에 대해『능엄경』은 "성각性覺은 원래 밝은데, 허망하게 '밝힐 깨달음'인 명각明覺이 되었

---

64 영가 대사의『증도가』참조. 그리고 지눌知訥이『원돈성불론』에서 "일체 제불의 근원을 알고자 한다면 자기의 무명이 본래 부처인 줄 깨닫도록 함"을 일깨운 말씀 참고(전해주, 앞의 책, p.245).

다. 각각覺은 원래 밝으니 새삼스레 밝힐 대상이 아니건만, '밝히자'는 것으로 인因하여 대상(所)이 되었고, 대상이 허망하게 성립하니 너의 허망한 주체主體인 망능妄能(無明)이 생겼다(性覺必明 妄爲明覺 覺非 所明 因明立所 所既妄立 生汝妄能)"[65]라고 일깨우신다. 이 말씀을 위 필자의 견해와 연계하여 파악하면 아래 도시를 이해하는 데 도움이 될 것이다.

〈그림 9〉

①

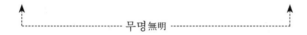

②

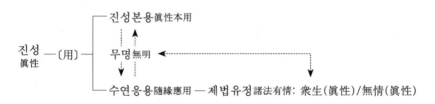

③

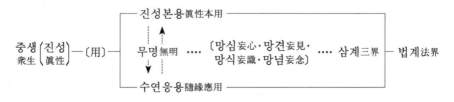

---

65 『능엄경』의 '중생전도衆生顚倒' 참조.

아무튼 이 무명으로 촉발된 망심으로 실답지 못한 경계를 망견, 망식하여 망념을 끝없이 반복(念念相續)하는 업습이 굳어져서 허망한 세계를 실다운 세계로 착각하는 삶에서 벗어나지 못하는 것을 일러 '중생꿈 꾼다(윤회輪廻한다)'[66]라고들 한다. 「법성게」가 일깨우는 근본성품과 그 드러냄과 그 드러남의 특성과 상호관계를 제대로 파악하기 위해 우선 중생이 무명망식으로 실다운 세계로 착각하고 있는 허망한 세계의 실상을 위의 도시 중 점선으로 표시된 부분과 연계하여 그 내용을 살펴보자.

경經에서 ①"중생이나 국토나 삼세 모든 존재는…… 필경 적멸하나 분별을 따라 나타날 뿐…… 모두 업으로 지어진 것(衆生及國土 三世所有法…… 畢竟寂滅相 但隨分別現…… 種種業所造)"[67]이라는 말씀과 ② "모든 세간이 망상妄想으로 업業을 지어 일어나는 것(世間妄想業所起), 망상이 그지없으며 세간도 한량없어(妄想無邊故 世間亦無量), 일체의 모든 국토가 망상의 그물로써 나타나는 것(一切諸國土 想網之所現)"[68] 임을 일깨우신 말씀, 그리고 ③"중생이 미혹하고 전도되어 일체 환화幻化를 능히 제거하여 없애지 못하는 것은 멸할래야 멸할 수 없는 곳에 망령된 공功을 쓰는 가운데 문득 차별이 나타나게 되기 때문이니라(衆生迷倒 未能除滅一切幻化 於滅未滅 妄功用中 便顯差別)"[69]라는 말

---

66 윤회의 원인과 과정 등에 대하여는 『능엄경』 중 '세계의 기원', '중생세계의 연기', '업과業果 세계의 연기' 등 참조.
67 『화엄경, 십인품』
68 『화엄경, 보현행품』

쏨으로 미루어 보아 중생은 그 나름의 업식業識의 차이로 인간은 '물(水)'을 물로 보나, 고기는 집으로 삼고, 천상인간은 보석으로, 아귀는 불(火)로 보듯, '물'은 하나로되 중생의 업식에 상응하여 제각기 달리 봄을 알 수 있다. 이를 일러 일수사견一水四見이라고 한다.

이 사실을 유념하면 중생은 제 나름의 색안경을 통해 법계를 제각기 달리 봄도 알 수 있다. 즉 중생은 제 나름의 무명 업식無明業識에 비추어진 환상의 세계인 삼계(三界: 중생이 생사에 유전하는 욕계·색계·무색계)를 실재하는 세계로 착각하게 된다는 말이다.[70]

경經에서 ①"모든 중생이 다 환상과 같음을 알며 모든 부처님이 그림자 같음을 알며, 모든 갈래(趣)에 태어남이 꿈같음을 알며, 모든 업을 지어 과보를 받는 것이 거울 속의 영상과 같음을 알며, 모든 생사의 일어남이 더울 적의 아지랑이 같음을 알아야 함(知一切衆生皆如幻 知一切佛悉皆如影 知一切諸趣受生 悉皆如夢 知一切業報如鏡中像 知一切諸有生起 如熱時燄)"과 "모든 세간이 다 거짓 시설이어서 모든 것이 인식하는 마음으로 생긴 것(諸世間悉假施設 一切皆是識心所起)"임과 "모든 부처님이나 내 마음이 모두 꿈과 같음을 알며…… 모두 제 마음으로 말미암은 것(知一切佛及與我心 悉皆如夢…… 如是一切 皆由自心)"[71]임을 일깨워 주시고, ②"삼계가 오직 마음뿐이고, 삼세

69 『원각경, 청정혜보살장』

70 함허 득통은 중생의 무명을 반연하여 드러난 미계迷界의 실상을 삼세三細·육추六麤의 생기生起의 부사의不思議와 삼승三乘과 일승一乘의 수단修斷의 부사의로 설명하고 있음(황정원, 『원각경 이가해』, pp.173~174).

71 『화엄경, 입법계품』

(三世: 과거, 현재, 미래의 총칭)가 오직 마음뿐(三界唯心 三世唯心)"[72]임
을 일깨우신다.

이들 말씀에 비추어 보아 중생이 제 나름의 망심妄心·망식妄識의
무명 업식으로 망견·망상한 것이 중생 세계인 삼계三界이므로 삼계를
이룬 모든 것은 중생의 망심이 만들어 내는 것(一切唯心造)임을 알
수 있다. 그리고 "우리가 알고 있는 세계란 우리 신경계가 만들어
낸 산물"[73]이라거나 "사람이 번뇌망상에 사로잡히면 법계의 실상實相
이 삼계의 허망한 상相으로 바뀌어 나타난다"[74]라고 한 주장도 위
논지를 설명하고 있다고 할 수 있다.

『원각경, 청정혜보살장』에서 "실상實相 중에는 실로 '보살'과 '중생'
이 없다. 왜냐하면 보살과 중생이 다 환화幻化이기 때문이다(於實相中
實無菩薩及諸衆生 何以故 菩薩衆生 皆是幻化)"라고 일깨우신 말씀으로
미루어 보아도 '삼계는 중생의 망심이 만들어낸 환상의 세계(三界虛
妄, 但一心作)[75]여서 '삼계의 모든 존재는 다 허망하여(凡所有相 皆是虛
妄)'[76] 실다운 성품이 없고(無自性) 공허空虛한 특성(空性)을 지니고
있다고 할 수 있다.

따라서 삼계의 중생이 사용하는 모든 언설은 짐짓 가명假名을 세운

72 『화엄경, 이세간품』
73 김재희, 『신과학 산책』(김영사, 1994), p.331.
74 이기영, 「화엄사상의 현대적 의의」(불교문화연구소, 『한국화엄사상연구』, 동국대학
　교출판부, 1982, p.352).
75 이기영, 앞의 글, p.347.
76 『금강경, 제5 여리실견분如理實見分』

것일 뿐 실다움이 없다. 다만 이러한 사실을 일깨우기 위한 언설은 언설로써 언설을 뛰어넘기 위함이니, 법계니 법성이니 하는 용어도 다 그러하다.

이 점을 유의하지 아니하면 삼계 중생으로서 「법성게」를 이해하는 데 한계가 있을 수밖에 없다. 동시에 경經에서 "일체 중생의 갖가지 말이 다 부처님의 가르침을 떠나지 않았으니, 말과 음성의 실상이 곧 부처님의 가르침인 연고(一切衆生種種言語 皆悉不離如來法輪 何以故 言音實相卽法輪故)"[77]임을 일깨우신 말씀도 유념해야 한다.

독사가 먹은 물은 독이 되나 젖소가 마신 물은 우유가 되듯 꼭 같은 언설言說도 중생의 망업妄業에 투영되어 나타나는 언설과 진성眞性을 그대로 발현하시는 부처님의 말씀이 다른 듯하나, 물은 꼭 같은 물이듯 언설 또한 다르지 않음을 『화엄경』에서는 일깨우신다.

경經에서 ①"법계의 일체법이 곧 마음의 본연성품(一切法卽心自性)"[78]임을 일깨우시고, 또 ②"삼계는 마음을 의지하여 존재(三界依心有)한 즉, 삼계에 있는 것이 오직 이 한 마음뿐…… 다 한 마음을 의지하여 이렇게 세운 것(三界所有唯是一心…… 皆依一心如是而立)"[79]임을 일깨우신다.

---

77 『화엄경, 여래출현품』

78 『화엄경, 범행품』, 그리고 원효는 그의 『금강삼매경, 입실제품』에 대한 논論에서 "법계法界는 일심一心(一法界者 所謂一心)"이라고 한 점도 참고(이기영, 앞의 글, p.347).

79 『화엄경, 십지품』과 『지세경』에서 "삼계는 모두 근본이 없으며 정해진 법이 없다. 뭇 인연으로 일어난다…… 일체의 법은 모두 허망한 인연 가운데 묶인 것"이라고 하신 말씀도 참조(한글대장경 제158권, pp.223~225).

위 일깨움에서 '법계法界의 일체법(諸法)'과 '삼계三界에 있는 모든 것'이 다 마음이 만들어 내는 것(一切唯心造)'임을 유념하면 일체유심조一切唯心造의 '심心'이 때로는 삼계의 망심妄心을, 때로는 법계의 진성眞性의 작용을 가리킴을 알 수 있다. 같은 '어휘', 같은 '문구'라도 법계와 삼계에서 그 뜻하는 바가 다를 수 있음을 유념해야 한다.

참고로 『화엄경, 입법계품』에서 "부처님의 지혜 두루 통달하여 깨끗하고 걸림 없어 한 생각에 삼세의 법 두루 다 알되, 이 모두 마음을 좇아 인연으로 생긴 것이매, 생멸이 덧없어 제 성품 없도다(佛智通達淨無碍 一念普知三世法 皆從心識因緣起 生滅無常無自性)"라고 하신 말씀은 앞서 설명한 내용에 비추어 위 말씀 중 '마음'은 '망심'을 뜻하고, 본문 전체는 삼계의 소식을 일깨우고 있음을 쉬이 알 수 있을 것이다.

그리고 법계의 실상을 설명한 「법성게」를 해설하는 대부분의 강술자들은 자신이 삼계의 중생 놀이에 심취해 있는 줄도 모르기에 삼계의 현상을 일깨운 부처님 말씀을 빌어 「법성게」를 설명하고 있음도 유념해야 한다. 대표적 사례로는 광명 스님이 그의 저서 「법성게」에서 "진성심심극미묘眞性甚深極微妙'는 제법무아諸法無我를 심도 있게 표현한 것이고, 불수자성수연성不守自性隨緣成은 제행무상諸行無常에 해당한다"고 한 설명[80]을 들 수 있다.

중생의 망심이 만들어 내는 삼계의 모든 존재(諸法)는 실재하지

---

80 광명, 『법성게』(솔바람, 2010), pp.135~136.

않는 환상에 불과함을 일깨우기 위해 부처님께서는 제법무아라고 하셨다. 그런데 이 말씀을 어떤 근거에서 법계를 창출하는 참다운 존재의 근본성품(眞性)의 특성을 심도 있게 표현한 것으로 이해했는지 도저히 알 수 없다. 아마도 법계와 삼계의 구분 자체를 이해하지 못하고 망심으로 진성眞性을 풀이한 것 같아 보인다.

같은 맥락에서 삼계의 일체 현상은 시시각각 죽 끓듯 변멸하는 망심에 상응하여 변화무상함을 일깨우기 위해 '제행무상'을 말씀하신 것이다. 이를 이해하지 못하여 법계의 창출 배경 내지 과정을 설명하는 불수자성수연성不守自性隨緣成을 제행무상에 해당하는 것으로 잘못 이해한 것 같다. 중생의 망심 망념의 업력業力에 의한 무명연기無明緣起와 진성眞性의 연기를 혼동한 것은 아닌지 돌이켜보게 한다.

경經에서 "일체 중생은 여러 가지 소견을 내나니 모든 소견을 끊게 하려고 공空의 이치를 말씀하신 것입니다. 공의 이치를 듣고 진실이라 집착하면 소견이 하나 더 늘어날 뿐 모든 소견을 끊지 못합니다"[81]라고 일깨우신다. 이 말씀에 미루어 보아 부처님께서는 망심에 휘둘린 중생의 근기에 상응하여 방편과 비유를 활용하여 가르침을 펴신 것을 알 수 있다. 이 점을 유념하여 용어와 어휘가 사용된 대상과 배경을 전체 내용과 대조하여 살펴보는 여유와 지혜가 절실해 보인다. 특히 「법성게」는 게송의 이름 자체가 법계의 참다운 존재(法)와 그 근본성품(性)을 설명하고 있음을 명확히 한 만큼 이 점에 유의하여 뜻을 새김이 온당하다 할 것이다.

---

81 『대승밀엄경』(한글대장경, 동국역경원, 제242책), p.530.

참고로 근본성품이 인연 따라 드러남을 법계연기(法界緣起·法界無盡緣起·無盡緣起)와 무명연기無明緣起 혹은 여래장연기如來藏緣起[82]로 구분하여 설명하는데 이를 도시하면 다음과 같다.

〈그림 10〉

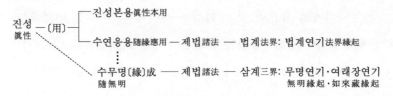

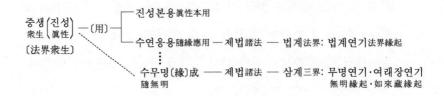

그리고 부처님의 가르침(法)을 다음과 같이 크게 세 부문으로 나누어 볼 수 있다.

① 미오迷悟가 본래 없는 법계의 실상을 일깨우는 실상문實相門.

② 깨친 부처와 미迷한 중생의 분별이 확연한 삼계의 허망함을

---

82 진성眞性이 무명을 반연하여 삼계의 모든 존재(諸法)를 드러내나 이들 존재도 진성의 발현이어서 진성을 지니고 있음을 밝히고자 여래장연기라는 용어를 사용하고 있는 것으로 파악함. 필자는 여래장如來藏은 모든 중생의 번뇌에 덮여 있는 여래의 법신法身을 뜻하고 여래如來는 진성眞性의 발현(用)이어서 진성과 혼연 합일을 이루고 있음을 유념하여 '여래장연기'를 무명연기를 뜻하는 용어로 파악한 것임.

일깨우는 연기문緣起門.

③미한 중생이 법계의 실상을 깨쳐 부처로 나아가기 위한 방편을
일깨우는 수행문修行門.

부처님의 가르침을 엮은 경전은 대부분 실상문·연기문·수행문
등 세 부문으로 구성되어 있으나 각 경전은 세 부문 중 특정 부문에
치중한 경우도 있다. 각 경전의 무게중심이 세 부문 중 어느 부문에
치중되어 있는가도 함께 살펴 알아야 부처님의 가르침을 온전히
이해할 수 있을 것이다. 이 책에서 「법성게」 해설의 이해를 돕고자
주로 인용하고 있는 경전 등의 무게 중심을 실상문·연기문·수행문과
연계하여 도시하면 아래와 같다.

〈그림 11〉

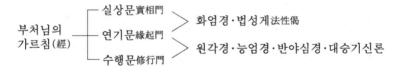

위 설명에 의거하여 「법성게」의 번역·해설에 인용한 각 경전의
내용을 그 무게 중심과 연계하여 살펴보면 「법성게」의 해설을 한결
이해하기 용이할 것이다. 즉 『원각경』·『능엄경』·『대승기신론』의
내용은 수행방편을 일깨우는 '고친 법성게' 제21구에서 27구까지의
해설과 연계하여 파악하고, 『화엄경』은 법계의 실상을 일깨우는 '고친
법성게' 제1구부터 20구까지 내용과 연계 파악해야 그 뜻을 쉬이

이해할 수 있을 것이다. 참고로 위 〈그림 11〉을 〈그림 10〉과 연계하여
법계중생 위주로 도시하면 다음과 같다.

〈그림 12〉

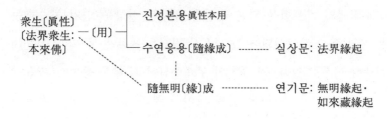

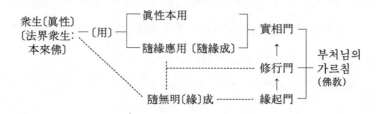

연기문에서 헤매는 미계중생으로 하여금 자신의 본래 모습(本來佛)
을 되찾도록 일깨워주기 위해 짐짓 연기문과 수행문, 그리고 실상문을
내세움이어서 실로 연기문도 실상문도, 깨칠 것도 깨침(修行門)도
모두 환幻임을 유념해야 한다.

우리의 근본성품은 미迷함과 깨침(悟)도 본디 없어 짐짓 깨치고(근
본성품에 계합하고) 보면 깨침도 본래 없는 것이어서 미오迷悟와 깨침
은 삼계三界의 소식일 뿐이다. 삼계 중생이 미오迷悟가 본래 없는
근본성품을 깨침에 있어 빠름과 더딤(頓漸)을 논하는 것은 삼계 중생
의 근기의 예리함과 둔함에 상응한 분별일 뿐, 깨침 그 자체는 빠름과

더딤이 없다.

그리고 깨침의 빠름과 더딤과 곁들여 닦음(修行)의 빠름과 더딤에 대한 논쟁(頓悟頓修와 頓悟漸修)을 받아들임에 있어 깨침이 본래 없어 그 자체에 빠름과 더딤이 없고 또 깨침이 본래 없어 닦을 게 따로 없으니, 닦음의 빠름과 더딤을 논하는 것 또한 삼계 중생의 근기의 예리함과 둔함에 상응한 분별일 뿐임을 알아야 한다.

망심이 온전히 순치되면 삼계가 사라져 그대로 법계法界인지라, "한 생각(妄心) 일어나니 삼계가 열리고 한 생각 그치니 법계가 열린다"[83]라고 할 수 있다.

근본성품과 그 드러냄과 드러남이 혼연 합일하여 '하나라고도 할 수 없는 하나임'을 유념하면 법계에는 '부처'도 따로 내세울 수 없다. 그래서 선가禪家에서는 "부처를 만나면 부처를 죽이고, 조사祖師를 만나면 조사를 죽여라"라고 말하는데, 그 본뜻을 바로 이해해야 할 것이다.

법계에서는 부처도 따로 내세울 수 없지만 삼계 중생은 망심이 순치되는 정도에 상응하여 사람을 아홉 종류의 인간으로 분류하기도 한다. 아홉 종류의 인간이란 망심에 온전히 사로잡힌 '금수인간'과 '학자', 망심의 순치에 눈 뜨기 시작한 철인哲人, 망심의 순치가 어느 정도 진척된 달사達士와 이인異人, 망심을 상당히 순치한 신인神人과 지인至人, 망심을 거의 온전히 순치한 도인道人, 망심을 온전히 순치한

---

83 정화, 『법성게』(법공양, 2010), p.185.

부처(佛) 등을 말한다.[84]

부처님 이외의 여덟 인간상을 통칭하여 중생衆生이라고 하는데, 이들 중생도 부처님과 마찬가지로 진성眞性이 인연 따라 나툰 법계의 참다운 존재여서 진성을 지닌 법신(佛) 그 자체이다. 다만 부처이면서 망심의 덫에 휘둘려 중생 놀이하는 양면성을 지닌지라, 근본성품(眞性)의 발현으로 때때로 자신도 모르게 부처님 같은 마음 쓰임새와 행동을 보이기도 한다.

이러한 현상을 뒷받침하는 일깨움으로 경經에서 ①"모든 중생은 모두 불성을 지니고 있다(一切衆生悉有佛性)"[85]라는 말씀과 ②"부처와 마음과 중생, 이 셋은 차별이 없다(佛心及衆生 是三無差別)"[86]라는 말씀과 ③"여래와 나와 모든 중생이 평등함(如來及我一切衆生等)"[87]을 일깨우신 말씀과 ④"마음과 보리(깨침: 佛)가 중생과 평등함(心及菩提與衆生等)"[88]을 일깨우신 말씀이 주로 인용되고 있다.

파란 하늘에 먹구름이 덮인 상황을 진성眞性에 망심妄心이 드리운 것으로 비유하여 망심의 먹구름을 여의어야 진성이 드러난다고들

---

84 학송, 『대보부모은중경 총설』(정우서적, 2013), pp.64~66 참조.

85 『대반열반경』(한글대장경 제253책, 1998), pp.133, 147, 155, 157, 170, 214, 260; 한글대장경 제254책(1999), pp.138, 144, 345, 346.

86 구역 『화엄경 권10 야마천궁보살설게품』. 이 말씀 중 '마음'은 진성眞性(의 작용)을 가리키는 것으로 봄이 온당함(이기영, 앞의 글, p.353).

87 『화엄경, 입법계품』

88 『화엄경, 이세간품』. 이 말씀 중 '마음'도 진성眞性(의 작용)을 가리키는 것으로 봄이 온당함.

한다. 그러나 파아란 하늘에 먹구름이 덮여도 먹구름 덮인 그대로가 다 하늘이듯이 망심의 덫에 가리어 중생 노릇을 하더라도 중생 그대로가 본래 부처임을 알아야 한다.

이를 일깨우는 말씀이 위에 인용한 "일체 중생은 모두 불성을 지니고 있다"라는 『대반열반경』의 말씀과 "마음과 부처와 중생, 이 셋은 차별이 없다", "여래와 나와 모든 중생이 평등하다", "마음과 보리(깨침: 佛)가 중생과 평등하다"라는 『화엄경』 말씀이다. 그리고 깨친 부처님의 경계에서 보면 모든 경계가 다 법계 그대로여서 깨친 부처님의 경계에서는 열 가지 불신佛身을 세우는 '해경시불解境十佛'[89]도 위 일깨움을 이해하는 데 도움이 될 것이다.

'고친 법성게'의 첫 두 구(眞性…… 隨緣成)의 내용도 '일체 중생은 모두 진성眞性이 인연 따라 이룬 존재임'을 밝히고 있어 위 『대반열반경』과 『화엄경』의 말씀과 부합한다고 할 수 있다.

참고로 "마음과 부처와 중생, 이 셋은 차별이 없다"라는 『화엄경』 말씀을 '고친 법성게'의 첫 두 구와 연계해서 거듭 살펴보자.

①부처와 중생 모두 근본성품(性)의 드러냄(用)과 드러남(體·相)이어서 근본성품 측면에서는 차별이 없다 할 것이고, ②여기서 '마음'이란 근본성품(眞性)을 가리키는 것으로 보아야 하나, 근본성품(性)의 작용(用)으로 파악하더라도, 근본성품(性)과 그 드러냄(用: 心)과 그 드러남(體: 相)이 혼연 합일되어 구분 불가한 법계의 특성상 이

---

89 상세한 것은 제30구 해설 참조.

'마음'도 부처와 중생과 차별이 없음을 알 수 있다. 그러나 ③근본성품
(眞性)에 무명의 먹구름이 드리워진 정도에 따라 삼계의 중생을 아홉
종류의 인간으로 구분함을 유념하여 '차별'과 '차별 없음'을 함께 살펴
보는 지혜와 여유를 갖길 바란다.

아울러 성性과 용用과 체體와 상相이 혼연 합일하여 능소·주객·내
외·주처 등이 없어 '하나라고도 할 수 없는 하나'인 일진법계에는
부처도 중생도 본래 없다 할 것이다. 다만 분별 망상 경계에 있는
중생에게는 부처와 중생이 확연히 실재하는 존재로 여겨져서 '중생이
깨쳐 부처 된다'는 말 또한 그 나름으로 온당하다. 법계와 삼계의
언설상의 차별과 차별 없음도 함께 살펴볼 수 있는 지혜도 갖추어야
할 것 같다.

그리고 경經에서 "일체 중생이 다만 망상으로 유지(존재)함(一切衆
生但想所持)"[90]을 일깨우신 말씀과 "일체 경계가 다 망상을 의지하여
존재함(一切境界皆依想所住)"[91]을 일깨우신 말씀을 깊이 새겨 망심에
휘둘려 중생 놀이하는 본래 부처님에게 망심을 온전히 여의어 부처되
는 방편과 과정도 일깨우고 있는 「법성게」를 끝까지 그 내용을 살펴보
기 바란다.

---

90 『화엄경, 이세간품』
91 『화엄경, 입법계품』

도움글[92]

(1) 삼계三界의 생성 배경과 특성

우리네 중생이 무명 업식으로 법계를 망견 망상한 삼계의 생성 배경과 특성 등에 관한 부처님 말씀을 살펴보자. 이는 '고친 법성게' 제1, 2구에서 살펴본 법계의 생성배경과 제3구에서부터 일깨우는 법계의 모든 존재의 실상을 대비하여 법계와 삼계를 제대로 파악하기 위해서다.

경經에 이르시길 "중생이 몸담고 있는 온갖 모든 국토가 다 중생의 업력을 따라 생기나니(一切諸國土 皆隨業力生)"[93], "업력이 각기 달라서 중생들의 세계도 같지 않네(業力差別故 衆生刹不同). 이처럼 세계가 갖가지인 것은 다 업력 때문이니(如是刹種種 莫不皆由業), 중생들의 업력 때문에 많은 세계를 출생한다네(由衆生業力 出生多刹土). 세계의 모든 존재도 이와 같아 중생들의 업력 때문에 갖가지 같지 않음을 보나니(世界法如是 種種見不同)"[94], "세간에 널려 있는 모든 것들이(一切世間之所有) 가지가지 과보가 제각기 달라(種種果報各不同) 모든 것이 업력으로 생긴 것이니(莫不皆由業力成), 업력이 없어지면 세간의 모든 것도 모두 사라진다네(若滅於業彼皆盡)."[95]

"모든 중생들의 세계는 모두 삼세 가운데 있고(一切衆生界 皆在三世

---

92 '고친 법성게' 제1, 2구와 제3구 이하의 내용을 연계하여 이해하는 데 도움이 되는 글.

93 『화엄경, 세계성취품』

94 『화엄경, 화장세계품』

95 『화엄경, 십회향품』

中), 삼세의 모든 중생들은 모두 오온 중에 있으며(三世諸衆生 悉在五蘊
中), 모든 온蘊은 업이 근본이요, 모든 업은 마음(妄心)이 근본이나(諸
蘊業爲本 諸業心爲本) 이 마음과 마음이 창출해낸 모든 존재는 마치
허깨비 같고 세간도 또한 이와 같다네(心法猶如幻 世間亦如是)."[96]

"일체의 모든 세계가 그림자 같고, 허깨비 같고, 불꽃 같나니(一切廣
大諸刹土 如影如幻亦如燄)"[97], "삼계의 모든 존재 또한 허깨비 같고,
허공 같고, 형상도 없고, 독자적 성품도 없는지라(一切法如幻 如虛空
無相無自性)"[98], "실은 생겨남도 없고 파괴되어짐도 또한 없느니라(而
實無有生 亦復無滅壞)."[99]

"중생이나 세계가 꿈과도 같고 광명에 비치는 그림자 같나니(衆生及
世界 如夢如光影), 분명히 알지어다. 모든 세간이 아지랑이 같고,
그림자 같고, 메아리와 같고, 꿈과 같고, 요술 같고, 변화한 것 같나니
라(了知諸世間 如燄如光影 如響亦如夢 如幻如變化)."[100]

"세상사 모두 꿈과 같고 모든 부처님은 그림자 같으며 일체 존재는
모두 메아리 같음을 알라(知世悉如夢 一切佛如影 諸法皆如響)"[101]하며

---

96 『화엄경, 야마천궁게찬품』

97 『화엄경, 세계성취품』

98 『화엄경, 세주묘엄품』

99 『화엄경, 화장세계품』, 그리고 "모든 법이 꿈과 같고 환술 같고 그림자 같고
   영상과 같아서 오는 것도 없고 가는 것도 없고 나지도 않고 변하지도 않는
   것임(一切諸法 如夢如幻如影如像 無來無去不生不滅)"(『화엄경, 입법계품』)도 참고.

100 『화엄경, 보현행품』

101 『화엄경, 입법계품』, 그리고 "일체 인연법은 꼭두각시와 물거품과 그림자와
   같고 이슬과 또한 번개와 같으니, 마땅히 이와 같이 관할지어다(一切有爲法

일깨우신다.

삼계三界를 실재하는 것으로 착각하고 있는 우리네 삶을 위 일깨움에 의거하여 돌이켜보아야 「법성게」의 본뜻에 한 발 더 다가갈 수 있기에, 삼계의 허상을 일깨우신 부처님 말씀을 깊이 새겨야 할 것이다.

(2) 모든 중생은 모두 '오온' 중에 있다.

"삼세의 모든 중생들은 모두 오온五蘊 중에 있다(三世諸衆生 悉在五蘊中)"[102]라는 『화엄경, 야마천궁게찬품』의 말씀은 아래 '오온 도표'를 찬찬히 살펴보면 그 뜻이 명확해질 것이다. "나는 생각한다. 고로 나는 존재한다"라는 말의 당부當否도 함께 살펴보면 도움이 될 것이다.

다음의 〈그림 13〉에서 보듯 우리네 인간은 정신과 육체, 곧 오온(五蘊: 色受想行識)이 일시적 인연으로 가합假合된 것인데, 대부분 120년 미만에 분산 소멸되고 만다. 앞서 '고친 법성게' 제1, 2구의 내용 설명에서 살펴 본 〈그림 8〉을 참고하면 오온이 일시적 인연으로 가합된 우리네 '미계迷界 중생(五蘊身)'은 ① 근본성품(眞性)이 인연 따라 이룬 '법신法身인 중생'이 ② 착각을 반연한 무명無明을 연緣하여 드러낸 환화幻化여서 ③ 실재하지 않는 망상妄想 속의 허망 무상한 존재이다. 이를 간결하게 확연히 일깨워주는 대표적 경전이 『마하반야바라밀다심경(반야심경)』이다.

如夢幻泡影 如露亦如電 應作如是觀)"(『금강경 제32 응화비진분』〔七四句偈 중 하나〕)라는 말씀 참고.

102 『화엄경, 야마천궁게찬품』

〈그림 13〉

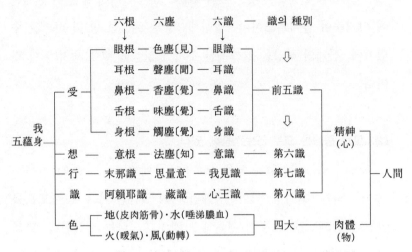

五蘊 圖表[103]

『반야심경』은 경經 이름이 시사하듯 번뇌로 고통이 극심한 미계迷界의 중생으로 하여금 고통과 번뇌가 없는 피안彼岸으로 이끌어주는 수행 방편을 일깨우는 부처님의 가르침이다. 『반야심경』은 미계의 중생이 일체의 고통과 액난(苦厄)에서 벗어나기 위해서는(度一切苦厄) '반야바라밀 수행법'을 온전히 수행하여(行深般若波羅密多) '오온이 모두 공함을 확연히 깨치도록(照見五蘊皆空)' 이끄는 수행의 요체를 간결하게 설명하고 있다.

먼저 오온五蘊인 색수상행식色受想行識이 공空함을 세세히 밝혀주는 일깨움이 "색불이공色不異空부터 무의식계無意識界"까지이다. 오온이 공함을 밝혀 알기 위해서는 『능엄경』에서 "몸과 마음을 형성하는

---

103 이학필, 『마음을 비우며 사는 지혜』(세종출판사, 1995) p.43에서 옮김

물질과 정신인 오음(五陰: 五蘊)과 육입六入과 12처十二處와 18계界가 모두 인연이 화합하면 허망하게 생겨나고, 인연이 떠나면 허망하게 사라짐(五陰六入 從十二處至十八界 因緣和合虛妄有生 因緣別離虛妄明滅)"을 일깨우신 말씀을 참고하고, 색즉시공色卽是空을 이해하는 데는 일수사견一水四見을, '수상행식 또한 공함(受想行識 亦復如是)'을 이해하기 위해서는 눈을 가리고 양파의 맛을 보거나, 항암화학요법을 받는 분들이 겪는 음식 맛의 변화 등을 참고하면 도움이 될 것이다.

그리고 경經에 이르시길 "눈과 귀와 코와 몸과 마음과 뜻과 모든 정情의 뿌리(根)는 항상 유전流轉하지만 유전하는 주체가 없어……모두 공하여 제 근본성품이 없지만 망심妄心으로 분별함에서 있는 것으로 착각하게 되느니라(眼耳鼻舌身 心意識情根 以此常流轉 而無能轉者…… 一切空無性 妄心分別有)"[104]라고 말씀하신다. 나아가 "이 오온을 분별하여 보면 그 성품이 본래 공적한지라, 공적하므로 멸할 수 없어 이것이 남(生)이 없다는 뜻이니라(分別此諸蘊 其性本空寂 空故不可滅 此是無生義)"라고 일깨우시고, 이어서 오온의 근본이 되는 "업業의 성품도 본래 공적하여 중생들이 의지하여 여러 가지 모양 두루 짓지만 온 곳 역시 없다(業性本空寂 衆生所依止 普作衆色相 亦復無來處)"[105]라고 일깨우신다.

또 오온의 근본이 되는 무명이 미계迷界 중생의 착각에 기인한 허망한 것이어서 무명이란 없는 것(無無明)이다. 『원각경, 문수보살장』에서 "무명을 공화空華로 알면 유전流轉을 벗어남"을 일깨우신

---

104 『화엄경, 보살문명품』
105 『화엄경, 야마천궁게찬품』

말씀에 미루어 보아도 무명은 본래 없는 것[106]이므로 무명을 끊어 없앰 또한 없다(無無明盡) 할 것이다.

그리고 『화엄경, 십지품』에서 "이른바 업業은 밭이 되고 식識은 종자가 되는데 무명이 덮어주고, 애정의 물이 축여주어 '나'라는 교만이 물을 대어주므로 소견이 증장하여 이름과 물질(名色)이라는 싹이 나느니라. 이름과 물질이 증장하여 오근五根이 생기고, 여러 근根이 상대하여 촉觸이 생기고, 촉과 상대하여 받아들임(受)이 생기고, 받아들인 후에는 희망하여 구하므로 사랑(愛)이 생기고, 사랑이 증장하여 취取함이 생기고, 취함이 증장하여 유有가 생기고, 유가 생기면 여러 갈래 중에 오온으로 된 몸을 일으키는 것을 난다(生) 하고, 나서는 변하고 쇠衰하는 것을 늙는다(老) 하고, 필경에 없어지는 것을 죽는다(死) 하며, 늙어서 죽는 동안에 여러 가지 괴로운 번뇌가 생기고, 번뇌로 인하여 근심하고 걱정하고 슬퍼하고 탄식하여 여러 가지 고통이 모이느니라. 이는 인연으로 모이는 것이요, 모으는 이가 없으며, 마음을 써서 새삼스러이 노력하지 않더라도 멸하나, 멸하는 이가 없느니라(所謂業爲田 識爲種 無明闇覆 愛水爲潤 我慢漑灌 見網增長 生名色芽 名色增長生五根 諸根相對生觸 觸對生受 受後希求生愛 愛增長生取 取增長生有 有生已 於諸趣中起五蘊身名生 生已 衰變爲老 終沒爲死 於老死時 生諸熱惱 因熱惱故 憂愁悲歎衆苦皆集 此因緣故集 無有集者 任運而滅亦無滅者)"라고 일깨우신다.

---

106 『원각경, 문수보살장』에서 "무명을 영원히 끊어야 바야흐로 불도佛道를 성취한다(永斷無明 方成佛道)"라고 말씀하시나, 이는 미계 중생으로 하여금 무명을 일깨워 무명에서 벗어나게 하기 위한 방편설일 뿐임을 참조.

위 일깨움으로 미루어 보면 무명無明에서 비롯된 12연기緣起 또한 무명이 없으므로 12연기도 없다(無老死亦無老死盡) 할 것이다. 모든 괴로움의 시원始原인 오온과 무명이 본래 없는 것임을 알면 괴로움과 그 모임, 그리고 이 괴로움을 없애기 위한 방편 또한 실답지 못하여 없다(無苦集滅道) 할 것이다.

나아가 오온에서 비롯된 미계의 중생도 오온이 없으므로 이 또한 없다 할 것이어서 미계의 중생을 깨침으로 이끄는 방편 또한 실답지 못하므로 없다 할 것이고, 이 방편으로 깨쳐 피안에 다다름을 얻음 또한 없다(無智亦無得) 할 것이다.[107] 근본성품은 본래 미오迷悟가 없음을 유념하면 위 해설을 쉬이 이해할 수 있을 것이다.

참고로 『능엄경』에서 "여래장의 본묘원심本妙圓心은…… 안·이·비·설·신·의도 아니고, 색·성·향·미·촉·법도 아니며, 안식계도 아니고, 이와 같이 내지 의식계도 아니며, 밝음도 무명도 아니고, 밝음과 무명이 다함도 아니며, 이와 같이 내지 늙음도 아니고, 죽음도 아니며, 늙고 죽음이 다함도 아니고, 괴로움도 아니며, 괴로움의 원인도 아니고, 괴로움을 없앰도 아니며, 괴로움을 없애는 도道도 아니고, 지혜도 아니며, 증득도 아님(如來藏本妙圓心…… 非眼非耳鼻舌身意 非色非聲香味觸法 非眼識界 如是乃至 非意識界 非明無明明無明盡 如是乃至 非老非死非老死盡 非苦非集非滅非道 非智非得)"을 일깨우고 있다. 이 일깨움은 위 『반야심경』의 내용과 다르지 않아 앞서 『반야심경』을 해설한

---

107 『삼일신고三一神誥』 중 〈진리훈眞理訓〉을 참고하면 『반야심경』을 보다 쉬이, 보다 온전히 이해하는 데 도움이 될 것임.

내용과 연계하여 파악하면 쉬이 이해할 수 있을 것이다.

그런데『능엄경』에서는 위 말씀에 이어 "곧 여래장의 원래 밝은 마음인 묘심妙心이…… 곧 안·이·비·설·신·의이고, 곧 색·성·향·미·촉·법이요, 곧 안식계이며, 이와 같이 내지 곧 의식계이고, 곧 밝음과 무명이요, 밝음과 무명의 다함이며, 이와 같이 내지 곧 늙음이요, 곧 죽음이며, 곧 늙고 죽음이 다함이요, 곧 괴로움이고, 곧 괴로움의 원인이며, 곧 괴로움을 없앰이요, 곧 괴로움을 없애는 도道이며, 곧 지혜요, 곧 얻음(卽如來藏元明心妙…… 卽眼耳鼻舌身意 卽色卽聲香味觸法 卽眼識界 如是乃至 卽意識界 卽明無明明無明盡 如是乃至 卽老卽死卽老死盡 卽苦卽集卽滅卽度 卽智卽得)"임을 일깨우신다.

『능엄경』의 위 말씀과『반야심경』의 일깨움은 미迷한 삼계 중생 중 깨침의 9부 능선인 깔딱 고개에서 헤매고 있는 이들로 하여금 삼계와 법계에 대한 법집法執을 마저 내려놓게 하기 위한 일깨움이다. 9부 능선에 다다른 이들이 지치고 지쳐서 눈썹도 뽑아놓고 싶은 상황을 유념하면 법집도 내려놓게 하려는 까닭을 이해할 수 있을 것이다.

그러나『능엄경』의 말씀은 삼계와 법계에 대한 법집을 모두 다 내려놓아 깨친 분들에게 드러나는 경계, 곧 법계의 실상을 일깨우신다.[108] 이 차이를 후술하는 '무명의 근본성품은 곧 불성임(無明實性卽佛

---

108 여래장본묘원심如來藏本妙圓心과 여래장원명심묘如來藏元明心妙는 그 표현이 달라서 뜻을 달리하는 용어로 파악할 수도 있다. 그러나 이들 용어는 그 뜻하는 바가 근본성품(性)과 그 드러냄(用)과 드러남(体·相)의 범주를 벗어나지 않고, 근본성품과 그 드러냄과 드러남은 혼연 합일을 이루고 있으므로 이들 용어의

性)'[109]에 대한 해설과 연계하여 다시 살펴보면 흥미로울 것이다.

생각건대 근본성품을 확연히 깨쳐 근본성품에 계합하기 전에는 자신이 '미계迷界의 중생' 노릇에 흠뻑 취해 있음을 통감하여 "모든 중생은 오온 중에 있다"라는 『화엄경, 야마천궁게찬품』의 말씀을 깊이 새겨야 할 것이다.

그리고 경經에서 업業의 근본이 되는 "마음은 화가와 같아서 능히 모든 세간을 그려내니 오온이 모두 마음을 따라 생기어서 만들지 못하는 존재가 없다.…… 마음(妄心)이 모든 세간을 만드는 줄 아는 이가 있다면 이 사람은 부처를 보아 부처의 실다운 참 성품을 알게 되리라(心如工畵師 能畵諸世間 五蘊實從生 無法而不造…… 若人知心行 普造諸世間 是人卽見佛 了佛眞實性)"[110]라고 일깨우신다. 이 말씀으로 미루어 중생이 의지하는 삼계와 삼계의 모든 존재가 다 이 망심이 지어낸 것(一切唯心造)이고, 이 사실을 확연히 알면 부처의 실다운 성품, 곧 참다운 존재의 근본성품(眞性)을 알게 됨을 또한 깊이 새겨야 할 것이다.

차이로 『능엄경』 말씀이 위와 같이 용어에 따라 그 내용을 달리 표현한 것으로 보는 것은 단견短見으로 생각된다. 이들 용어가 뜻하는 바를 근본성품(眞性)으로 보건, 근본성품의 드러냄(用) 내지 드러남(体·相)으로 보건 성性과 용用과 체体·상体·相은 혼연 합일을 이루고 있으므로 이들 용어의 뜻하는 바가 다르지 않다고 보아 위 본문과 같이 해설함이 온당해 보인다.

109 제2부 중 '무명의 근본성품은 곧 불성이다(無明實性卽佛性)' 참조.
110 『화엄경, 야마천궁게찬품』, 그리고 "삼계가 오직 마음"임을 일깨운 『대승본생심지관경』(한글대장경 제154책, p.159) 참조.

위 '도움 글'에서 장황하게 삼계의 생성 배경과 특성을 살펴본 까닭은 이를 통해 진성眞性과 법계를 제대로 파악하기 위함이었음을 독자들은 간파하기 바란다. 법계의 실상을 여실히 깨쳐 법계에 계합한 분(보살)들은 삼계(중생계)가 중생들의 무명 업식으로 법계를 망견한 것이어서 중생계와 법계가 둘이 아님을 아는지라, 중생들의 경계도 법계와 다름없이 드나들 수 있음을 일깨우신다.[111] 신기루가 오아시스의 그림자인 줄 알면 신기루와 오아시스를 함께 즐길 수 있듯이.

그리고 "마음과 부처와 중생, 이 셋은 차별이 없다(心佛及衆生 是三無差別)"라는 『화엄경』 말씀[112]은 ① 마음과 부처와 중생이 근본성품(眞性)을 여의지 않고, 근본성품을 반연함이 같아서 차별이 없고, ② 중생은 허망한 마음(妄心)이 지은 바이고, 부처는 중생으로 하여금 망심의 덫에서 벗어나게 하기 위하여 중생에 맞잡아 짐짓 세운 거짓 이름일뿐, 삼계의 언설로 설명되는 '부처'도 실다움이 없는 점에서는 중생과 마음과 부처가 차별이 없다 할 것이다.

'진성'이니 '법계'니 하는 언설도 삼계의 언설이어서 중생으로 하여금 허망한 삼계의 덫에서 벗어나게 하기 위한 거짓 이름 내지 방편임을 유념해야 한다. 「법성게」도 같은 맥락에서 삼계에 얽매인 중생의 망견妄見을 끊게 하려고 짐짓 내세운 게송임을 유념하면서 그 뜻을 살펴야 할 것이다.

다시금 첫 두 구(眞性甚深極微妙 不守自性隨緣成)의 뜻을 다음과

---

111 『화엄경, 십행품』. "菩薩深入衆生界如法界…… 菩薩了一切法 法界無二故."
112 구역 『화엄경 권10 야마천궁보살설게품』. 이기영, 앞의 글, p.353.

같이 풀어 정리하고 다음 구를 살펴보기로 한다.

"그대는 아는가. 참다운 존재의 근본성품은 인연 따라 모든 참다운
존재(一切法: 諸法)를 이루(드러내)나니, 이는 참다운 존재의 근본
성품(眞性)이 제 성품에 갇혀 잠들어 있지 않고 깨어 살아있는
존재여서(不守自性) 인연 따라 자신의 성품을 드러내고 있음(隨緣
成)이라. 실로 참다운 존재의 근본성품은 심히 깊고 지극히 미묘한
특성을 지니고 있다고 할 수밖에."

앞서 "마음과 부처와 중생, 이 셋은 차별이 없다" 한 까닭을 설명한
내용에 비추어 군말을 보태자면 중생도 부처도, 너도 나도, 우주
삼라만상 모두 참다운 존재의 근본성품(眞性)이 인연 따라 드러낸
것이어서 차별 없고 한 몸(同體)이니, 이내 몸 구석구석 아껴 사랑하듯
이 이웃과 자연을 동체대비심으로 아껴 사랑해야 할 것이다.

그래서 예로부터 "사람이 곧 한얼님(人乃天)이니 이웃을 한얼님으
로 섬겨라(事人如天)"라고 한 즉, 널리 이웃을 이롭게 함(弘益人間)이
자신을 사랑함이요, 법계를 온전히 품는 대인격자로 거듭남이어서
자아를 완성하고 구현하는 첩경임을 알고 실천하여야 비로소 '고친
법성게' 첫 두 구의 본뜻을 온전히 안다고 할 것이다. 특히 『법화경
상불경보살품』에 의하면 상불경보살常不輕菩薩은 언제 어디서 누구
를 만나거나 "나는 그대를 가볍게 여기지 않습니다. 그대는 장차
반드시 부처를 이루실 분이기 때문입니다"라고 말했다고 한다. 그
까닭과 이 덕담의 공능을 돌이켜보면 '고친 법성게' 제1, 2구의 의의와

깨침의 방편에 새롭게 눈뜨게 될 것이다.

2. 근본성품의 드러남(諸法)이 지닌 특성[113]

諸法不動本來寂제법부동본래적 (3)

無名無相絶一切무명무상절일체 (4)

(근본성품[性]과 근본성품이 인연 따라 드러냄[用]과 그 드러남[體·相]이 혼연 합일을 이루어 능소·주객·내외·주처·기멸·동정을 여읜 '하나라고도 할 수 없는 하나'인 일진법계인지라) 법계의 모든 참다운 존재는 (망심 업식의 파도에 휩쓸리지 않는 그대로여서) 움직이지 않아 본래 고요하며,

법계의 모든 참다운 존재는 일체를 여의어 이름도 형상도 내세울 수 없나니.

그간 「법성게」를 번역·풀이한 분들의 위 첫 구의 번역 중 유사한 내용을 묶어보면 다음과 같다.

① 모든 법은 부동하여(움직임 없어) 본래부터 고요(전종식, 대행 스님, 서춘 스님, 석우 스님, 박정진, 정토사, 해주 스님, 해인사본, 정화 스님, 광명 스님, 벽공 스님)[114]

---

113 이 두 구를 의상은 '증분을 밝힘(現示證分)'으로, 유문은 '밝고 어두운 상문을 모두 분별함(明暗相門全揀)'으로 해석함(전해주, 앞의 책, pp.123, 221).

②모든 법은 변함없어 본래가 고요(만대산, 선재동자)

③본방 고요하고 산 같은 진리(문수선원)

④고요뿐 동작 없는 삼라의 만상이여(오고산 스님)[115]

⑤모든 존재 부동하여 본래부터 부처일세(보각 스님)[116]

⑥모든 것은 변함없는 본래 그 자리(청화 스님)

위 둘째 구의 번역 중 유사한 내용을 묶어보면 다음과 같다.

①이름 없고 모양(모습) 없어 그 모두(일체 삼라만상)가 끊겼으니
(전종식, 대행 스님, 서춘 스님, 광덕 스님, 석우 스님, 만대산, 정토사,
해주 스님, 선재동자, 정화 스님, 광명 스님, 벽공 스님)[117]

②이름과 모양다리 모두 없나니(문수선원, 오고산 스님)

③이름도 없고 모습도 없이 일체를 끊으면(박정진)

④이름 없고 형상 없고 온갖 차별 끊었으니(해인사본)[118]

⑤이름 없고 형상 없어 일체를 끊었거니(보각 스님)[119]

---

114 전종식, 앞의 글, pp.233~235; 정화, 『법성게』(법공양, 2010, p.18); 광명, 『법성게』
(솔과학, 2010, p.132); 벽공, 『법성게강의』(퍼플, 2013, p.16); 안경우, 『법성게강론』
(불교대학교재편찬위원회, 2013, p.155).

115 위 ②, ③, ④는 전종식, 앞의 글 pp.233~235 참조.

116 보각, 앞의 책, p.86.

117 앞의 주 114번 참조.

118 위 ②, ③, ④는 전종식, 앞의 글 pp.233~235 참조.

119 보각, 앞의 책, p.86.

제5구부터는 앞서 인용한 기존 「법성게」 출간서의 번역 소개를 생략하기로 한다. 이는 모든 해설들이 법성원융무이상法性圓融無二相을 첫 구로 삼아 두 구씩 짝을 이루어 번역·풀이하므로 '법성法性'의 본지에서 벗어난 번역·풀이가 될 가능성이 높기 때문이다. 예컨대 '기존 법성게' 대로 '법성원융무이상法性圓融無二相'과 '제법부동본래적諸法不動本來寂'을 한 짝으로 엮으면 그 다음 구인 '무명무상절일체無名無相絶一切'와 '증지소지비여경證智所知非餘境'이 짝을 이루게 되는데, 이 경우 무엇이 '무명무상절일체'인지, 무엇이 '증지소지비여경'인지 불확실하여 온전한 뜻풀이가 불가하기 때문이다.

그리고 앞서 「법성게」를 고친 까닭과 내용을 다시 살펴보면 '기존 법성게' 출간서의 번역·풀이를 굳이 인용할 필요가 없고, 그 옳고 그름을 장황하게 따질 실익이 없겠기에 생략하기로 한다. 이 점을 독자께서 너그러이 양해해 주시길 바란다.

위 제3구와 제4구를 우선 "법계의 모든 참다운 존재(諸法)는 동動함이 없고 본래 그대로 고요하며 일체를 여의어 이름도 형상도 내세울 수 없나니"로 번역·풀이하고 그 뜻을 살펴본다.

'고친 법성게' 첫 두 구(眞性……隨緣成)에서 '참다운 존재의 근본성품(眞性)이 인연 따라 제 성품을 드러낸다(隨緣成)'고 하나 '무엇'을 드러내는지, 그 '드러남'이 무엇인지는 첫 두 구에 나타나 있지 않다. 삼계 중생의 경계로는 두 손이 마주치면 소리가 나듯, 인연 따라 형상이나 빛깔 냄새나 맛깔 등등이 의례 생기기 마련인데, 법계에서는 인연 따라 '무엇'이 드러나는지 「법성게」에서는 명확하지 않다.

참다운 존재의 근본성품이 인연 따라 이루어 낸다(成)하니 이루어 냄이 어찌 없겠는가만 『화엄경, 보살문명품』에 이르시길 "참다운 존재의 근본성품(法性: 眞性)은 본래 드러냄(生)이 없으나 드러냄을 나타내 보이니 이 가운데는 나타내는 이(能: 主)도 없고 또한 나타나는 존재(物: 所·客)도 없느니라(法性本無生 而現而有生 是中無能現 亦無所現物)"라고 하신 말씀에 비추어 보건대 '고친 법성게' 첫 두 구(眞性……隨緣成)는 이 말씀에 부합하는 아주 적절한 표현이라 할 수 있다.

앞서 설명한 대로 법계는 근본성품(眞性)과 그 드러냄(用)과 드러남(體·相)이 혼연 일체가 되어 '하나라고도 할 수 없는 하나'인 절대 독존의 독생이어서 주체(나/能)와 객체(너/所)가 없다. 그래서 드러남도 드러냄도 진성도 따로 세울 수가 없기에 위 『화엄경, 보살문명품』에 이르신 말씀대로 「법성게」에서도 짐짓 드러남(體·相)을 확연히 내세우지 않은 것으로 이해함직하다.

그러나 드러냄과 드러남, 그리고 드러내는 이와 드러나는 존재를 분별하여 비로소 알게 되는 삼계의 중생에겐 법계의 소식도 삼계 중생의 근기에 맞추어 삼계의 언설言說로 개진함이 온당하다. 이에 진성眞性의 드러남과 드러냄을 은근히 펼쳐 보일 필요가 있다. 이와 같은 맥락에서 진성이 수연성隨緣成하여 드러난 것이 법계法界요, 법계를 구성하는 일체의 참다운 존재를 곧 제법諸法이라고 말할 수밖에 없다.[120] 그래서 제3구에서는 제1구와 제2구를 그대로 받아서 법계

---

120 육조 혜능이 '일체 모든 존재가 제 성품을 여의지 않음(一切萬法不離自性)'을 확철 대오하여 오조五祖께 드린 말씀 중 '자성이 능히 만법을 냄(自性能生萬法)' 참조(『육조단경』 제1. 법을 깨닫고 법의를 받다 中에서).

의 제법諸法을 들추어내고 있다.

그러나 삼계三界의 일체 존재와 구별되는 법계의 모든 참다운 존재(諸法)의 특성을 중생에게 온전히 일깨워야 하겠기에 삼계 중생에겐 쉬이 납득이 가지 않는 언설로 설명하게 된다. 진성이 수연성隨緣成하여 제 성품을 발현하는 데 어찌 움직임이 없을 수 있겠는가. 하지만 ①삼계 중생이 인식하는 일체 존재는 중생 나름의 망심 업식의 파도에 상응한 환화幻化이나, ②법계의 일체 참다운 존재는 망심 업식의 소산이 아니어서 망심 업식의 파도에 휩쓸리지 않은 실다운 존재임을 명확히 하기 위해 "법계의 모든 참다운 존재는 망심 업식의 파도에 휩쓸리지 않아 움직이지 않고 본래 고요하다(諸法不動本來寂)"라고 「법성계」는 일깨운다.

그리고 근본성품(性)과 근본성품이 인연 따라 드러냄(用)과 그 드러남(體·相)이 혼연 합일을 이루어 '하나라고도 할 수 없는 하나'인지라 그 드러냄 내지 드러남을 따로 내세워 '움직인다(動)'거나 '생긴다(生)'거나 '없어진다(滅)'고 할 수가 없다. 이에 「법성계」는 '법계의 모든 참다운 존재는 움직이지도 않고 본래 그대로 고요하다'고 노래한다. 이는 경經에서 ①"법계는 본래부터 움직이지 않는다(法界本來不動)······ 일체법이 모두 실로 적멸하다(一切法皆實寂滅)"[121]라고 일깨우신 말씀과 ②"일체법이 나지도 않고 멸하지도 않음(一切法 不生不滅)"[122]을 일깨우신 말씀, 그리고 ③"일체 실상實相의 성품이 청정한 까닭에······ 시방 중생들의 원각圓覺이 청정하다.······ 일체가 평등하

---

121 『화엄경, 이세간품』

122 『화엄경, 십지품』

여 청정부동하다(一切實相 性淸淨故…… 十方衆生 圓覺淸淨…… 一切平等 淸淨不動)"[123]라고 하신 말씀과 ④"여래란 자는 좇아오는 바가 없으며 또한 가는 바가 없다. 이런 고로 이름이 여래니라(如來者 無所從來 亦無所去 故名如來)"[124]라고 일깨우신 말씀을 '고친 법성게' 제3구(諸法不動本來寂)와 연계하여 살펴보면 '고친 법성게' 제3구의 내용이 온당함을 알 수 있다.

그리고 법계의 모든 참다운 존재는 ①성性과 용用과 체體와 상相이 혼연 합일하여 '하나라고도 할 수 없는 하나'여서 ②주객主客과 능소能所가 없는지라, ③따로이 내세울 존재가 없어 응당 이름도 형상도 없는 등 일체를 여의었음을 강조하기 위해 「법성게」는 법계의 모든 참다운 존재(諸法)는 "이름도 없고 형상도 없는 등 일체를 여의었음(無名無相絶一切)"을 일깨운다.

이는『화엄경, 불부사의품』에서 "일체법이 본래 이름이 없다…… 왜냐하면 모든 법의 성품은 말로 드러낼(설명할) 수 없는 연고(一切法本無名字…… 何以故 諸法體性 不可說故)"라고 일깨우신 말씀에 미루어 「법성게」에서 "모든 법은 이름이 없다(諸法…… 無名)"라고 노래한 까닭과 그 온당한 근거를 알 수 있다.

그리고『화엄경, 십정품』에서 "일체법이 한 모양이어서 형상이 없음(一切法一相無相)"과 "법계는 가이없어 모든 법이 한 모양이어서

---

123 『원각경, 보안보살장』. 함허 득통은 위『원각경』말씀을 "각성覺性이 청정하여 부동不動하므로 일체의 제법諸法도 또한 각각 청정부동하다"고 풀이함(황정원, 『원각경 이가해』, p.97).

124 『금강경, 위의적정분』. 위 말씀은『금강경』칠사구게七四句偈 중 하나임.

모양이 없음(法界無有邊際 一切諸法一相無相)"을 일깨우시고, 『지세경持世經』에서는 "일상一相이 무상無相인 지혜, 즉 '일상一相은 차별되는 여러 가지 모양이 없고 오직 평등한 모양, 곧 진여眞如와 같은 것'을 뜻하고 이 진여眞如의 법상(法相: 「법성게」에서는 제법諸法의 상相)은 미혹한 생각으로 인식하는 그러한 형상이 없어 무상無相이라고 한다"[125]라고 일깨우신다.

위 『지세경』과 『화엄경』의 일깨움은 「법성게」에서 '제법諸法'이 '무상無相'임을 노래한 타당한 근거와 까닭을 밝혀주고 있다 할 것이다.

그리고 '고친 법성게' 제3구(諸法不動本來寂)와 제4구(無名無相絶一切)는 "법계의 모든 참다운 존재는 본래부터 항상 그 모습이 스스로 적멸하다(諸法從本來常自寂滅相)"라고 한 『법화경, 방편품』 말씀과도 상응한다. 『법화경』 말씀에서 '적멸한 모습(寂滅相)'이라고 한 표현은 적멸하여 딱히 형상을 내세울 수 없음을 뜻하는 것이어서 '고친 법성게' 제3구와 제4구를 아우르는 내용으로 볼 수 있다. 즉 법계의 모든

---

125 『지세경』(한글대장경 제158책), pp.183~4. 그리고 『십지경론十地經論』에서 열 가지 평등한 법을 일깨우고 있다. 예컨대 '일체법이 모습이 없고(無相), 태어남이 없어(無生), 고요하여(寂靜) 평등함 등등' 참조(한글대장경 제214책, p.187). 『대승기신론』에서도 '일체법은 항상 고요하여 일어나는 상이 없음(一切法常靜無有起相)'과 '일체법은 본래 상이 없음(一切法本來無相)'을 언급하고 있음(577c 23~24; 582a 19~20). 『능엄경』에서 "묘성妙性이 원명圓明하여 모든 이름과 모습을 떠났으니 본래 세계와 중생이 없다(妙性圓明 離諸名相 本來無有世界衆生)"고 하신 말씀 중 '묘성'을 「법성게」의 진성眞性으로 보고, 근본성품(眞性)과 그 드러냄과 드러남이 혼연 합일을 이루어 '하나라고도 할 수 없는 하나'임을 위 『능엄경』 말씀과 연계하여 파악하면 본문 내용을 쉬이 이해할 수 있을 것임.

참다운 존재는 본래 적멸하여 이렇다 할 이름도 형상도 없음을 일깨우
시는 말씀으로 이해된다.

경經에서 ①"일체의 존재가 형상이 없은즉 이것이 부처의 참 몸일지
니, 만약 이와 같이 모든 존재의 심히 깊은 실상을 능히 관찰한다면
모든 부처님의 진실한 모습인 법신을 보게 되리라(一切法無相 是卽佛
眞體 若能如是觀 諸法甚深義 卽見一切佛 法身眞實相)"[126]라고 하신 말씀
과 ②"일체 법이 나지도 않고 멸하지도 않아 인연으로 생김(一切法不生
不滅 因緣而有)"[127]을 일깨우신 말씀도 법계의 일체 참다운 존재의
특성을 노래한 '고친 법성게'의 위 제3, 4구의 내용과 상응하므로
「법성게」를 이해하는 데 도움이 되고, 또 '고친 법성게' 제3, 4구의
내용이 온당함도 알 수 있을 것이다.

우리의 눈(眼)이 제 눈(眼)을 볼 수 없듯이, 법계 그 자체는 법계와
별개의 존재가 아니어서 그 자신인 법계를 본다거나 여타의 인식
대상이 되지 않는다. 이는 법계에는 주객主客과 능소能所가 없음을
유념하면 쉬이 알 수 있다. 달리 말하면 망심 업식으로 중생 놀이하는

---

[126] 『화엄경, 수미정상계찬품』, 그리고 『금강경, 여리실견분』에서 "무릇 있는 바
상相은 이 모두 허망하니, 만일 모든 상이 상 아님을 알면 곧 여래를 보리라(凡所有
相 皆是虛妄 若見諸相非相 卽見如來)"고 하신 말씀과 『금강경, 법신비상분』에서
"만일 색상으로써 나를 보려 하거나 음성으로써 나를 구하거나 하면 이 사람은
사도邪道를 행함이라, 능히 여래를 보지 못하리라(若以色見我 以音聲求我 是人行
邪道 不能見如來)"고 일깨우신 말씀(七四句偈 중 하나)도 참조.

[127] 『화엄경, 십지품』

우리 자신도 실상은 진성眞性이 수연성隨緣成한 법계 그 자체 내지 법계를 구성하는 모든 참다운 존재 중의 하나여서 우리가 법계를 본다거나 안다고 할 수는 없다는 말이다. 그렇다고 법계가 없다 할 수 없는 것은 눈이 제 눈을 볼 수 없다고 해서 눈이 없다고 할 수 없음과 같다.

그런데 본래 부처인 중생이 망념 업식의 착각으로 중생 노릇하다가 그 착각이 지식止息되어 본래 부처임을 자각하는 것을 일러 견성見性이라고들 한다. 비유하자면 눈병(眼疾)이 생겨 눈(眼)이 아프면 그제사 눈이 있음을 알게 되는데, 안질이 완치되어 고통이 사리지면 눈이 있는지 없는지 무심하기 마련이다.

본래 부처가 중생 놀이에 심취하여 중생병病에 시달리다가 부처님 법을 만나 중생병이 치유되면 중생도 잊고 부처도 잊기 마련인데, '견성했다'고 노래들 하는 것은 중생병이 제대로 치유되지 않았기 때문이다. 이른바 중생병에 견성병見性病이 덧난 꼴이다.

견성見性을 글자 그대로 받아들이면 자신의 근본성품을 본다(안다)는 뜻인데, 이는 능소能所가 없는 근본성품(眞性)을 능소로 양분함을 전제한 망언이다. 즉 견성한 내가 있고, 보는(見) 성품이 있고, 볼(見) 성품이 있고, 성품을 봄(見)이 있고, 본 기쁨이 있고…… 등등 사상四相으로 치달리는 분별 망상심이 치성한 견성병자들이 하는 헛소리가 견성見性인 셈이다. 이 모두 법계法界를 따로 인식한 분별 망상심의 작용이 아닐 수 없다.

『원각경, 보안보살장』에서 "증득證得에는 주체인 능能도 없고, 객체인 소所도 없어서 필경에 증득이 없고 또한 증득한 자도 없음(證中

無能無所 畢竟無證 亦無證者)"을 일깨우신 말씀이 위 해설을 뒷받침하고 있다 할 것이다. 특히 근본성품(眞性)은 본래 미오迷悟가 없으므로 미오로 인하여 근본성품이 '있거나 없는 것'이 아니고, 미오가 없으므로 증득이 없음을 유념해야 한다.

우리네 중생이 본래 부처(本來佛)[128]이고 허깨비같이 텅 빈 이내 몸(幻化空身)이 곧 법신法身인데 따로 무엇을 세워 부처(佛)라 하고, 또 따로 법신法身을 찾을 것인가! 오아시스를 신기루로 보고 신기해하는 것과 같고, 나르시스가 제 그림자를 다른 사람으로 알고 넋을 잃은 것 같지는 않은지 돌이켜 볼 일인가 한다.

그리고 「법성게」가 그 언설言說을 통해 일깨우고자 하는 법계는 법계가 아니라 법계(오아시스)의 그림자(신기루)일 수 있음도 간파해야 한다. 다만 신기루가 보이면 가까이에 오아시스가 있음을 알 수 있듯이, 「법성게」의 언설에 묻히지 않으면 법계의 실상에 다다를 수 있을 것이다.

경經에서 ①"세간의 말(言論)이란 모두가 분별이니 일찍이 한 법法도 법성法性에 들어가지 못 함"[129]을 일깨우신 말씀과 ②"여래는 법성의 소견으로가 아니라 모든 법성을 떠나는 것을 보는 자를 이름하여 여래를 본다"[130]라고 일깨우신 말씀은, 나루를 건너면 뗏목을 버리듯이[131] 「법성게」마저 버려야 진정 법계의 실상에 계합할 수 있음을

---

128 『원각경, 보안보살장』에서 "중생이 본래 부처(衆生 本來成佛)"임을 일깨우심 참조.
129 『화엄경, 보살문명품』
130 『지세경』

일깨우고 있다 할 것이다. 나루를 건널 때는 뗏목에 의지하듯, 깨칠 때까지는 「법성게」의 언설에 충실한 해설을 참고해야 함도 유념해야 한다.

'고친 법성게' 제1구에서 제4구까지의 번역·풀이를 다시 옮겨 그 뜻을 새기면서 제5구에서 제8구까지의 내용을 살펴보기로 한다.

"그대는 아는가. 참다운 존재의 근본성품(眞性)은 인연 따라 모든 참다운 존재(諸法)를 이루(드러내)나니, 이는 참다운 존재의 근본 성품(眞性)이 제 성품에 갇혀 잠들어 있지 않고 깨어 살아있는 존재여서(不守自性) 인연 따라 자신의 성품을 드러내고 있음(隨緣成)이라. 실로 참다운 존재의 근본성품은 심히 깊고 미묘한 특성을 지니고 있다고 할 수밖에.

근본성품(性)과 근본성품이 인연 따라 드러냄(用)과 그 드러남(體·相)이 혼연 합일을 이루어 능소·주객·내외·주처·기멸·동정을 여읜 '하나라고도 할 수 없는 하나'인 일진법계인지라, 법계의 모든 참다운 존재(諸法)는 망심 업식의 파도에 휩쓸리지 않는 그대로여서 움직이지 않아 본래 그대로 고요하며 일체를 여의어 이름도 형상도 내세울 수 없나니."

---

131 『금강경 제6 정신희유분正信希有分』에 "내가 설한 법을 뗏목에 비유함과 같은 줄 알면, 법도 오히려 응당 놓아버려야 하거늘 하물며 어찌 법 아님이리오(知我說法 如筏喩者 法尙應捨 河況非法)"(七四句偈 중 하나) 참조.

3. 근본성품과 그 드러남(諸法)과 드러냄(用)의 상호관계 등

法性圓融無分別법성원융무분별 (5)

理事冥然無二相이사명연무이상 (6)

참다운 존재(法)와 참다운 존재의 근본성품은 원융하여 구별할 수
없고,

참다운 존재의 근본성품의 드러냄(用·理)과 드러남(體相·事)은 (혼
연 합일되어 그 모습이 다르지 않아) 그렇고 그렇게 아득(구분 불가)
하여 두 모습이 없(아니)네.

「법성게」의 위 두 구를 풀이하기에 앞서 '기존 법성게' 중 몇 가지
검토하여야 할 문제점이 있다.

첫째는 '이사명연무분별理事冥然無分別'에서 '무분별無分別'이라는
표현의 적정성 여부.

둘째는 '이사명연무분별理事冥然無分別'이 '시불보현대인경十佛普
賢大人境'과 대구對句를 이룸이 적정한지의 여부.

셋째는 대구가 적정하지 않을 경우 적정한 대구와의 배열 조정
등이다. 이하에서 살펴본다.

1) 무분별無分別의 적정성 여부

앞서 '기존 법성게' 중 '법성원융무이상法性圓融無二相'을 제5구로
그 배열 위치를 고쳐야 하는 까닭을 설명하면서 '무이상'을 '무분별無分

別'로 고침이 온당하다고 판단하여 법성원융무분별法性圓融無分別로 고쳤다. 그리고 성스러운 210자를 존중하여 이를 고수하고자 하는 필자의 입장에서는 '이사명연무분별無分別' 중 '무분별'을 '무이상無二相'으로 바꾸는 것이 온당하다고 판단하여 '이사명연무이상(理事冥然無二相)'으로 고쳐 보았다.

이는 근본성품이 드러나는(用: 理) 모습(理相)과 근본성품이 드러난 참다운 존재(體)의 모습(事相)이 법계에서는 '하나라고도 할 수 없는 하나'여서 '두 모습이 없기(無二相)' 때문이다. 마치 춤추는 사람의 몸놀림의 모양과 춤사위의 모양이 두 모습이 아니듯이. 삼계의 언설로는 언어도단(言語道斷: 말로써 표현할 수 없음)이요 심행처멸(心行處滅: 마음의 작용이 미치지 못하는 절대경계)인 법계의 실상을 설명하는 데는 한계가 없을 수 없다. 이 점을 감안하건대 기존의 「법성게」 중 '이사명연무분별無分別'을 '이사명연무이상無二相'으로 바꾸어 "드러냄(用: 理)과 드러남(體·相: 事)이 그렇고 그렇게 아득하여 두 모습이 아니다〔없다〕(理事冥然無二相)"라고 번역·해설해도 무리가 없어 보인다. 상세한 설명은 이어서 살펴볼 해당 구의 해설을 참고하기 바란다.

그리고 앞서 '고친 법성게' 제3, 4구의 해설에서 살펴본 바와 같이 근본성품(性)은 모습이 없고, 그 드러남(諸法)이나 드러냄 또한 모습이 없다. 그러나 분별 망상의 덫에 갇혀 상相에 집착하는 삼계 중생을 일깨우고자 삼계의 언설로 설명하자니 자연 상相을 내세우게 됨을 유념하여 위 설명을 다시 살펴보길 바란다.

2) 대구對句의 적정성 여부

'참다운 존재의 근본성품(眞性)과 참다운 존재(諸法)의 특성, 그리고 그 상관관계' 등 법계의 실상은 깨쳐 증득한 불보살님의 지혜로만 알 수 있는 경계이다. 따라서 앞서 살펴본 '증지소지비여경證智所知非餘境'과 여기의 '시불보현대인경十佛普賢大人境' 등 두 구절은 법계의 실상을 모두 설명한 다음, 두 구를 모아서 배치함이 온당할 것 같다. 즉 이 두 구는 서로 대對를 이루는 구句로 봄이 적정하므로 나누어 배치할 것이 아니라 모아서 '고친 법성게'의 맨 마지막에 배열하는 것이 바람직함은 앞서 거론한 바와 같다.

3) 대구의 배열 조정

대구를 위 2와 같이 조정할 경우, 참다운 존재의 근본성품(眞性)이 인연 따라 드러냄(隨緣成)은 근본성품의 작용으로서 이理에, 그리고 그 드러남(體·相)은 사事에 상응하므로 이理와 사事의 상호관계를 설명하는 구절인 '이사명연무이상理事冥然無二相'은 근본성품(性)과 그 드러남(法)의 상호관계를 설명하는 구절인 '법성원융무분별法性圓融無分別'과 대對를 이룸이 내용상 온당하다.

그리고 근본성품이 인연 따라 모든 참다운 존재를 나투면(眞性……隨緣成) '성性과 용(用: 理), 체體와 상相(事)'은 혼연일체를 이루어 선후先後를 가릴 수 없다. 그러나 근본성품(眞性)이 모든 참다운 존재(諸法)의 근원이자 시원始原이어서 성性을 앞세움이 온당하므로 '법성원융무분별' 다음에 '이사명연무이상'을 배열하는 것이 온당해 보인다.

앞서 '법성원융무분별法性圓融無分別'과 내용상 연계된 구절의 조합과 배열에 대해 살펴본 내용을 돌이켜 보면 다음과 같다.

i) '원융圓融'과 유사한 뉘앙스를 지닌 용어로 '명연冥然'과 '공화共和' 등을 들 수 있으므로 '이사명연무이상理事冥然無二相'과 '생사열반상공화生死涅槃相共和' 두 구가 '법성원융무분별法性圓融無分別'과 내용상 연계된 구로 묶을 수 있다.

ii) 나머지 한 구는 다른 여섯 그룹과는 내용상 연계도가 낮은 '초발심시변정각初發心時便正覺'으로 사료된다. 이 구의 '변便'을 '같을 변'으로 보면 명연·공화·원융 등과 뉘앙스가 유사하므로 위 세 구와 내용상 연계도가 높다고 할 수 있다.

이들 네 구의 내용상 연계도로 보면

법성원융무분별法性圓融無分別
이사명연무이상理事冥然無二相
초발심시변정각初發心時便正覺
생사열반상공화生死涅槃相共和

순서로 배열함이 온당하다. '법성원융무분별法性圓融無分別'을 이 그룹의 첫 구로 택한 이유는 위 첫 그룹(제1구~제4구)의 내용이 '성性'과 '법法'의 특성을 각각 설명하고 있으며, 그 다음으로 '성性'과 '법法'의 상호관계를 설명하는 내용의 구를 배열하는 것이 자연스럽고, 또 성性이 이理와 사事의 근원이자 시원이어서 '법성원융무분별法性圓融無分別'을 앞세움이 온당하기 때문이다. 그런데 '초발심시변정각初

發心時便正覺'은 '이理'를, '생사열반상공화生死涅槃相共和'는 '사事'를 설명하고 있어, 이 두 구 다음에 '이理'와 '사事'의 상호관계를 설명하는 '이사명연무이상理事冥然無二相'을 배열하는 것이 (앞서 '법성원융무분별法性圓融無分別'을 첫 구로 택한 이유에 비추어) 온당하게 여겨진다.

　이와 같이 배열하면 그 다음 그룹인 '일중일체다중일一中一切多中一'부터 '잉불잡난격별성仍不雜亂隔別成'까지 '이사무애理事無碍, 사사무애事事無碍, 상입상즉相入相卽'을 설명하는 내용과의 연계도를 높일 수 있는 이점이 있다.

　그러나 위 네 구를 다시 두 구씩 엮어 설명하기엔 '법성원융무분별法性圓融無分別'과 '이사명연무이상理事冥然無二相'을, '초발심시변정각初發心時便正覺'과 '생사열반상공화生死涅槃相共和'를 각각 대구로 배열하는 것이 한결 자연스럽게 여겨진다. 그리고 '초발심시변정각初發心時便正覺'은 이理를, '생사열반상공화生死涅槃相共和'는 사事를 설명하듯이 그 이하의 그룹 또한 이理와 사事 내지 이理와 사事의 상호관계를 설명하는 구절이어서, '이사명연무이상理事冥然無二相'을 이들 두 구절의 앞에 배열하는 것이 각론보다 총론을 먼저 설명하듯이 전개순서에 부합된다 할 수 있다. 이상의 검토 결과에 따라 위 네 구를 '법성원융무분별法性圓融無分別, 이사명연무이상理事冥然無二相, 초발심시변정각初發心時便正覺, 생사열반상공화生死涅槃相共和'의 순서로 배열하고, 이 순서대로 이하에서 '고친 법성게'의 내용을 살펴보기로 한다.

4) 근본성품(性)과 그 드러남(法)의 상호관계[132]

法性圓融無分別법성원융무분별 (5)

참다운 존재(法)와 참다운 존재의 근본성품(性)은 원융하여 구별할
수 없고.

앞서 '고친 법성게' 제1구에서 제4구에 걸쳐 참다운 존재의 근본성품
(眞性)이 인연 따라 제 성품을 발현하여 이루어 낸 법계의 모든 참다운
존재(諸法)와 그 특성에 대해 살펴보았다. 이제 '법계의 모든 참다운
존재'와 '모든 참다운 존재의 근본성품'과의 상호관계에 대해 설명하고
있는 게송(法性圓融無分別)의 내용을 살펴보자.

먼저 원융圓融(하다)의 사전적 의의는 ① 한데 통하여 아무 구별이
없다. ② 원만하여 막힘이 없다. ③ 불교 모든 법의 이치가 완전히
하나로 융화되어 구별이 없다 등[133]이다.

특히 '원융'의 불교적 의의가 "'모든' 법의 이치가 '하나'로 융화되어
'구별'할 수 없다"임을 유념하면 여기서 원융의 주어인 법성法性은
'법法'과 '성性'으로 '구별'됨을 전제로, 이 '법'과 '성'이 하나로 융화되어
'구별'할 수 없는 '법성'으로 표기되어 있음을 알 수 있다. 이와 같이
'고친 법성게' 제5구의 '법성法性'이 '법法'과 '성性'이 하나로 융화되어
구별할 수 없음을 일깨우는 복합어임을 파악하면 ①'고친 법성게'

---

132 의상은 '증분을 나타내 보임(現示證分)'으로, 유문은 '票與大位'로 해석함.
133 민중서림 편집국, 『에센스 국어사전』(민중서림. 2006), p.1796.

제5구의 '법성法性'의 '법法'은 앞서 살펴본 법계의 모든 참다운 존재, 즉 '고친 법성게' 제3구의 '제법諸法'을 가리키고, ②'성性'은 법계의 모든 참다운 존재의 근본 바탕이 되는 '고친 법성게' 제1구의 '참다운 존재의 근본성품(眞性)'을 가리킴을 알 수 있다.

따라서 '고친 법성게' 제5구의 '법성원융法性圓融'은 제3구의 '제법諸法'과 제1구의 '진성眞性'이 하나로 융화되어 구별할 수 없음을 일깨우고 있다 할 것이다. 설잠 김시습이 그의 『법계도주고』에서 "원융圓融이라 함은 일체의 법이 곧 일체의 성품性品이며 일체의 성품이 곧 일체의 법"[134]이라고 한 설명에 '제법諸法과 진성眞性의 원융'함이 잘 나타나 있다.

그리고 유문有聞 스님이 그의 『법성게과주法性偈科註』에서 "법성法性이란 법法은 사법계事法界요, 성性은 이법계理法界를 뜻하고, 법(法: 事法界)과 성(性: 理法界)이 원융하므로 이사무애理事無碍하며 사사무애事事無碍하게 된다"라고 한 설명[135] 또한 제법諸法과 진성眞性이 원융함을 뒷받침하고 있다.

설잠 김시습과 유문 스님의 위 설명은 앞서 "근본성품과 그 드러냄과 그 드러남이 혼연 합일을 이루어 '하나라고도 할 수 없는 하나'임"을 일깨운 해설을 돌이켜 보면 쉬이 이해할 수 있을 것이다.

법성원융法性圓融을 위와 같이 ①제법諸法과 진성眞性의 원융으로 이해하고, ②제법諸法은 진성眞性이 인연 따라 드러낸 것(隨緣成)이고, 진성은 인연이 성숙되어 제법諸法을 드러내기 이전부터 존재함을

---

134 목정배, 위 논문, p.276; 전해주, 앞의 책, p.211.
135 전해주, 앞의 책, p.222.

유념하면, ③「법성게」는 진성眞性을 먼저 설명하고 이어서 제법諸法
을, 그러고 나서 ④진성과 제법의 상호관계(圓融)를 일깨우는 것이
논리적 순서에 부합한다 할 것이다. 그래서 '고친 법성게'에서는 '기존
법성게'를 논리적 순서에 맞추어서 고쳐 배열하게 되었다.

위에서 살펴본 바와 같이 원융의 사전적 의의를 유념하건대 제법諸
法과 진성眞性은 하나로 융화되어 '구별할 수 없다' 할 것이다. 그런데
'기존 법성게'에서는 제법과 진성이 원융하여 '두 모습이 없다(無二相)'
고 노래하고 있다. 이러한 설명은 과연 온당한지 살펴보아야 할 것
이다.

앞서 살펴본 ①"법의 성품(眞性)은…… 아무 상이 없음(法性……
無諸相)"을 일깨우신 『화엄경, 십지품』의 말씀과 ②"일체 존재(諸法)
가 상이 없음(一切法無相)"을 일깨우신 『화엄경, 수미정상게찬품』의
말씀, 그리고 ③'일체의 존재는…… 상이 없음(諸法…… 無相)'을 노래
한 '고친 법성게 제3구, 제4구'의 내용을 종합하면 "진성眞性과 제법諸
法은 각각 상相이 없음"이 명확하다.

상相이 없는 '진성'과 '제법'이 원융(法性圓融)하여 구별조차 할 수
없는데 굳이 '진성과 제법이 원융하여 상相이 없다'고 새삼 말할 필요가
없다 할 것이다. 하물며 '진성'과 '제법'이 아예 상이 없는데 굳이
'진성과 제법이 원융하여 두 상이 없다(法性圓融無二相)' 함이 어찌
온당한 설명이라 할 수 있겠는가? 따라서 '제법(法)과 진성(性)이
원융하여 구별할 수 없다(法性圓融無分別)'고 함이 온당함을 알 수
있을 것이다.

소금의 짠 성품이 숙성과정을 거쳐 물과 메주와 혼연 합일(융화)되어 간장과 된장이 되나, 간장이나 된장의 짠 맛은 간장이나 된장과 분리 불가하여 구별할 수 없듯이 참다운 존재의 근본성품(眞性)과 이 성품이 인연 따라 생성한 모든 참다운 존재(諸法)는 원융하여 서로 구별될 수 없다 할 것이다. 따라서 법法과 성性이 원융하여 구별할 수 없다(法性圓融無分別)고 함이 온당한 설명일 것이다.

필자는 「법성게」를 구성하는 210자의 생성과정의 신령스러운 가피를 존중하여 210자 범위 내에서 배열을 바꾸어 뜻을 온전히 살리는 것이 바람직하다고 생각한다. 그래서 '기존의 법성게' 중간 부분의 '이사명연무분별理事冥然無分別' 중 '무분별'과 '법성원융무이상法性圓融無二相)' 중 '무이상'을 맞바꾸어 「법성게」의 본뜻에 부합하도록 고쳐 보았다. 법法과 성性은 원융하여 '구별할 수 없다'고 설명한 내용과 까닭은 위에서 언급했으니 이를 참고하고, '이사명연무분별'을 '이사명연무이상'으로 고친 까닭과 내용은 해당 구의 설명에서 보충 언급하기로 한다.

참고로, 『묘법연화경, 서품』에 "보살은 모든 법法의 성품은 두 모양이 없음을 관찰한다(菩薩觀諸法性 無有二相)"는 말씀이 있다. 혹자는 이 말씀을 「법성게」의 법성원융무이상法性圓融無二相을 뒷받침하는 일깨움으로 착각할 수도 있을 것 같다.

『묘법연화경』에서 일깨우신 말씀의 본지는 ①모든 존재는 그 모양이 다양하여 각양각색이어서 그 근본성품도 각양각색인 것으로 착각하는 사람이 있을지 모른다는 노파심에서, ②모든 존재의 근본성품은 결코 각양각색으로 다르지 않고 다 같음을 일깨우기 위해 '두 모양'이 없다고 말씀하신 것으로 보아야 한다. 이는 모든 존재가 그 모양과 형상이 달라도 이들 존재의 근본성품은 한결같음을 일깨우기 위한 표현으로 이해되기 때문이다.

그리고 위 『묘법연화경』 말씀 중 '법성法性'은 존재의 근본성품 곧 진성眞性을 가리키고, '고친 법성게' 제5구의 "법성法性은 '법法'과 '성性'으로 구분되는 '법성法性'의 복합어"여서 서로 다름도 유념해야 한다. 즉 『묘법연화경』 말씀은 모든 존재의 근본성품의 특성을 설명한다. 그러나 '고친 법성게' 제5구는 법계의 모든 존재와 그 존재의 근본성품의 상호관계를 설명하고 있어 그 본지가 다르므로 표현된 문자의 유사성에 착안하여 그 뜻을 그르치는 우를 범해서는 안 될 것이다.

'고친 법성게'는 제1구에서 제5구에 걸쳐 법계의 생성배경과 과정, 그리고 법계의 모든 참다운 존재의 특성과 그 근본성품과의 상호관계를 설명하고 있다. 그러나 이 「법성게」에서 구사한 언설言說은 삼계의 언설이요, 삼계 중생의 근기에 상응한 방편설方便說이어서 삼계 중생들이 제 깜냥으로 「법성게」의 일깨움을 헤아려 알았다고 망념 망식을 한껏 부풀릴 가능성이 높다.

이를 일깨우고자 「법성게」 제1구에서 제5구까지의 내용은 "확연히 깨친 지혜로운 사람만이 제대로 알 수 있는 경계(證智所知非餘境)"임을 부언 강조하고 있다. 즉 삼계 중생을 일깨우기 위해 비록 삼계의 언설을 묘하게 구사하여 법계의 실상을 설명했으나 망심 업식에 휘둘리는 중생의 소견으로는 그 본지를 결코 제대로 알 수 없다 함이다. 망심 업식을 떨치어 확연히 깨친 지혜를 지닌 사람만이 법계의 실상('고친 법성게' 제1구에서 제5구까지의 내용)을 제대로 알 수 있을 뿐(證智所知) 그 외의 사람은 도무지 알 수 없는 경지(非餘境)"임을 강조하여, 망심 업식에 잠겨 있는 중생들에게 중생꿈 깨길 촉구하고자 '기존 법성게'는 제4구에서 '증지소지비여경證智所知非餘境'을 노래하고 있다.

앞서 '증지소지비여경'과 '시불보현대인경'[136]은 「법성게」의 여타 구절 전체 내용 모두에 상응하므로 맨 끝에 배열함이 온당함을 밝혔다. 그래서 이들 구절에 대한 번역과 상세한 해설은 뒤로 미룬다.

이상에서 살펴 본 바에 의거 '고친 법성게' 제5구 '법성원융무분별法性圓融無分別'을 "모든 참다운 존재(法)와 참다운 존재의 근본성품(性)은 원융하여 서로 구별할 수 없다"로 번역·풀이하고자 한다.

5) 근본성품의 드러냄(理)과 드러남(事)의 상호관계[137]

理事冥然無二相이사명연무이상 (6)

근본성품의 드러냄(用·理)과 드러남(體相·事)은 그렇고 그렇게 아

---

136 "Ⅱ. 고쳐 풀이한 배경과 요지, 2. 고친 내용과 그 까닭, 1) '證智所知非餘境'과 '十佛普賢大人境'의 위치 조정" 참조.

137 의상은 '總論上意'로, 유문은 '正明一味'로 해석함.

득(구분 불가)하여 두 모습이 없(아니)네.

모든 참다운 존재의 근본성품(眞性)은 제 성품에 갇혀 잠들어 있지 않고 깨어있는 존재여서, 인연 따라 나툼(隨緣成)에 있어 그 나툼의 질서 정연한 법칙(理)이 없지 않을 것이다. 특히 모든 참다운 존재의 근본성품은 심히 깊고 극히 미묘한 특성(眞性甚深極微妙)을 지닌지라 다양하고 중첩적인 인연과 화합함에 있어 그 드러냄(用)의 이치(理) 또한 심히 깊고 극히 미묘하며, 그 드러남(體·相)의 양상(事) 역시 심히 다양하고 극히 미묘하여 종잡기 어려울 수밖에 없을 것으로 예상된다.

그러나 법계는 주객主客·능소能所가 없어 '근본성품(眞性)이 인연 따라 그 드러냄(用: 理)과 드러남(體·相: 事)'이 혼연 합일되어 '하나라고도 할 수 없는 하나'인지라 '성性과 체體와 용用과 상相' 또한 별개로 구분되지 않는다. 마치 춤추는 사람의 생각 생각에 따라 유연히 변화하는 몸의 모양새와 몸놀림과 춤사위, 그리고 춤사위의 모양새가 별개로 구분되지 않아서 몸놀림이 춤사위요, 몸놀림의 모양새가 곧 춤사위의 모양새요, 춤추는 이의 생각 생각이 곧 춤추는 몸놀림이요, 그 몸놀림의 모양새이자 춤사위의 모양새이듯이 몸(體)과 몸놀림(用)과 춤사위의 모양새(相)가 혼연 합일되어 각각 구분될 수 없음과 같다.

참다운 존재의 근본성품(性)의 드러냄(用: 理)과 드러남(體·相: 事)이 능소能所를 여의어 혼연 합일되어 있는 법계의 소식을 삼계의 언설로나마 일깨우기 위해 '고친 법성게'는 "드러냄(理)과 드러남(事)이 혼연 합일되어 이理와 사事가 그렇고 그렇게 아득(구분불가)하여 두 모습 없(아니)네(理事冥然無二相)"라고 노래한다.

그러나 망심 업식의 망견으로 능소能所에 얽매인 중생에게는 이理와 사事가 확연히 다르게 여겨지므로 이理와 사事의 분별이 없는 경계는 중생으로서는 알 수 없기에 오직 "시방세계의 모든 부처님과 보현보살님과 같은 근기 수승한 분들이나 알 수 있는 경계(十佛普賢大人境)"라고 「법성게」는 노래한다.

이상에서 검토한 바에 의거하여 '고친 법성게'를 보면, 제5구 '법성원융무분별法性圓融無分別'과 제6구 '이사명연무이상理事冥然無二相'을 "모든 참다운 존재(法)와 참다운 존재의 근본성품(性)은 원융하여 서로 구별할 수 없고, 참다운 존재의 근본성품(性)의 드러냄(用:理)과 드러남(體·相: 事)은 혼연 합일되어 그 모습이 다르지 않아 그렇고 그렇게 아득(구분 불가)하여 두 모습 없(아니)네"로 번역·풀이하고자 한다.

4. 근본성품의 본연작용이 지닌 특성과 그 드러남의 상호관계

初發心時便正覺초발심시변정각 (7)
生死涅槃相共和생사열반상공화 (8)

근본성품의 본연작용으로 막 발현하는 마음(初發心)은 온전한 깨침(正覺)과 같고,
생사와 열반은 (모두 중생의 망심의 소산인지라 환상幻想일 뿐 다르

지 않아) 서로 공화共和하는(어우러져 구분할 수 없)구나.

1) 근본성품의 본연작용과 그 특성[138]

初發心時便正覺초발심시변정각 (7)

근본성품의 본연작용으로 막 발현하는 마음(初發心)은 온전한 깨침
(正覺)과 같고

근본성품(眞性)의 본연작용(用)[139]으로 막 발현하는 마음이 곧 초발
심初發心이다. 이 초발심은 근본성품(性)의 드러냄(用)이긴 하나 어떤
연緣과의 어우러짐이 없어[140] 그 드러냄(用)이 곧 드러남이어서 따로이
구체적 드러남(體·相)을 내세우기 어렵다. 이 초발심은 근본성품의
본연작용이어서 이 또한 성性과 용用이 혼연 합일을 이룬 경계이다.
근본성품의 본연작용으로 발현된 이 경계는 근본성품(性)이 인연
따라 모든 존재(諸法)를 발현(眞性…… 隨緣成)하여 근본성품(性)과

---

138 의상은 '約位以彰攝法分齊'로, 유문은 '因果無礙'로 해석함.

139 근본성품의 본연작용으로 막 발현되는 '초발심'은 규봉 종밀 대사가 그의 『법집별
행록法集別行錄』에서 비유로 설명한 자성본용自性本用에 해당한다. 그리고 '고친
법성게' 첫 구와 둘째 구인 '진성이…… 인연 따라 드러냄(眞性…… 隨緣成)'은
수연응용隨緣應用의 예로 볼 수 있다.

140 『금강경, 장엄정토분』에서 "마땅히 집착하는 바 없이 그 마음을 낼지니라(應無所
住 而生其心)"라고 일깨우신 말씀과 '초발심'에 대한 위 설명을 연계하여 살펴보면
다소간 이해에 도움이 될 것임.

그 드러냄(用)과 드러남(體·相)이 어우러져 '하나라고도 할 수 없는
하나'인 경계와는 구분될 수 없으나 설명의 편의상 구분하기로 한다.
이 초발심의 경계 역시 '능소能所'나 '미오迷悟' 이전의 경계여서 이
경계에서는 '초발심'이라거나 '온전한 깨침(正覺)'이라는 말조차도
잠꼬대에 불과하다.

그러나 삼계三界의 언설로나마 굳이 '하나라고도 할 수 없는 하나'의
경계인 근본성품의 본연작용(初發心)을 삼계 중생에게 일깨우고자
「법성게」는 "근본성품의 본연작용으로 막 발현하는 마음은 온전한
깨침과 같다(初發心時便正覺)"고 노래한다. 이 구句의 일깨움은 삼계
三界와 법계法界를 함께 아우르는 소식인가 한다. 그 까닭은 다음과
같다.

① '초발심'은 근본성품의 발현 그 자체여서 미오迷悟 이전의 경계인
법계의 소식이고,

② '온전한 깨침(正覺)'은 망심을 여의어 자신의 근본성품(眞性)에
회귀(用)하여 근본성품에 계합(自性自悟)[141]한 경계 내지 '하나라고도
할 수 없는 하나'인 경계에 다다른, 즉 미계迷界인 삼계에서 오계悟界인
법계로 나아간 삼계三界의 소식을 뜻한다고 할 수 있기 때문이다.

그리고 '초발심'은 '근본성품의 발현, 곧 본연작용 그 자체'이고,
'온전한 깨침'은 '근본성품의 작용으로 근본성품에 계합하여 하나라고
도 할 수 없는 하나를 이룬 경계'이므로 '초발심'과 '온전한 깨침'은
'하나라고도 할 수 없는 하나'여서 '초발심이 곧 온전한 깨침'임을

141 육조 혜능 대사의 『돈황본 단경』(보각, 앞의 책, p.48).

알 수 있다. 그래서 「법성게」의 위 구(初發心時便正覺)를 "근본성품의 본연작용으로 막[142] 발현하는 마음(初發心)은 '온전한 깨침(正覺)'과 같다"고 번역·풀이하고자 한다.

위와 같은 번역·풀이는 ① '변(便)'을 '같을(平也) 변'으로 풀이하고, 여기의 ② '시時'는 망심이 작동하기 이전의 근본성품의 본연작용(최초의 발심; 初發心)과 망심이 작동하여 진망화합식眞妄和合識이 발현되는 제2발심을 명확히 구분 강조하기 위해 '초初' 발심發心이라고 한 표현에 상응하여 사용한 것일 뿐 '시각'을 강조한 것은 아니라고 여겨 번역하지 않은 것이다.

「법성게」의 위 구절에 대한 대부분의 해설은 한문에 충실하게 "처음 발심하는 '때'에 문득 온전한 깨침을 이룬다"고들 번역한다. 이와 같이 '시時'에 초점을 맞추면 오직 '처음' 발심할 때만이 '온전한 깨침(正覺)'이 되고, 그 이후에 근본성품의 본연작용으로 시시로 막 발현하는 발심은 온전한 깨침과는 무관하다고 오해할 소지가 있어 온당치 못한 해석으로 여겨진다. 그리고 "처음 발심할 때에 '문득' 온전한 깨침을 이룬다"고 대부분 번역하나, 이는 '변(便)'의 사전적 의의[143]를 무시한 잘못된 번역이라 할 것이다.

「법성게」 위 본문의 '발심發心'을 근본성품에 회귀하여 온전한 깨침을 이루고자 하는 마음을 일으키는 '발아뇩다라삼먁삼보리심發阿耨多

---

142 막: 바로 그때, 바로 지금.
143 便의 사전적 의의는 ①편: 편할/ 소식/ 편리할/ 익힐(習)/ 오줌/ 오로지 ②변: 비위 맞출/ 말 잘 할/ 배 뚱뚱할/ 똥오줌/ 아담할/ 같을(平)…… 등임.

羅三藐三菩提心(發無上正等正覺心: 發成佛之心)'으로 본다면, 『금강반
야바라밀경』 제2분에서 ① 수보리 존자가 석가모니부처님께 "선남자
선여인이 '아뇩다라삼먁삼보리의 마음을 내었을진대(發成佛之心)'
응당 어떻게 그 마음을 견지(住)해야 하며, 어떻게 그 마음을 항복
받으오리까?(善男子善女人 發阿耨多羅三藐三菩提心 應云何住 云何降
伏其心)" 하고 여쭙자, ② 석가모니부처님께서는 "선남자 선여인이
'아뇩다라삼먁삼보리의 마음'을 내었으면 응당 근본성품(是)의 작용
(如) 그대로(如是) 그 마음을 견지한 것이며, 근본성품의 작용 그대로
그 마음을 항복 받은 것이니라(善男子善女人 發阿耨多羅三藐三菩提心
應如是住 如是降伏其心)"라고 대답하신 말씀에 비추어 보아도 근본성
품에 회귀하여 온전한 깨침을 이루고자 하는 마음을 냄(發成佛之心)이
곧 온전한 깨침(正覺)임을 알 수 있다. 이는 근본성품에 회귀하여
온전한 깨침을 이루고자 하는 마음을 일으키는 것은 무명에 휩싸인
망심妄心의 작용이 아니고 근본성품의 작용이기 때문이다.[144] 따라서
원문인 '초발심시변정각初發心時便正覺'은 '초발심시변정각初發心是
便正覺'으로 이해함이 온당할 것 같다.

즉 '뜻'을 살리자면 '때 시時'보다는 '이 시是'가 더 온당해 보이나
신성한 210자를 존중하여 이 210자 범위 내에서 게송의 배열과 구성을
고쳐야 하므로 위와 같은 해설로 만족함이 바람직하다. 다만 우리네
중생의 근본성품(自性)이 무명無明을 반연하여 망심妄心이 발현되는
경계와 명확히 구분하기 위하여 '초初'발심發心이라고 표현한 것이라

─────────

144 만취상태나 숙면 중 꿈에서 깨어나는 과정을 대비하여 살펴보면 이해에 도움이
될 것임.

면, 이 '초初'에 상응하여 '시時'를 사용한 것으로 볼 수도 있으므로 원문을 그대로 두어도 뜻을 그르치지는 않는다 할 것이다.

그리고 근본성품 그 자체는 미함(迷)과 깨침(悟)이 없지만 원문에서 미오迷悟의 경계인 발심發心과 정각正覺을 거론한 것으로 미루어, 미계迷界의 처음 발심한 때로부터 망심을 온전히 순치하여 구경의 정각을 이룰 때까지 구세십세九世十世의 장구한 세월이 소요된다 할지라도 다음에 살펴볼 '구세십세호상즉九世十世互相卽'의 논리에서 보면 '초발심시변정각初發心時便正覺'이라 할 수 있으므로 원문대로 '시時'에 상응하여 풀이할 수도 있음을 첨언한다. 그런데 「법성게」의 위 게송을 『화엄경 범행품』에서 "처음 발심할 때에 곧 아뇩다라삼먁삼보리를 얻는다(初發心時卽得阿耨多羅三藐三菩提)"라고 일깨우신 말씀과 연계하여 살펴보면 그 뜻하는 바가 더욱 명확해진다.

『화엄경』의 위 말씀을 해설함에 있어 '아뇩다라삼먁삼보리'를 '무상정등정각(無上正等正覺: 최상의 온전한 깨침)'으로 번역하고 줄여서 '정각(正覺: 온전한 깨침)'으로 널리 사용하고 있으므로 위 『화엄경』 말씀을 '초발심시즉득정각初發心時卽得正覺'으로 간략히 요약하여 「법성게」의 '초발심시변정각初發心時便正覺'과 연계하여 살펴보자.

위 『화엄경』 말씀에서 '정각正覺'을 '얻는다(得)'는 표현은 법계는 능소가 없어 온전한 깨침도 따로 세우지 않는데 굳이 온전한 깨침을 '얻는다'고 하면 능소能所를 세우는 듯하여 온당하지 않다. 그러므로 위 『화엄경』 말씀은 삼계 중생을 법계로 이끌기 위해 삼계와 법계를 아우르는 일깨움을 펼쳐 보이신 것으로 보아야 한다. 그리고 「법성게」

는 법계의 실상을 일깨우는 게송이나 「법성게」의 게송(初發心時便正
覺) 또한 앞서 살펴본 바와 같이 법계와 삼계를 아우르는 표현이어서
언설言說의 한계를 새삼 느끼게 한다. 즉 위『화엄경』 말씀과 「법성게」
가 표현하고자 하는 바가 다르나, 삼계의 언설상 한계로 인해 표현이
유사해보임을 유념해야 할 것이다.

이러한 언설상의 한계를 유념하건대 「법성게」의 게송(初發心時便
正覺)을 '초발심이 온전한 깨침과 같다', '초발심이 곧 온전한 깨침이다'
로 풀이함이 온당해 보인다.

'발아뇩다라삼먁삼보리심', 즉 '발무상정등정각심發無上正等正覺
心'을 줄여 간략히 발정각심(發正覺心: 發成佛之心)으로 설명하기도
한다. 이에 의거 「법성게」의 게송과『화엄경』의 말씀 중 발심發心을
발정각심發正覺心으로 본다면 ①「법성게」의 위 게송은 '온전한 깨침
(正覺)을 이루고자 하는 마음(初發心: 發正覺心)을 막 일으킨 즉 그
마음이 곧 온전한 깨침과 같다'로, ②『화엄경』의 위 말씀은 '온전한
깨침을 이루고자 하는 마음을 막 일으킨 그때에 곧바로 온전한 깨침을
얻는다'로 번역·풀이할 수 있다.

특히 초발심의 '처음(初)'과 '때(時)'의 의미를 앞서 「법성게」의
게송을 설명한 내용을 참고하면 위『화엄경』 말씀과 「법성게」의
게송 간의 해석상 차이를 쉬이 이해할 수 있을 것이다.

위와 같이 번역·풀이함에 있어 ① 온전한 깨침을 이루고자 하는
마음을 일으키는 것은 망심 업식의 작용이 아니고 근본성품의 본연작
용이어서, 이 본연작용은 근본성품에 회귀하여 근본성품에 계합하는
'온전한 깨침'과 다르지 않음을 알아야 하고, ②'처음(初)' 발심發心은

망심이 발동하기 이전을 강조하기 위한 표현인 만큼 수행과정에서
시시때때로 근본성품의 본연작용으로 '온전한 깨침'을 이루고자 하는
마음을 일으키는 그 순간순간이 마냥 '처음(初) 발심發心'임을 유념해
야 할 것이다.

그리고 『화엄경, 초발심공덕품』에서 "이렇게 발심함으로써 응당
부처를 이룸(以是發心 當得佛故)"을 일깨우신 말씀과 "막 발심할 적
에…… 곧 능히 일체 법계의 근본성품에 들어가는 것임(纔發心時……
卽能入一切法界性)"을 일깨우신 말씀도 위와 같은 맥락에서 이해할
수 있을 것이다.

따라서 부처되고자 하는 분이라면 『화엄경, 초발심공덕품』에서
"시방의 모든 부처님을 보고자 하고, 다함없는 공덕장을 베풀고자
하며, 중생의 모든 고뇌를 없애고자 하면 마땅히 깨쳐 부처 이루고자
하는 마음을 속히 낼지어다(欲見十方一切佛 欲施無盡功德藏 欲滅衆生
諸苦惱 宜應速發菩提心)"라고 일깨우신 말씀에 감응하여 부지런히
깨쳐 부처 이루고자 하는 마음을 다잡을 것으로 본다.

'고친 법성게' 제7구 '초발심시변정각初發心時便正覺'을 "근본성품의
본연작용으로 막 발현하는 마음(初發心)은 '온전한 깨침(正覺)'과 같
다"로 번역·풀이하고 다음 구를 살펴보기로 한다.

2) 근본성품의 드러남의 상호관계[145]

生死涅槃相共和생사열반상공화 (8)

생사와 열반은 (모두 중생의 망심의 소산인지라 환상幻想일 뿐 다르지 않아) 서로 공화共和하는(어우러져 구분할 수 없)구나.

근본성품(眞性)의 본연작용으로 막 일어나는 마음(初發心)에 무명無明이 드리워지면 망심妄心으로 망견 망식의 파도가 일어 삶과 죽음(生死)이 확연하고, 이에 상응한 괴로움이 극심한지라, 열반(涅槃; 타오르는 번뇌의 불을 멸하여 없애 깨달음의 지혜를 완성한 경지)을 향한 중생의 애갈愛渴은 열반 신기루를 만들어 낼 정도로 절절해진다.
삼계 중생의 망심 업식에 의한 분별 업습이 생사生死와 열반을 극명하게 다른 것으로 착각하게 하니, 경經에서 "나고 죽는 것과 열반이 분별로 각기 같지 않다(生死及涅槃 分別各不同)"[146]라고 일깨우신다. 그러나 "일체 중생이 모두 다 환상과 같고…… 일체 모든 존재의 태어남이 마치 불기(炎氣)가 일어날 때의 번쩍거리는 불꽃 같고(一切衆生悉皆如幻……一切諸有生起 如熱時燄)"[147], 또 "중생이 몸 담고 있는 삼계가 마음(妄心)으로 생긴 것이어서…… 나고 죽음(生死)도 다 마음으로 짓는 것이니, 마음이 멸하여 없어진다면 나고 죽음도

145 의상은 '約位 以彰攝法分齊'로, 유문은 '染淨無礙'로 해석함.
146 『화엄경, 야마천궁게찬품』
147 『화엄경, 입법계품』

다 없어진다(三界依心有…… 生死皆有心所作 心若滅者生死盡)"[148]라고
일깨우신 말씀으로 미루어 일체 중생의 삶과 죽음(生死)이 모두 환상
임도 알아야 할 것이다. 그리고 "열반은 생겨남도 벗어남도 없나니(涅
槃無生無出)", 이는 "여래께서는 중생들로 하여금 즐겁게 하려고 세상
에 출현하시며, 중생들로 하여금 사모함을 내게 하려고 열반함을
보이시지만 여래는 참으로 세상에 출현함도 없고 열반함도 없나
니…… 중생의 마음을 따라서 열반함을 나타낸다(諸佛如來 爲令衆生
生欣樂故 出現於世界 欲令衆生 生戀慕故 示現涅槃 而實如來 無有出世
亦無涅槃…… 隨衆生心 示現涅槃)"[149]라고 일깨우신 말씀도 위『화엄
경, 십지품』에서 "나고 죽음도 다 마음으로 짓는 것이니"라고 하신
말씀과 상응한다. 그래서 "생사와 열반 두 가지 다 얻지 못하네……
이 두 가지 법에 집착하면 이 사람은 실답지 못하여 성인의 묘한
도 알지 못하므로(生死及涅槃 二俱不可得……取着此二法 此人不如實
不知聖妙道)"[150], "생사에도 머물지 말고 열반에도 머물지 말라(不住生
死 不住涅槃)"[151]라고 일깨우신다.

위『화엄경』말씀에서 보듯 생사와 열반은 삼계 중생의 망심妄心의
소산이어서 가히 집착할 것이 되지 못하는 환상(幻) 같은지라, 부처님
께서는 중생들의 망심에 상응하여 생사와 열반을 자유자재하게 구현

---

148 『화엄경, 십지품』
149 『화엄경, 여래출현품』
150 『화엄경, 수미정상게찬품』
151 『화엄경, 입법계품』

하심을 알 수 있다. 뿐만 아니라 보살마하살들도 "열반의 경계에 있으면서 생사의 경계를 버리지 않는 걸림 없는 작용(在涅槃境界 而不捨生死境界 無碍用)"과 "열반의 세계에 생사의 몸을 나타내어도 생사에 집착하지 않고…… 생사의 세계에 열반을 나타내어도 끝까지 열반에 들지 않는…… 유희(於涅槃界 示現生死身 而不着生死…… 於生 死界 示現涅槃 亦不究竟入於涅槃…… 遊戲)"와 "생사계에서 열반계를 나타내고 열반계에서 생사계를 나타내는…… 경계(於生死界 現涅槃界 於涅槃界 現生死界…… 境界)", 그리고 "열반에 있으면서 생사를 나타내 는(於涅槃而示現生死)"[152] 역량을 펼쳐 보이고 있다.

위 말씀으로 미루어 불보살님들은 삼계 중생에게 '생사와 열반이 따로 없는, 생사와 열반이 서로 공화共和함'을 보여주는 역량을 지니신 것으로 이해된다.

생각하건대 근본성품이 인연 따라 나투는 법계에는 근본성품과 그 드러냄(用)과 드러남(體·相)이 혼연 합일되어 법계의 모든 참다운 존재는 '하나라고도 할 수 없는 하나'인지라 능소가 없어 따로 내세울 생사도 열반도 없다. 이와 같은 법계의 소식을 생사와 열반에 얽매인 삼계 중생에게 일깨워 망심 업식의 분별 업습에서 벗어나게 하고자 「법성게」는 "생사와 열반은 (모두 중생의 망심의 소산인지라 환상幻想 일뿐 다르지 않아) 서로 공화하는(어우러져 구분할 수 없)구나"라고 일깨우고 있다.

---

152 『화엄경, 이세간품』

『원각경, 보안보살장』에서는 "생사生死와 열반涅槃이 마치 어젯밤 꿈과 같아서 생사와 열반이 일어남도 사라짐도 없으며, 오는 것도 가는 것도 없다(生死涅槃 猶如昨夢 生死與涅槃 無起無滅 無來無去)"라고 일깨우신다. 이 말씀으로 미루어 보아 생사도 열반도 망식妄識의 소산일 뿐 본래 환幻이어서 공空한지라, 생사와 열반이 서로 어우러져 구분할 수 없음을 일러 "생사와 열반이 서로 공화共和한다"라고 「법성게」는 노래하고 있다.

『원각경, 청정혜보살장』에서 깨쳐 능소·분별을 여읜 경계인 '여래의 수순각성隨順覺性'을 일깨우는 말씀 중 "일체의 장애가 곧 구경각이요, 득념得念과 실념失念이 해탈 아님이 없고, 성법成法과 파법破法이 모두 열반이며, 지혜와 우치가 모두 반야요, 보살과 외도가 성취한 법이 모두 보리며…… 일체의 번뇌가 필경 해탈이다(一切障礙 卽究竟覺 得念失念 無非解脫 成法破法 皆名涅槃 智慧愚癡 通爲般若 菩薩外道 所成就法 同是菩提…… 一切煩惱 畢竟解脫)"라고 하신 말씀도 '생사와 열반이 서로 공화함'을 이해하는 데 도움이 될 것이다.

그리고 삼계의 중생 경계에서도 생사고生死苦의 망식이 없었던들 어찌 열반락涅槃樂의 망식인들 있을 것인가를 돌이켜보면 생사와 열반이 망식 경계에서도 구분되지 않고 하나로 뒤엉켜 있는지라 생사와 열반이 서로 공화한다고 할 수 있다.

「법성게」의 위 구절(生死涅槃相共和)은 법계에서 보나 삼계에서 보나 같은 기조로 풀이 가능함을 알 수 있다.

'고친 법성게' 제8구(生死涅槃相共和)를 "생사와 열반은 (모두 중생의 망심의 소산인지라 환상幻想일 뿐 다르지 않아) 서로 공화共和하는

구나"로 번역·풀이하고자 한다.

5. 근본성품의 드러남(諸法)의 상호관계

1) 법계 공간의 특성 ①[153]

一中一切多中一일중일체다중일 (9)
一卽一切多卽一일즉일체다즉일 (10)

(참다운 존재의 근본성품(眞性)이 인연 따라 모든 참다운 존재(諸法)
를 이루(드러내)나니, 모든 참다운 존재가 설령 많고 많다 할지라도
근본성품 하나에서 비롯되니) 하나(眞性) 가운데 모두(諸法)가 있고
(一中一切), 모두(諸法) 가운데 오직 하나(眞性) 있어(多中一) 하나가
곧 모두(一卽一切)요, 모두가 곧 하나(多卽一)라네.

참다운 존재의 근본성품(眞性)이 인연 따라 모든 참다운 존재(諸法·
法界)를 나투나니 근본성품(性)과 근본성품이 인연 따라 드러냄(用)
과 그 드러남(體·相)이 혼연일체가 되고 주객主客과 능소能所를 여의
어 '있다거나 없다거나 할 수 없는', '없지 않으나 있다고도 할 수
없는' 절대 독존獨存의 독생獨生인지라, 법계法界를 '하나라고도 할
수 없는 하나'라고 할 수밖에 없음을 앞서 살펴보았다.

---

153 의상은 '約陀羅尼理用以辨攝法分齊'로, 유문은 '處無碍'로 해석함.

만약 '있다'거나 '없다'고 한다면 이를 아는 놈(主·能)이 있고 그
대상(客·所)을 세움이 되며, '있음이나 없음'이 있고 이를 앎이 있는
등 주객·능소를 여읜 법계를 억지로 주객·능소·주처 등으로 나눔이
되어 법계의 실상에서 멀어지기 때문이다.

같은 맥락에서 모든 참다운 존재가 어느 하나도 근본성품을 떠나
있지(여의지) 않기에, 즉 모든 참다운 존재가 근본성품과 어우러져
있어 하나라거나 모두라 함도 온당한 표현은 아니다. 그러나 삼계의
중생을 일깨우고자 삼계의 언설言說로 굳이 말하자니 「법성게」는
"참다운 존재의 근본성품(眞性)이 인연 따라 모든 참다운 존재(諸法)
를 이루(드러내)나니, 모든 참다운 존재가 설령 많고 많다 할지라도
모두 근본성품(眞性) 하나에서 비롯되는 것이니, '하나(眞性)' 가운데
모두(諸法)가 있고(一中一切), 모두(諸法) 가운데 오직 '하나(眞性)'
있어(多中一), 하나가 곧 모두(一卽一切)요, 모두가 곧 하나(多卽一)"
라고 한 것이다.

위와 같은 해설은 『화엄경, 십회향품』에서 "법의 모양과 법의 나는
것이 법의 성품(法性: 眞性)을 어기지 않음(法性不違相…… 法性不違
生)"을 일깨우신 말씀과 "모든 존재의 참 성품을 분명히 알면 모든
존재의 성품에 분별이 없다(了達諸法眞實性 而於法性無分別)"라고 일
깨우신 말씀, 그리고 "진여의 체성(眞性)은 광대하고…… 그지없
어…… 일체 법에 두루하여…… 진여가 있지 않은 데가 없고……
진여가 모든 법과 서로 응하듯…… 모든 법에 두루하고…… 진여가
모든 법에서 성품이 항상 평등하여…… 모든 법을 여의지 않고……

진여가 모든 몸에 두루하고…… 진여가 모든 중생에게 두루 있음(眞如
體性廣大…… 無邊…… 徧一切法…… 眞如無所不在…… 眞如與一切法而
其相應…… 眞如徧一切法…… 眞如一切法中性常平等…… 不離諸法……
眞如徧一切身…… 眞如徧住一切諸衆生)"을 일깨우신 말씀, 그리고 "법
계가 한량없고…… 가이없고…… 제한이 없고…… 끝이 없고……
단절함이 없어…… 법계는 한 성품임(法界無量…… 無邊…… 無限……
無際…… 無斷…… 法界一性)"을 일깨우신 말씀에 근거한 설명이다.
위 『화엄경』 말씀을 종합하여 살펴보면 위 본문 설명 내용을 쉬이
이해할 수 있을 것이다.

그리고 『화엄경, 십회향품』에서 "법계는 한 성품(法界一性)"임을
일깨우신 말씀을 유념하면서, 『화엄경, 보현행품』에서 "한량없고
그지없는 모든 세계도 알고 보면 한 세계이고(無量無邊刹 了知卽一
刹)…… 크고 넓은 온갖 여러 세계들 한량없고 끝 간 데도 없지만
여러 가지 세계가 한 세계이고, 한 세계가 여러 세계인 줄 아네(廣博諸
世界 無量無有邊 知種種是一 知一是種種)"라고 일깨우신 말씀과 「법성
게」의 위 게송(一中一切多中一 一卽一切多卽一)을 연계하여 그 뜻을
새겨보면 이해에 도움이 될 것이다.

그리고 『능엄경』에서 "나의 묘명妙明은 생멸하지 않는 것으로서
여래장如來藏과 합해있는 것이어서 이 여래장이 오직 묘각의 광명(妙
覺明)으로 법계를 뚜렷하게 비춘다. 그러므로 이 가운데서 하나(一)가
무량無量이 되고 무량이 하나가 되며, 작은 것 가운데에 큰 것을
나타내고 큰 것 가운데 작은 것을 나타내며…… 번뇌를 없애고 깨달음
(覺)을 이루(合)므로 진여 묘각의 밝은 성품(妙覺明性)을 발하는 것이

다(我以妙明不滅不生合如來藏 而如來藏唯妙覺明 圓照法界 是故於中 一
爲無量 無量爲一 小中現大 大中現小…… 滅塵合覺 故發眞如妙覺明性)"라
고 하신 말씀의 요지는 깨친(滅塵合覺) 경지에서 본 법계法界의 한
단면을 일깨우고 있다 할 것이다. 위『능엄경』말씀 중 '여래장'·'묘각
명'·'진여'·'묘각명성' 등을 「법성게」의 진성眞性과 그 드러냄 내지
드러남으로 파악하고, 「법성게」의 위 게송(一中一切多中一 一卽一切
多卽一)과 그 해설을 연계하여 살펴보면『능엄경』말씀과 「법성게」의
위 게송에 대한 해설을 쉬이 이해할 수 있을 것이다.

　하나(一)라거나 모두(多)는 서로 상대되는 삼계 중생의 언설言說일
뿐 주객과 능소가 없는 법계에는 하나와 모두가 상대되거나 대립됨이
없는지라, 위 게송은 삼계 중생을 일깨우기 위하여 짐짓 세운 삼계의
언설임을 유념해야 한다.
　법계의 모든 존재(諸法)와 그 근본성품(眞性)은 원융한지라 융화되
어 구별할 수 없어 절대 무차별인 법계의 실상實相을 편의상 일진법계
一眞法界라 한다. 그러나 여기서 하나(一)는 둘에 상대되는 하나가
아니라 '하나라고도 할 수 없는 절대독존의 독생인 하나', 즉 절대
무차별을 일깨우기 위한 언설이다. 따라서 법계에는 '하나'라거나
'모두'라는 말 자체가 있을 수 없다.
　그러나 망심 업식에 치달리는 삼계 중생에게는 주객과 능소가
명확한지라, '하나'와 '모두'가 확연해서 '하나'와 '모두'는 별개이다.
그러나 주객과 능소를 여읜 법계의 특성을 일깨우고자 「법성게」는
"하나(眞性) 가운데 모두(諸法) 있고 모두 가운데 오직 하나 있어(一中

一切多中一), 하나가 곧 모두요 모두가 곧 하나(一卽一切多卽一)"라는 일깨움을 펼친 것임에 유념해야 한다. 이 일깨움도 중생들로 하여금 망심 업식의 얽매임에서 벗어나게 하려고 짐짓 내세운 말씀임을 간파해야 한다.

중생의 경계와 확연히 다른 법계의 실상을 일깨움으로써 삼계 중생으로 하여금 법계로 관심을 이끌어 망심 업식을 내려놓게 하려는 말씀들로 「법성게」는 짜여 있다. 「법성게」 전체가 지향하는 바가 이와 같음을 유념하면 중생 경계에서도 「법성게」를 이해하기 한결 용이할 것이다.

그리고 『원각경, 보안보살장』에서 "각성覺性이 두루 가득하여 두렷이 변제邊際가 없음(覺性遍滿 圓無邊際)"을 일깨운 말씀 중 '각성'을 '근본성품(眞性)'으로, '변제가 없음'을 하나라고도 할 수 없는 하나인 '중중무진한 중첩된 인연'으로 연계 파악하면 위 설명과 『원각경』 말씀을 이해하는 데 도움이 될 것이다. 하나의 존재가 인연과 쓰임새를 따라 많고 많은 이름(一法千名)으로 불리듯 '근본성품'도 인연과 쓰임새에 따라 많고 많은 이름으로 지칭됨을 유념하면 부처님 말씀을 두루 이해하는 데 큰 도움이 될 것이다.

진성眞性이 인연 따라 어떤 존재(法)를 나투면 그 존재가 새로운 인연이 되어 또 하나의 새로운 존재를 나투게 되고, 또 이들 존재가 새로운 인연이 되어 복합적으로 새로운 존재들을 나투게 된다. 그래서 법계를 진성眞性과 중중무진重重無盡한 중첩된 인연의 연속적 복합적 총체적 어우러짐으로 볼 수 있다. 이 실상을 설명하기 위해 '하나가

곧 모두, 모두가 곧 하나(一卽一切多卽一)'라고 「법성게」는 노래하고 있다고도 할 수 있다.[154]

법계의 모든 존재(諸法)는 진성眞性이 인연 따라 드러낸(用) 드러남(諸法: 體·相)이어서 이들 모든 존재는 상호 진성과 연속적 중첩적 인연으로 서로 결속된 거대한 '하나라고도 할 수 없는 하나'이다. 그런데 이를 ①진성眞性에 착안하면 법계의 모든 존재(諸法: 體·相)는 진성으로 해서 모두(多) 서로 하나(一)로 귀일(多卽一)하므로 이 다즉일多卽一을 상즉相卽이라 하고, ②인연에 착안하면 법계의 모든 존재(諸法: 體·相)는 서로 인연이 달라서 서로 서로 다르고(異), 다른 만큼 많다(多)고 생각할 수 있겠다. 그러나 사실은 이들의 모든 인연이 불가분으로 서로 서로 이어져 있으므로 '하나 가운데 모두 있고, 모두 가운데 오직 하나 있어(一中一切多中一)' 이를 일러 상입相入이라고 할 수 있다.

『화엄경, 입법계품』에 "법의 성품이 남도 없고 일어남도 없음을 알아 크고 작은 것이 자유자재하여 서로 들어가게 함(知諸法性 無生無起 能令小大自在相入)"을 일깨우신 말씀에서 상입相入의 배경 내지 까닭을 파악할 수 있다. 특히 위 말씀 중 '존재의 근본성품이 남도 없고 일어남도 없다'고 한 뜻은 법계는 진성이 인연 따라 드러냄과 드러남이 혼연 합일되어 '하나라고도 할 수 없는 하나'로 존재하기 때문이다. 앞서 '법계는 없지 않으나 있다고도 할 수 없는 까닭'을

---

154 승찬 대사의 『신심명信心銘』에 "일즉일체一卽一切 일체즉일一切卽一"이라 함도 '진여법계의 모든 존재는 불성佛性을 공유하여 연결된 한 몸'임을 뜻한다고 한 설명(보각, 앞의 책, p.32) 참조. 여기서 불성은 「법성게」의 진성眞性에 상응함.

설명한 논리를 참고하면 위 설명을 쉬이 이해할 수 있을 것이다.

『원각경, 보안보살장』에서 "저 묘한 깨달음성(妙覺性)이 두루 가득하므로 육근六根의 성(根性)과 육진六塵의 성(塵性)이 무너지거나 뒤섞임이 없음이…… 마치 백천 등燈의 빛이 한 방房에서 비칠 적에 그 빛이 두루 가득하되 무너지거나 뒤섞임이 없는 것과 같다(由彼妙覺性徧滿故 根性塵性 無壞無雜…… 如百千燈 光照一室 其光徧滿 無壞無雜)"라고 일깨우신 말씀을 '함허 득통'은 "일一과 다多가 서로 섭攝하여 사사무애事事無碍함을 밝힘이니, 이른바 '일미진중에 시방을 함含하고 일체의 진중塵中에도 또한 이와 같다'는 것이 이것이다"라고 한 해설155을 참고하면 이해에 도움이 될 것이다. 필자는 이 상즉상입相卽相入을 사사무애事事無碍로 이해하고 있다.

그리고 법계의 모든 존재(諸法)는 진성眞性이 인연 따라 이룸(隨緣成)에 있어 드러냄(用: 理)과 드러남(體·相: 事)이 혼연 합일을 이루어 성性과 용(用: 理)과 체體와 상相이 서로 원융하여 구별할 수 없다. 이를 유념하면 '이사명연理事冥然한지라 이사무애理事無碍'라 할 수 있음도 쉬이 이해하리라 본다.156

위에서 살펴 본 바에 의거하여 '고친 법성게' 제9구와 제10구를 "(참다운 존재의 근본성품[眞性]이 인연 따라 모든 참다운 존재를

155 황정원, 『원각경 이가해』, p.101.

156 『원각경, 보안보살장』의 위 말씀을 '一中一切多中一'과 '一卽一切多卽一'의 타당 근거로 제시하고, 이 말씀을 또한 '사사무애'와 '이사무애'의 근거로 해설한 '함허 득통'의 『원각경해』와 '감산 덕청'의 『원각경직해』도 참조(황정원, 『원각경 이가해』, pp.100~101).

이루[드러내]나니, 모든 참다운 존재가 설령 많고 많다 할지라도 근본성품 하나에서 비롯되니) 하나(眞性) 가운데 모두(諸法)가 있고 (一中一切), 모두(諸法) 가운데 오직 하나(眞性) 있어 (多中一) 하나가 곧 모두(一卽一切)요, 모두가 곧 하나(多卽一)라네"로 번역·풀이하고자 한다.

2) 법계 공간의 특성 ②[157]

一微塵中含十方 일미진중함시방 (11)
一切塵中亦如是 일체진중역여시 (12)

(작고 작은 티끌 하나도 근본성품을 떠나 있지 않은지라, 시방 법계를 아우르는 이 근본성품으로 해서 크고 큰 시방 법계와 작고 작은 티끌이 다르지 않아) 한 티끌 가운데 시방 법계를 아우르고, 티끌 티끌마다 그대로 시방 법계로구나.

경經에 이르시길

① "한량없고 그지없는 국토의 중생들을 부처님이 한 털구멍에 들어가게 하시고 여래가 저 모임에 편히 앉으시니(無量無邊國土衆 佛能令入一毛孔 如來安坐彼會中)."[158]

② "그 낱낱 티끌 속에 모두 열 부처님 세계 미진수의 광대한 세계가

---

157 의상은 '卽事顯攝法分齊'로, 유문은 '處無碍'로 해석함.

158 『화엄경, 세주묘엄찬품』

있고, 낱낱 세계 속에 모두 삼세의 모든 부처님이 계시는데(彼——塵中
皆有十佛世界微塵數諸廣大刹——刹中 皆有三世諸佛世尊)", "여래의 낱
낱 털구멍 가운데 일체 티끌 수 세계의 모든 부처님이 앉으시니
보살 대중들이 모여 에워싸고(如來——毛孔中 一切刹塵諸佛坐 菩薩衆
會其圍繞)."[159]

③"법계에 있는 국토의 낱낱 티끌에 모든 큰 세계가 그 속에 머무나
니(法界國土——塵 諸大刹海住其中)", "낱낱 세계바다 가운데 온갖 세
계바다가 한 티끌 속에 널리 들어가는 것이 차별이 없으며, 낱낱
세계바다 가운데 낱낱의 작은 티끌에 일체 삼세 모든 부처님의 광대한
경계가 그 속에 다 나타남이 차별이 없느니라(——世界海中 一切世界海
普入一塵無差別 ——世界海中 ——微塵 一切三世諸佛世尊 廣大境界 皆於
中現無差別)", "낱낱의 작은 티끌 속에 많은 세계바다가 처소를 각각
다르게 다 엄정했는데 이와 같이 한량없는 것이 하나 속에 들어가지만
낱낱이 구분되어 섞임이 없네(——微塵中多刹海 處所各別悉嚴淨 如是
無量入一中 ——區分無雜越).[160]

④"한 티끌에서 그런 것처럼 일체의 티끌마다 모두 그러해 온갖
세계가 그 가운데 다 들어감(如於一微塵 一切塵亦然 世界悉入中)."[161]

⑤"말할 수 없는 세계를 한 티끌 속에 두는 걸림 없는 작용과 한
티끌 속에 법계와 같은 모든 부처님 세계를 나타내는 걸림 없는 작용(不
可說世界置一塵中無碍用 於一塵中現等法界一切佛刹無碍用)."[162]

---

159 『화엄경, 여래현상품』
160 『화엄경, 세계성취품』
161 『화엄경, 보현행품』

⑥ "낱낱 티끌 속에 각각 모든 부처님세계의 티끌 수 같은 부처님 국토들이 있고(一一微塵中 各有一切佛刹 微塵數諸佛國土)", "낱낱 티끌 속에…… 말할 수 없이 말할 수 없는 부처님 세계의 티끌 수 부처님 국토가 있으며(一一塵中 有…… 不可說不可說 佛刹微塵數佛國土)", "한 티끌 속에 모든 세간의 경계를 나타냄(於一塵中 普現一切世間境界)"과 "낱낱 티끌 속에 있는 모든 세계(一一塵中 一切世界)"와 "한 작은 티끌 속에 항하수 모래의 불국토가 있음(一微塵內 具有恒沙佛國土)."[163]

⑦ "이 큰 경책의 분량이 비록 대천세계와 같지만 전체가 한 작은 티끌 속에 있으며, 한 작은 티끌 속과 같이 모든 작은 티끌도 역시 그러하니라(此大經卷 雖復量等大千世界 而全住在一微塵中 如一微塵 皆亦如是)"[164]라고 하신 말씀 등을 「법성게」는 적확하게 축약하여 "한 티끌 속에 시방세계를 아우르고, 모든 티끌마다 또한 그러하네(一微塵 中含十方 一切塵中亦如是)"라고 노래하고 있다.

위에 열거한 경經의 말씀과 이를 축약한 「법성게」의 위 구절은 "작고 작은 티끌 하나도 근본성품(眞性)을 떠나 있지 않는지라, 시방 법계를 아우르는 이 근본성품으로 해서 크고 큰 시방 법계와 작고 작은 티끌이 다르지 않아, 한 티끌 가운데 있는 근본성품이 그대로 시방 법계를 아우르고 티끌 티끌마다 그대로 시방 법계임"을 일깨워 삼계 중생의 분별 망상을 깨트리는 데 그 본뜻이 있다.

---

162 『화엄경, 이세간품』
163 『화엄경, 입법계품』
164 『화엄경, 여래출현품』

위 『화엄경』의 말씀과 「법성게」의 위 두 구의 내용은 "법의 성품이 남도 없고 일어남도 없음을 알아 크고 작은 것이 자유자재하여 서로 들어가게 함(知諸法性 無生無起 能令小大自在相入)"을 일깨우신 『화엄경, 입법계품』 말씀과 연계하여 살펴보면 이해에 도움이 될 것이다.

삼계의 중생은 '나(假我: 四大五蘊體)'를 실다운 존재로 착각하여 이 나에 집착하고, 이 '나'를 내세움으로써 나와 대별되는 일체 허망한 존재의 크고 작음(大小), 길고 짧음(長短), 많고 적음(多少), 곱고 추함…… 등등 온갖 분별과 망상의 덫에 온전히 갇혀 있다. 이 분별 망상으로는 '하나라고도 할 수 없는 하나'인 법계의 실상을 일깨운 위 경전의 말씀이나 「법성게」의 각 구절의 내용을 이해할 수 없다. 「법성게」의 이 구절도 '깨쳐 증득한 지혜로만이 알 수 있는 경계(證智所知非餘境)'인 법계의 실상을 펼쳐 보인 것임을 간파해야 한다.

'하나라고도 할 수 없는 하나, 절대 독존의 독생'인 법계는 법계마저도 내세우지 않는데 하물며 크고 작음, 길고 짧음, 많고 적음 등등 분별 대립이 치성한 삼계의 망상 경계인 티끌이나 시방세계를 따로 설정할 리가 없다. 이 점을 유념하여 위 경전의 말씀과 「법성게」의 이 구절을 다시 연계하여 살펴보면 흥미로울 것이다.

그리고 「법성게」의 위 두 구는 앞서 "하나 가운데 모두가 있고(一中一切), 모두 가운데 오직 하나 있어(多中一), 하나가 곧 모두(一卽一切)요, 모두가 곧 하나(多卽一)라네"라고 일깨운 구절('고친 법성게' 제9구, 제10구)과 연계하여 상입상즉相入相卽과 사사무애事事無碍를 함께 다시 살펴보면 더욱 흥미로울 것이다.[165]

'고친 법성게' 제11구와 제12구(一微塵中含十方 一切塵中亦如是)를

"작고 작은 티끌 하나도 근본성품을 떠나 있지 않은지라, 시방 법계를 아우르는 이 근본성품으로 해서 크고 큰 시방 법계와 작고 작은 티끌이 다르지 않아 한 티끌 가운데 시방 법계를 아우르고, 티끌 티끌마다 그대로 시방 법계로구나"로 번역·풀이하고자 한다.

3) 법계 시간의 특성[166]

無量遠劫卽一念무량원겁즉일념 (13)
一念卽是無量劫일념즉시무량겁 (14)

"(법계의 모든 참다운 존재는 기멸起滅·동정動靜이 없어 법계에는 동정·기멸에 상응하는 시간도 없는지라) 무량한 오래고 오랜 세월(劫)도 한 찰나요 한 찰나가 곧 무량한 오래고 오랜 세월이라네 / (한량없는 오래고 오랜 세월[劫]도 근본성품 하나에서 비롯되니) 한량없는 오래고 오랜 세월도 근본성품의 본연작용의 하나(一念)이고 ('하나라고도 할 수 없는 하나'인) 근본성품의 본연작용마다(一念) 곧 한량없는 오래고 오랜 세월이라네."

주객主客과 능소能所의 분별에 얽매인 삼계의 중생衆生은 바깥 경계

---

165 함허 득통의 『원각경 해』에서 "일一과 다多가 서로 섭攝하여 '사사무애'함을 밝힘이니, 이른바 '일미진중에 시방을 함含하고 일체의 진중에도 또한 이와 같다'는 것이 이것이다"는 해설도 참조(황정원, 『원각경 이가해』, p.101).
166 의상은 '約世時 示攝法分齊'로, 유문은 '時無碍'로 해석함.

가 생성 변멸하는 과정을 통해 시간을 감지한다. 특히 현대인은 지구가 태양 주위를 한 바퀴 도는 시간을 1년으로, 지구가 한 번 자전하는 시간을 하루로, 하루를 24등분하여 1시간으로, 1시간을 60등분하여 1분으로 정하는 등 '기계적 시간'에 익숙해져 있다.

그런가 하면 망심 업식으로 감지하는 시간 중에는 예컨대 '한순간을 삼 년처럼 길게 느끼거나(一刻如三秋)'[167], '신선놀음에 도끼 자루 썩는 줄 모를 정도로 세월(시간)을 잊고 지내는'[168] 이른바 망념忘念의 시간도 흥미롭다. 이게 실은 법계法界의 시간인 셈이다. 무심(無心: 無妄心)하면 본인도 모르게 법계法界의 법신法身 놀이를 함을 알 수 있다. 이로 미루어 일체 중생이 모두 불성을 지니고 있어(一切衆生悉有佛性) 일체 중생이 본래 부처(本來佛)임도 알 수 있을 것이다.

그런가 하면 앞서 설명했듯이 근본성품과 근본성품이 인연 따라 드러냄과 그 드러남이 혼연 합일을 이루어 '하나라고도 할 수 없는 하나'인 '법계'는 드러냄(用)과 드러남(體·相)을 따로이 내세워 '움직인다'거나 '생긴다거나 없어진다'고 할 수 없어, 법계의 모든 참다운 존재는 움직이지도 않고 본래 그대로 고요(諸法不動本來寂)하므로 법계에는 따로 내세울 생성 변멸 자체가 없고, 생성 변멸이 없어 생성 변멸에 상응하여 감지 가능한 시간도 없다 할 것이다.

그리고 근본성품(眞性)이 인연 따라 모든 참다운 존재(諸法)를

---

167 三秋: ①가을 석 달 ②세 해의 가을, 즉 삼 년 ③긴 세월.
168 『법화경, 종지용출품』에서 "여러 사부대중들도 또한 잠자코 앉아 50소겁을 지났지만…… 모든 대중들은 한나절과 같이 여겼다(及諸四衆 亦皆默然 五十小劫…… 令諸大衆 謂如半日)"고 일깨우신 말씀 참조.

나투(드러내)나(成) '근본성품과 참다운 존재는 원융'하여 구별이 없는지라, 참다운 존재가 곧 근본성품이고, 근본성품이 곧 참다운 존재여서 법계에는 주객主客과 능소能所가 없다. 주객·능소가 없는지라 비록 근본성품이 참다운 존재를 나툰다 하더라도 일찍이 나툼이 있다 할 수 없고, 나툼이 있지 않거늘 어찌 머묾(住)과 거두어들임(變滅)인들 있다 하겠는가!

그런즉 법계에는 동정動靜과 생성 변멸 자체가 없고, 생성 변멸이 없어 생성 변멸에 상응하여 감지 가능한 시간도 없다 할 것이다.

뉴턴의 관점에서는 '시간도 공간도 물질도 모두 독립된 별개의 존재'이다. 그러나 아인슈타인은 '물질과 시간과 공간이 서로 붙어 있는 것'으로 파악한다.[169] 아인슈타인의 견해를 삼계와 법계의 특성과 연계해서 살펴보면 오늘날의 과학계가 법계의 특성을 파악하고 있는 듯한 느낌도 준다.

그러나 법계에는 능소能所·동정動靜·기멸起滅 등 일체를 여의어 '물질과 시간과 공간이 있다'고도 할 수 없는데 '물질과 시간과 공간이 있다'거나 '물질과 시간과 공간이 서로 붙어 있다'고 본 최근의 과학계의 동향은 법계의 실상을 제대로 파악한 경지까지는 아직 이르지 못한 것 같다. 과학계는 관찰자(能)와 관찰의 대상(所)을 함께 놓아야 법계 소식을 제대로 파악할 수 있을 것 같다.

그리고 '시간이 존재보다 먼저 시작되었다'고 본 과학계의 설명[170]은 '근본성품이 인연 따라 참다운 존재를 나툼'을 능소에 얽매인 삼계의

169 김재희 엮음, 『신과학 산책』(김영사, 1994), p.155.
170 김재희 엮음, 앞의 책, p.158.

관점에서 보면 온당해 보인다. 그러나 능소가 없는 법계의 관점에서
보면 온당한 설명은 아니다.

법계의 모든 참다운 존재는 능소가 없고 움직임도 없어 고요하여
일체를 여의었는지라(諸法不動本來寂…… 絶一切), 생성 변멸 자체가
없어 이에 상응한 시간도 없다. 이 소식을 삼계의 중생에게 일깨우기
위해서는 중생의 망심 업식에 의한 분별심에 상응한 삼계의 언설言說
로 설명할 수밖에 없다. 이에 「법성게」는 "무량한 오래고 오랜 세월
(劫)도 한 찰나刹那요(無量遠劫卽一念), 한 찰나가 곧 무량한 오래고
오랜 세월(一念卽是無量劫)"이라고 노래한다.

「법성게」의 위 구절은 경經에서 ①"말로 할 수 없는 모든 겁劫들도
곧 눈 깜짝할 동안 일이니(不可說諸劫 卽是須臾頃)"[171]라고 일깨우신
말씀과 ②"말할 수 없는 오랜 세월이 한 찰나와 평등하고 한 찰나가
말할 수 없는 오랜 세월과 평등하다(不可說劫與一念平等 一念與不可說
劫平等)"[172]라고 일깨우신 말씀, 그리고 ③"모든 겁劫이…… 곧 한
찰나(一切劫…… 卽一念)"[173]라고 일깨우신 말씀과 상응한다.

경經의 말씀과 「법성게」의 위 구절은 시간상 극대와 극소를 대별하
여 시간의 장단長短에 집착하는 삼계 중생의 망심을 뒤흔들어 법계의
시간을 제대로 이해시키는 데는 도움이 될 수 있다. 그리고 『화엄경,

---

171 『화엄경, 보현행품』
172 『화엄경, 초발심공덕품』
173 『화엄경, 십회향품』

이세간품』에서 "잠자는 사람이 꿈속에서 온갖 일을 지어내면서 비록 억천 년을 지낸다고 해도 하룻밤도 다하지 못하네(如人睡夢中 造作種種事 雖經億千歲 一夜未終盡)"라고 일깨우신 말씀은 우리네 삼계 중생이 자신의 경험에 비추어 「법성게」의 위 구절(無量遠劫卽一念 一念卽是無量劫)을 이해하는 데 도움이 될 것이다.

'일념一念의 사전적 의의[174]는 ①아주 짧은 시간을 나타내는 단위로서 '찰나', '순간' 등, ②한 번 생각하는 것, ③딴 생각하지 않는 것, ④일념은 짧은 것도 아니고 긴 것도 아니어서 일념 가운데는 무량겁無量劫과 일념一念이 하나여서 '일념一念이 곧 무량겁'인 일념, ⑤마음속에 여러 가지가 다 부족함이 없이 모두 갖추어져 있다 하여 그 마음을 일념이라 함(天台宗) 등등 매우 다의적이어서 다양하게 사용되고 있다.

「법성게」의 위 구절(無量遠劫卽一念 一念卽是無量劫)과 이 구절을 설명하기 위하여 그 타당한 근거로 인용한 『화엄경』 말씀 중의 일념一念은 아주 짧은 시간을 나타내는 단위로서의 일념이다. 그리고 「법성게」의 위 구절 중 일념一念을 짧은 시간을 나타내는 단위로 파악한 것은 위 구절의 바로 다음 구절(九世十世互相卽)과 내용상 연계에 착안한 측면도 있다.

그러나 『화엄경, 세계성취품』에서 "처음 한 생각이 마침내 겁(劫)을

---

174 『불교학대사전』(홍법원, p.1307)의 '일념一念', 그리고 '일념만년一念萬年' 등 참조.

이룸이 다 중생의 마음 작용의 나툼(始從一念終成劫 悉依衆生心想生)"
이라고 일깨우신 말씀 중 '일념一念'은 중생의 망념이 꼬리에 꼬리를
물고 염염상속念念相續함을 유념하면 시간의 단위를 나타내기보다는
'한 번 생각하는 것' 내지 "일념은 짧은 것도 아니고 긴 것도 아니어서
일념 가운데는 무량겁無量劫과 일념一念이 하나여서 '일념一念이 곧
무량겁'인 일념"[175]으로 풀이함이 온당해 보인다.

　삼계의 '시간과 공간'이 실상은 주객과 능소에 얽매인 삼계 중생의
망심이 지어냄이어서(一切唯心造) 삼라만상과 그 생성 변멸로 감지하
는 시간 또한 모두 마음(妄心)의 작용임을 돌이켜 보게 한다. 그리고
근본성품과 참다운 존재가 원융하여 능소가 없는 법계에는 근본성품
이건, 참다운 존재건, 시간이건 내세울 수 없으나 망심 업식의 분별에
얽매인 중생을 일깨우기 위해서는 '근본성품'과 '참다운 존재'와 '시간'
을 내세워야 함을 유념하여 「법성게」의 위 구절을 달리 풀이할 수도
있을 것 같다.

　이를테면 모든 참다운 존재가 인연 따라 성주괴공成住壞空과 생주이
멸生住異滅을 나투는 한량없는 오랜 세월인들 참다운 존재와 근본성품
이 원융하니 어찌 근본성품과 다르랴! 모든 참다운 존재와 그 변멸하
는 모습에 자리한 시간, 그리고 이들의 바탕인 근본성품이 '하나라고
도 할 수 없는 하나'로 어우러진 이 이치(時無碍)를 어떻게 설명함이
온당할 것인가!

　「법성게」는 "한량없는 오래고 오랜 세월도 근본성품 하나에서 비롯

---

[175] 일념의 사전적 의의 중 하나.

되니 한량없는 오래고 오랜 세월도 근본성품의 본연작용의 하나(一念)이고 '하나라고도 할 수 없는 하나'인 근본성품의 본연작용마다(一念) 곧 한량없는 오랜 세월이라네(無量遠劫卽一念 一念卽是無量劫)"라고 번역·풀이할 수도 있다. 이와 같은 풀이는 '일념一念'의 '념念'을 근본성품(眞性)의 본연작용(用)'으로 본 설명이다.

『화엄경』의 말씀 중 '일념一念'은 '한 생각'을 뜻하는지 '한 순간, 한 찰나'를 뜻하는지 아니면 '근본성품의 본연작용의 하나'를 뜻하는지 아리송한 경우가 적지 않다. 전후 관계를 잘 헤아려 반듯하게 풀이해야 뜻이 온전히 드러날 것이다.

흥미로운 것은, 앞서 살펴본 "처음 한 생각이 마침내 겁劫을 이룸이 다 중생의 마음 작용의 나툼(始從一念終成劫 悉依衆生心想生)"이라고 일깨우신 『화엄경, 세계성취품』의 말씀과 이 말씀과 연계하여 설명한 논리로 접근하면 일념一念을 '한 생각'으로 풀이하건, '한 순간, 한 찰나'로 풀이하건, '근본성품의 본연작용의 하나'로 풀이하건 뜻이 통한다는 사실이다.[176]

---

176 참고로 『화엄경』 말씀 중 몇 구절을 한문 그대로 열거하니 그 뜻을 새겨 보시기 바람.
① 一念中 見三世一切劫 ---以不可說劫爲一念 以一念爲不可說劫(십회향품).
② 能於一念 現無數劫 於一念中‥‥‥ 能入 不可說不可說劫—入不可說不可說佛刹微塵數劫‥‥‥ 一念入億劫起 億劫入一念起(십정품).
③ 入一切劫卽一念‥‥‥ 現在世說卽一念/ 深入無數劫 皆悉到彼岸 無量劫一念 一念無量劫 一切劫非劫 爲世示現劫/ 能於一念中 普現三世心(이세간품).
④ 一念中 不可說不可說 佛刹微塵數時 皆悉現前‥‥‥ 於一念中 入不可說不可說 一切諸劫(입법계품).

법계의 시간을 일깨우는 '고친 법성게' 제13구와 제14구를 "(법계의 모든 참다운 존재는 기멸起滅·동정動靜이 없어 법계에는 동정·기멸에 상응하는 시간도 없는지라) 무량한 오래고 오랜 세월(劫)도 한 찰나요(無量遠劫卽一念), 한 찰나가 곧 무량한 오래고 오랜 세월이라네(一念卽是無量劫). / (한량없는 오래고 오랜 세월〔劫〕도 근본성품 하나에서 비롯되니) 한량없는 오래고 오랜 세월도 근본성품의 본연작용의 하나(一念)이고, ('하나라고도 할 수 없는 하나'인) 근본성품의 본연작용 마다(一念) 곧 한량없는 오래고 오랜 세월이라네(無量遠劫卽一念 一念卽是無量劫)"라고 번역·풀이하고자 한다.

이어서 법계의 시간과 시간, 시간과 공간, 공간과 공간의 상호관계를 노래한 다음 두 구를 살펴보자.

4) 법계에서 시간과 공간의 어우러짐(時空無碍)[177]

九世十世互相卽구세십세호상즉 (15)
仍不雜亂隔別成잉불잡난격별성 (16)

"(구세와 십세가 서로 어우러짐도 근본성품의 본연작용이고, 또 근본성품의 발현인 법계의 모든 참다운 존재와 근본성품이 원융하여, 그리고 이들 모든 참다운 존재가 모두 근본성품과 서로 중중무진한 연緣을 이루어 '하나라고도 할 수 없는 하나'여서) 구세와 십세가

---

⑤ 我能深入於未來 盡一切劫爲一念 三世所有一切劫 爲一念際我皆入(보현행품).
177 의상은 '約世時 示攝法分齊'로, 유문은 '時無碍'로 해석함.

서로 어우러져도 (법계의 모든 참다운 존재는 서로) 장애됨이 없어 얽히거나 뒤섞이지 않고 제각각 따로따로 발현(成)한다네."

망심 업식으로 분별하는 업습에 얽매인 삼계의 중생은 삼계의 시간을 과거·현재·미래의 삼세三世로 구분하고, 이 삼세를 각각 삼세로 구분지어 구세九世로 나누고 이 구세가 상즉相卽하여 하나의 전체를 이루니 이것을 통틀어 십세十世라고 한다.[178]

그러나 법계法界의 모든 참다운 존재(諸法)는 근본성품 하나에서 비롯되는 만큼 구세와 십세는 서로 어우러짐(九世十世互相卽)에 있어 아무런 장애가 없다. 즉 근본성품(性)과 참다운 존재(法)가 원융(法性圓融)하여 '구세와 십세가 어우러져도 구별할 수 없는, '하나라고도 할 수 없는 하나'인 법계의 특성상 법계에는 과거·현재·미래가 따로 있을 수 없어 설령 구세와 십세를 억지로 내세운다 할지라도 서로 어우러져 구별할 수 없다 할 것이다.

경經에서 ①"과거가 미래와 어기지 않고, 미래가 과거와 어기지 않으며, 과거와 미래가 현재와 어기지 않고, 현재가 과거와 미래와 어기지 않으며(過去不違未來 未來不違過去 過去未來不違現在 現在不違過去未來)…… 진여는 과거도 처음이 아니고 미래도 끝이 아니고 현재도 다른 것이 아니듯이…… 진여가 삼세에 분별함이 없음(眞如過去非始 未來非末 現在非異…… 眞如於三世中無所分別)"[179]을 일깨우신

---

178 전종식, 앞의 글, p.227; 金子大榮 지음, 고명석 옮김,『불교교리개론』(불교시대사, 1993), p.179.
179『화엄경, 십회향품』

말씀과 ②"모든 부처님이 법계에 머무르고 과거·미래·현재에 머무르지 아니하나니, 진여와 같은 성품에는 과거·미래·현재의 세상의 모양이 없는 연고임(一切諸佛 住於法界 不住過去未來現在 如如性中 無去來今三世相故)"[180]을 일깨우신 말씀, 그리고 ③"과거 세상 가운데 미래가 있고, 미래 세상 가운데 현재가 있어 삼세가 서로서로 봄(어우러짐)(過去中未來 未來中現在 三世互相見)"[181]을 일깨우신 말씀에 비추어 보면 '구세와 십세가 어우러져(九世十世互相卽)' 구별할 수 없음을 쉬이 납득할 수 있을 것이다.

그리고 법계의 모든 참다운 존재(諸法)는 근본성품과 그 근본성품의 드러냄과 드러남이 혼연합일을 이루어 '하나라고도 할 수 없는 하나'이고, 또 이들 모든 참다운 존재는 모두 근본성품과 서로서로 중중무진重重無盡한 연緣을 이루어 '하나라고도 할 수 없는 하나'여서 설령 구세와 십세가 서로 어우러진다 해도 법계의 모든 참다운 존재는 서로 아무런 장애가 있을 수 없다.

그리고 망심에서 비롯된 삼계의 모든 존재는 환영幻影이고 이 환영의 생성 변멸을 망견妄見함에서 감지하는 시간도 허망할 수밖에 없는 삼계의 특성상 구세와 십세는 서로 어우러짐에 있어 아무런 장애가 있을 수 없다 할 것이다.

'구세와 십세가 서로 어우러짐(九世十世互相卽)'을 노래한 「법성게」의 이 구절은 앞서 "(법계의 모든 참다운 존재는 기멸起滅·동정動靜이 없어 법계에는 동정·기멸에 상응하는 시간도 없는지라) 무량한 오래

---

180 『화엄경, 불부사의법품』
181 『화엄경, 보현행품』

고 오랜 세월(劫)도 한 찰나요(無量遠劫卽一念) 한 찰나가 곧 무량한 오래고 오랜 세월이라네(一念卽是無量劫). / (한량없는 오래고 오랜 세월〔劫〕도 근본성품 하나에서 비롯되니) 한량없는 오래고 오랜 세월도 근본성품의 본연작용의 하나(一念)이고, ('하나라고도 할 수 없는 하나'인) 근본성품의 본연작용마다(一念) 곧 한량없는 오래고 오랜 세월임(無量遠劫卽一念 一念卽是無量劫)"을 노래한 '고친 법성게' 제13~14구와 상응한다. 구세와 십세가 서로 어우러져 구별할 수 없는 즉 '무량한 오래고 오랜 세월도 한 찰나요, 한 찰나가 무량한 오래고 오랜 세월'임을 일깨운다고 할 수 있다.

그런가 하면 '한량없는 오래고 오랜 세월이 한 찰나요, 한 찰나가 무량한 오래고 오랜 세월'임을 달리 표현하면 "구세와 십세가 서로 어우러짐도 근본성품의 작용이고, 또 근본성품의 발현인 법계의 모든 참다운 존재와 근본성품이 원융하여 '하나라고도 할 수 없는 하나'여서, 그리고 모든 참다운 존재는 모두 근본성품과 서로 중중무진한 연緣을 이루어 '하나라고도 할 수 없는 하나'여서 구세와 십세가 서로 어우러져도 법계의 모든 참다운 존재는 서로 장애됨이 없어 얽히거나 뒤섞이지 않고 제각각 따로 따로 발현한다" 할 것이다. 마치 짧은 시간 동안 수천 생을 꿈꾸는 꿈속에서 시시각각 온갖 삼라만상이 다 펼쳐져도 뒤섞이거나 얽히지 않듯이.

따라서 '무량원겁즉일념無量遠劫卽一念 일념즉시무량겁一念卽是無量劫'임을 설명하기 위해 앞서 인용한 『화엄경』 말씀은 '구세십세호상즉九世十世互相卽'을 설명하는 데도 그대로 인용할 수 있다 할 것이다.

그리고 경經에서

①"한량없고 그지없는 모든 세계도 알고 보면 모두가 한 세계(無量無邊刹 了知卽一刹)이고…… 한량없는 일체 모든 세계가 모두 한 세계에 들어가지만 세계들은 하나가 되지도 않고 그렇다고 얽히거나 뒤섞이지도 아니함(一切諸世界 悉入一刹中 世界不爲一 亦復無雜亂)"[182]을 일깨우신 말씀과

②"일체 법계에 나란히 벌여 있는 무량한 세계를 한 세계에 들어가게 하되…… 나란히 정돈되어 있는 모양을 무너뜨리지 않음(以一切法界所安立 無量世界入一世界…… 而亦不壞安立之相)"[183]을 일깨우신 말씀과

③"말로 할 수가 없는 여러 세계가 한 털 끝에 모여도 비좁지 않고…… 그 속에 모여 있는 모든 국토도 형상이 여전하여 얽히거나 섞이지 않음(此國土不可說 其集毛端無迫隘…… 於中所有諸國土 形相如本無雜亂)"[184]을 일깨우신 말씀, 그리고

④"현재의 시방세계를 보는 것처럼 과거와 미래의 모든 세계를 그렇게 보는데, 제각기 다른 것이 서로 섞이거나 어지럽지 아니함(如見現在十方世界 前際後際一切世界 亦如是見 各各差別不相雜亂)", "한 겁劫을 모든 겁에 넣고 모든 겁을 한 겁에 넣어도 그 형상을 깨뜨리지 않는…… 한 세계를 모든 세계에 넣고 모든 세계를 한 세계에 넣어도 그 형상을 깨뜨리지 않는…… 한 법法을 모든 법에 넣고 모든 법을 한 법에 넣어도 그 형상을 깨뜨리지 않음(是以一劫入一切劫 以一切劫入

---

182 『화엄경, 보현행품』

183 『화엄경, 십회향품』

184 『화엄경, 아승지품』

一劫 而不壞其相…… 是以一刹入一切刹 以一切刹入一刹 而不壞其相……
是以一法入一切法 以一切法入一法 而不壞其相)"[185]을 일깨우신 말씀과

⑤ "저 묘한 깨달음성(妙覺性)이 두루 가득하므로 육근六根의 성(根
性)과 육진六塵의 성(塵性)이 무너지거나 뒤섞임이 없음이…… 마치
백천 등燈의 빛이 한 방房에서 비칠 적에 그 빛이 두루 가득하되
무너지거나 뒤섞임이 없는 것과 같다(由彼妙覺 性徧滿故 根性塵性
無壞無雜…… 如百千燈 光照一室 其光徧滿 無壞無雜)"[186]라고 일깨우신
말씀을 축약하여 「법성게」는 "구세와 십세가 서로 어우러져도 법계의
모든 참다운 존재는 서로 장애됨이 없어 얽히거나 뒤섞이지 않고
제각각 따로따로 발현함(仍不雜亂隔別成)"을 노래한다.

단적으로 말해 경經의 말씀을 그대로 축약하여 "구세와 십세가
서로 어우러져도 얽히거나 뒤섞이지 않고 제각기 발현함(九世十世互
相卽 仍不雜亂隔別成)'을 노래한 「법성게」의 이 구절은 법계의 시간을
노래한 구절(無量遠劫卽一念 一念卽是無量劫)과 법계의 공간을 노래

---

[185] 『화엄경, 입법계품』, 그리고 참고로 『화엄경, 세주묘엄품』에서 "부처님의 위신력
은 한 찰나에 백천겁을 능히 나타내시고(一刹那中 百千劫 佛力能現)", "백천만겁
동안의 모든 불국토를 한 찰나에 나타내시며(百千萬劫諸佛土 一刹那中悉明現)"라
고 일깨우신 말씀과 『화엄경, 여래현상품』에서 "삼세의 일체 겁劫을 한 찰나에
다 나타내심(三世所有一切劫 一刹那中悉能現)"을 일깨우신 말씀을 앞서 설명한
법계와 삼계의 특성에 비추어 이해하면 「법성게」의 위 게송을 이해하는 데
도움이 될 것임.

[186] 『원각경, 보안보살장』, 위에 인용한 『원각경』 말씀 중 '묘각성妙覺性'은 「법성게」
의 '진성眞性'으로, 근성根性과 진성塵性은 진성眞性의 드러남인 모든 존재(諸法)
의 근본성품(法性)의 유형으로 파악함.

한 구절(一中一切多中一 一卽一切多卽一 一微塵中含十方 一切塵中亦如是) 모두에 상응하는 내용으로 그 온당함이 경에 의하여 뒷받침되고 있음을 알 수 있다.

위에 인용한 『화엄경』 말씀과 『원각경』 말씀은 법계의 '참다운 존재의 근본성품(眞性)과 모든 참다운 존재(諸法)가 원융하여 구별할 수 없고, 참다운 존재의 근본성품의 드러냄(用: 理)과 드러남(體·相: 事)은 혼연 합일되어 그렇고 그렇게 아득(구분 불가)하여 두 모습이 없음(아님)(法性圓融無分別 理事冥然無二相)'을 '공간과 공간, 시간과 시간이 어우러져도 얽히거나 뒤섞이지 않음'을 예로 들어 세세하게 설명하고 있다.

즉 앞서 ①"하나(眞性) 가운데 모두(諸法)가 있고 모두 가운데 오직 하나 있어, 하나가 곧 모두요 모두가 곧 하나임(一中一切多中一 一卽一切多卽一)"을 '상입상즉相入相卽의 사사무애事事無碍'로, '이사명연理事冥然'을 '이사무애理事無礙'로 해설한 바와 같은 맥락에서, ②'한 티끌 속에 시방세계를 아우르고, 모든 티끌마다 또한 그러하네(一微塵中含十方 一切塵中亦如是)'라고 노래한 「법성게」의 내용 또한 이사명연理事冥然의 이사무애理事無礙와 상입상즉相入相卽의 사사무애事事無碍를 밝히면서[187], 동시에 공간과 공간이 어우러져도 얽히거나 뒤섞이지 않고 제각기 발현하고 있음(仍不雜亂隔別成)을 설명하고 있다. 이러한 설명을 위에 인용한 『화엄경』 말씀과 『원각경』 말씀이

---

[187] 위 『원각경, 보안보살장』 말씀에 대한 함허 득통과 감산 덕청의 해설에서도 '사사무애'·'이사무애'로 설명함 참조.

그 온당함을 뒷받침하고 있다.

같은 맥락에서 앞서 인용한 『화엄경』의 말씀과 이들 말씀에 근거한 「법성게」의 내용과 이에 대한 설명은 "무량한 오래고 오랜 세월(劫)도 한 찰나요, 한 찰나가 곧 무량한 오래고 오랜 세월이어서 구세와 십세가 어우러져도 얽히거나 뒤섞임이 없이 각각 발현됨(無量遠劫卽一念 一念卽是無量劫 九世十世互相卽 仍不雜亂隔別成)"을 노래한 「법성게」의 내용―시간과 시간, 시간과 공간, 공간과 공간의 어우러짐―의 설명에도 그대로 원용할 수 있을 것이다.

위 설명을 다시 정리하여 언급하면, 삼계에는 망심 업식의 분별로 능소能所가 있어 시간과 공간이 별개로 인식되어 무량한 오랜 세월인 구세와 십세의 구분이 확연하다. 그래서 구세와 십세가 한 순간 어우러지면 개별 시간과 시간, 각 시간대별 공간과 삼라만상은 각각 상이하여 얽히고 뒤섞일 것으로 여겨진다.

그러나 근본성품(眞性)과 모든 참다운 존재(諸法)가 원융하여 서로 중중무진한 연緣을 이루어 능소·주객을 여읜 법계는 '하나라고도 할 수 없는 하나'인지라, '시간과 공간'을 따로 내세울 수 없어 시간의 장단, 공간의 대소 등도 있다 할 수 없다. 그러므로 「법성게」는 "구세와 십세가 어우러져도 구세와 십세, 그리고 구세와 십세의 모든 참다운 존재는 서로 장애됨이 없어 얽히거나 뒤섞이지 않고 제각각 발현한다" 고 노래하고 있다.

생각컨대 시간세時間世와 공간계空間界가 교차하는 세계, 곧 삼계를 의지하는 중생에게 시간과 공간을 따로 내세울 수 없는 법계의 특성을 일깨우기 위해 삼계와는 확연히 다른 시간과 공간, 그리고 그 상호관계를 일깨우고 중생의 망심 업식을 뒤흔들어 망심 업식에 집착하는 중생의 업습을 타파함으로써 깨침의 길로 나아가게 하려는 것이 「법성계」 위 두 구(九世十世互相卽 仍不雜亂隔別成)의 일깨움인가 한다.

문제는 법계의 특성을 삼계의 중생에게는 삼계의 언설로 설명할 수밖에 없는 한계를 유념하건대, 「법성계」는 법계(오아시스)의 특성을 얼비추어 주는 '신기루'같은 방편설方便說임을 잊지 말아야 한다. 동시에 '오아시스'를 얼비추어 주는 '신기루'를 보게 되면 주변에 '오아시스'가 있고 이를 찾을 수 있듯이 「법성계」를 통해 법계를 제대로 알 수 있게 된다는 희망도 놓치지 않아야 할 것이다.

참고로 과학계科學界의 설명에 의하면, ① "연기계緣起界는 현실세계와는 달리 시간, 공간(순서·크기)의 관념을 초월한다"[188]고 하고, ② "명재계(explicate order)에서는 모두가 개별적으로 서로 관계가 없이 존재하는데, 암재계(implicate order)에서는 전체가 하나인 것처럼 움직이는 전일全一운동(holomovement)이다. 전일운동은 오감으로 파악할 수 없도록 시간과 공간이 앞뒤 순서 없이 뒤섞여 있다"[189]라고 한다. 그리고 ③ "서로 다른 사건이 시간과 공간의 연속체 안에서 동시에 겹치면서 이루어지는 사례는 흔히 있다"[190]라고 설명

---

188 김용운, 『카오스와 불교』(사이언스북스, 2003), p.159.
189 김용운, 위의 책, p.91.
190 김재희 엮음, 『신과학 산책』(김영사, 1994), p.286.

한다.

이들 설명에서 '현실세계'와 '명재계'는 삼계에, '연기계'와 '암재계'와 '연속체'는 법계에 배대함직하다. 특히 '암재계의 전일운동은 시간과 공간이 앞뒤 순서 없이 뒤섞여 있다'거나 '시간과 공간의 연속체 안에서는 서로 다른 사건이 동시에 겹치면서 이루어지는 사례는 흔히 있다'는 설명을 주목할 필요가 있다. 이러한 설명은 「법성게法性偈」에서 "구세와 십세는 서로 어우러져도 서로 장애됨이 없어 시간과 시간, 공간과 공간이 얽히거나 뒤섞이지 않고 제각각 발현한다"라는 일깨움과는 상당히 근접한 관찰로 여겨질 수 있기 때문이다.

우리네 중생이 얽매여 있는 삼계(현실세계, 명재계)와는 확연히 다른 세계(연기계, 암재계, 연속체)가 있다는 발견은 과학계의 큰 성과이다. 그러나 삼계와는 다른 세계의 특성을 '시간과 공간'이 "겹치면서 뒤섞여 있다"라고 본 과학계의 관찰과는 달리 「법성게」는 "서로 얽히거나 뒤섞이지 않고 서로 장애됨이 없다"라고 일깨운다.

이러한 격차는 아마도 ①「법성게」는 '법계'를 법계의 안목으로 삼계의 언설로 설명함에 비해, ②과학계는 삼계의 안목으로 '삼계가 아닌 세계를' 삼계의 언설로 설명하는 데서 비롯된 듯하다. 달리 말하면 과학계는 관찰자(能·主)와 관찰대상(所·客)에서 완전히 벗어나지 못한 한계가 있는 반면, 「법성게」는 능소와 주객이 본래 없는 법계의 안목으로 법계를 설명하고 있기에 위와 같은 내용상의 격차가 있는 것으로 여겨진다.

'고친 법성게' 제15구와 제16구(九世十世互相卽 仍不雜亂隔別成)를 "(구세와 십세가 서로 어우러짐도 근본성품의 본연작용이고, 또 근본성품의 발현인 법계의 모든 참다운 존재와 근본성품이 원융하여, 그리고 이들 모든 참다운 존재가 모두 근본성품과 서로 중중무진한 연緣을 이루어 '하나라고도 할 수 없는 하나'여서) 구세와 십세가 서로 어우러져도 법계의 모든 참다운 존재는 서로 장애됨이 없어 얽히거나 뒤섞이지 않고 제각각 따로 따로 발현(成)한다네"로 번역·풀이하고 다음 구를 살펴본다.

6. 근본성품의 본연작용本然作用[191]

能仁海印三昧中능인해인삼매중 (17)
繁出如意不思議번출여의부사의 (18)

근본성품[眞性: 法身佛]의 무한한 공덕장에서 (근본성품의 본연작용으로 무한히 발현하는 법신불의 공덕력[무연선교無緣善巧와 다라니陀羅尼])이 자재(如意)하게 무한히 발현(繁出)[192](하여 일체 중생을 이롭게)함이 불가사의하구나.

시중에 널리 회자되고 있는 「법성게」 중에는 '능인'을 능인能仁 또는 능인能人으로 표기한 것도 있고 능입能入으로 표기한 것도 있다. 전해주에 의하면 "『한국불교전서』에서는 '능입能入'으로, 설잠雪岑의

---

191 의상은 '남을 이롭게 하는 베풂(利他行)'으로, 유문은 '敎主開化 중 示見道法'으로 해석함.
192 繁을 많음(多)과 성盛함의 뜻으로, 出을 낳음(生)의 뜻으로 새김.

『법계도주고』와 유문有聞의 『법성게과주』에는 '능인能仁'으로, 균여
均如의 『법계도원통기』에는 능인能仁과 능인能人이 서로 넘나들며
사용되고 있는데, 의미상 잘못된 것이 없고 다 사용되고 있어 『한국불
교전서』의 표기를 따라 능입能入으로 한 것이다"[193]라고 한다.

생각건대, 능소能所와 내외內外가 없는 법계의 소식을 일깨우면서
능입能入을 내세움은 온당하지 않다. 능입을 내세우는 것은 아마도
'의상' 스님이 그의 『법성게과문科門』에서 위 두 구를 이타행利他行으
로 구분[194]한 데 얽매여서이거나 혹은 다음 구의 '번출繁出'의 출出에
상응하여 능입으로 함이 온당하다는 판단에서일 것으로 여겨진다.

이타행利他行이건 자리행自利行이건, 이는 미계迷界에서 헤매고
있는 삼계 중생(보살)의 수행방편일 뿐이다. 따라서 미오迷悟가 없는
법계의 소식은 아니어서 법계의 소식을 일깨우는 「법성게」의 해설에
는 적합하지 않다. 굳이 내세우려면 미계迷界의 수행방편을 일깨우는
구절인 '시고행자환본제是故行者還本際' 이하에서 거론함이 온당하다.

능입能入으로 파악하면 '입入'하는 존재(能)가 있고 입入하는 곳(所)
이 있어 능소가 없는 법계를 능소로 구분하는 억지를 부림이 되어
온당하지 못하다. 능소能所와 내외內外가 없는 법계의 소식을 일깨움
에는 '능입能入'이 온당하지 못하다면 '번출繁出'에 상응하여 능입能入
이라고 할 근거 또한 박약하다 할 것이다.

그리고 '능인能人'은 능히 일체 중생을 교화하여 이롭게 하는 사람을
일컫는 말로서 부처님은 일체 중생을 교화하여 이롭게 하시는 분이므

193 전해주, 앞의 책, pp.122~123; 김호성, 『대승경전과 禪』(민족사, 2002) p.219.
194 전해주, 앞의 책, pp.122~123.

로 부처님을 능인能人이라고도 한다. 예컨대 '아미타불'을 안락세계의
능인이란 뜻으로 안락능인安樂能人으로 칭하는 것과 같다.[195] 그런데
'석가모니부처님'에서 '석가'의 한자 번역은 능인能仁이어서 석가모니
부처님의 이름인 능인能仁을 빌어서 '부처(佛) 일반'을 나타내기도
한다.[196]

「법성게」는 법계의 소식을 일깨우는데 그 본지가 있음을 감안하면
'능인'은 '부처 일반', 즉 법신불法身佛을 뜻하는[197] '능인能仁'이 온당한
표현으로 여겨진다.

그리고 『불교학대사전』에 의하면 ① 모든 참다운 존재의 본체인
법의 성품(法性)을 법신法身이라 하고, ② 법신은 법성法性·진여眞如·
진여법성眞如法性·법신불法身佛 등 여러 뜻으로 사용되며, ③ 법신인
법성에 깨침(覺知)의 덕德이 있으므로 불佛[198]이라고 함을 참고하면
법신불은 「법성게」 210자 중 '참다운 존재의 근본성품' 곧 진성眞性에
상응하는 개념이어서 「법성게」 중 '능인能仁'은 법신불, 곧 진성眞性을
가리킨다고 봄이 온당해 보인다.

그리고 해인삼매海印三昧에 대해서는 ① 옥성강사랑玉城康四郎은
'비로자나불(法身佛)의 세계관, 즉 법신불의 세계 그 자체가 해인삼
매'[199]라고 하고, ② 현수賢首는 '자성청정원명체自性淸淨圓明體에 입각

195 『불교대사전』(홍법원, 1988), p.228의 '능인能人'과 p.582의 '불佛' 참조.
196 광명 역주, 『법성게』(솔과학, 2010), p.150.
197 정화, 앞의 책, p.185.
198 『불교학대사전』(홍법원), p.512의 법신, p.513의 법신불, p.600의 불신佛身 등
   참조.

하여 일어나는 작용(用) 내지 진여 본각을 해인삼매(言海印者 眞如本
覺)'[200]라고 하며, ③김호성은 i) 총정總定으로서의 해인삼매, 즉 가장
근본적인 삼매로서 '중생 제도를 위한 불·보살의 나툼과 삼승三乘의
가르침이 모두 해인삼매의 힘에 의한 것'으로 보고 그 근거로『화엄경,
현수품』의 내용을 거론한다. 그리고 ii) 과정果定으로서의 해인삼매,
즉 해인삼매가 '깨달음의 경지'를 의미하는 것으로 보며, iii) 이타행利
他行의 기초로서의 해인삼매 등으로 설명하기도 한다.[201]

　김호성은「법성게」의 '해인삼매'를 이타행의 기초로 판단하여 위
본항 게송(能仁海印三昧中 繁出如意不思議 雨寶益生滿虛空 衆生隨器得
利益)을 "해인삼매에 들어갈 수 있어야 여의부사의如意不思議를 연출
할 수 있으니, 중생을 이익케 할 보배가 비처럼 허공에 가득하니
중생이 그릇 따라 이익 얻으리"라고 번역·풀이한다.[202] 그리고 전해주
는 "능히 해인삼매 속에 들어가/ 번출의 여의함이 불가사의한지라/
우보雨寶가 중생을 도와 허공을 채우니/ 중생이 근기 따라 이익을
얻는다"고 번역·풀이한다.[203]

　「법성게」의 해인삼매를 이타행에 속하는 것으로 보는 견해들은

---

199 김호성, 앞의 책, p.224.
200 현수,『修華嚴奧旨妄盡還源觀』(김호성, 앞의 책, pp.214, 225).
201 김호성, 앞의 책, pp.214~219. 그리고 균여均如의「육종해인설六種海印說」도
　　참조(전해주, 앞의 책, p.185~186).
202 김호성, 앞의 책, p.219.
203 전해주, 앞의 책, pp.122~123.

'하나라고도 할 수 없는 하나'인 법계에는 자타自他와 능소能所가 없어 수행방편 또한 '이타행'과 '자리행'으로 구분할 수 없음을 간과한 단견으로 여겨진다.

그리고 해인삼매를 '법신불(眞性)의 세계 그 자체'라고 한 '옥성강사랑'의 견해는 모든 참다운 존재(法)와 그 근본성품(性)이 원융하여 법계가 근본성품(性)과 그 드러냄(用: 隨緣成)과 드러남(法: 體·相)이 혼연 합일되어 '하나라고도 할 수 없는 하나'임을 유념하면 납득이 가는 설명이다.

그러나 앞서 능인能仁을 법신불, 곧 참다운 존재의 근본성품(眞性)으로 파악한 필자의 입장에서는 '해인삼매'를 법신불의 세계 그 자체로 보는 견해보다는 자성청정원명체의 용用 내지 진여본각眞如本覺, 곧 근본성품의 본연작용으로 본 현수賢首의 견해가 더 온당해 보인다. 이는

①석가모니부처님께서 『화엄경』을 설하실 때 부처님의 지혜바다(智海)에서 일체의 법을 인현印現한 것이 '해인삼매'[204]이고,

②'일체법을 인현함은' '근본성품(眞性)이 인연 따라 발현함(隨緣成)'의 일환이며,

③자성청정원명체는 진성眞性에, 그 용用은 진성의 본연작용(내지 수연응용隨緣應用: 隨緣成)에 상응하므로 '일체법을 인현하는 해인삼매'를 '진성의 용으로' 봄이 온당하다.

④'진여본각'은 망심을 여의어 본성에 회귀하여 본성에 계합함을

---

204 『불교학대사전』, p.1658.

뜻하므로 이를 '진성의 본연작용(用)'으로 본 현수의 견해가 온당하다
할 것이다.²⁰⁵

이와 같은 견지에서 필자는 '해인삼매'²⁰⁶를 참다운 존재의 근본성
품(眞性)이 지닌 무한한 공덕력(근본성품이 그 본연작용으로 현출하
는 무소불위無所不爲의 전지전능한 공력의 보고寶庫, 곧 공덕장功德藏
내지 이 공덕장에서 발현하는 '법신불의 공덕력이나 그 발현')으로
파악하고자 한다.²⁰⁷

위와 같이 ①'능인能仁'을 법신불法身佛, 곧 근본성품(眞性)으로,
②'해인삼매海印三昧'를 근본성품(眞性: 法身佛)의 무한한 '공덕장'
내지 이 공덕장에서 발현하는 '법신불의 공덕력이나 그 발현'으로
파악하여 「법성게」의 위 두 구(能仁海印三昧中 繁出如意不思議)를 "근
본성품(眞性: 法身佛)의 무한한 공덕장에서 (근본성품의 본연작용으
로 무한히 발현하는 법신불의 공덕력[무연선교無緣善巧와 다라니陀羅
尼]이) 자재(自在: 如意)하게 발현(繁出)(하여 일체 중생을 이롭게)
함이 실로 불가사의하구나"로 번역·풀이하고자 한다.

이와 같은 번역·풀이는

①둘째 구에서 '무엇이' 번출繁出하는지 주어가 없는 것은 법계에는

---

205 김호성이 해인삼매를 '깨달음의 경지'로 설명(김호성, 앞의 책, p.83의 3)한 것과
    상응한다.
206 『화엄경』에서 각종 삼매三昧를 보여주시나 이들 삼매를 총괄하는 근본적인
    삼매가 해인삼매海印三昧라고 함(김무득, 『화엄학체계』, 우리출판사, 1990, p.14).
207 '진여법신은 무량한 성공덕을 구족(眞如法身…… 具足無量性功德)'하고 있음을
    『대승기신론』에서도 언급하고 있음(한자경, 앞의 책, p.300).

능소能所가 없음을 일깨우고자 함이어서 주어를 속에 밝혀 뜻을 살리고,

②법신불의 공덕력의 구체적 내용은 법성게 제23구의 '무연선교無緣善巧'와 제 25구의 '다라니陀羅尼'를 뜻하는 것으로 파악하여 이를 ( )속에 미리 밝혔으며,

③여의如意를 '자재롭게'로 풀이한 것은 능소를 여읜 경계를 유념하여 연계 해석[208]한 것이다.

특히 우리 모두는 근본성품(眞性)과 근본성품의 드러냄과 그 드러남이 혼연 합일을 이루어 '하나라고도 할 수 없는 하나인 존재'여서 자기 자신도 불성(佛性: 眞性)을 지닌 본래부처(一切衆生悉有佛性)임을 유념하면, 능인能仁을 우리 자신의 '근본성품(眞性: 法身佛)'으로 파악하여 자신의 근본성품에서 법신불의 무한한 공덕력이 늘상 무한히 발현되고 있음을 잊지 말아야 할 것이다. 즉 「법성게」의 각 구절을 풀이함에 있어 자기 자신도 근본성품(眞性)이 인연에 따라 이룬(나툰)(眞性…… 隨緣成) 법계法界 내지 법신불法身佛 그 자체임을 항상 염두에 두고, 자기 자신도 진성(眞性: 自性)을 지닌 법신불로서 인연에 따라 무엇이건 나툴 수 있는 전지전능한 공덕력을 지니고 있음을 믿고, 나아가 그 공덕력을 발현할 수 있어야 「법성게」를 온전히 이해했다고 할 수 있을 것이다.[209]

---

[208] 위 첫째 구(能仁海印三昧中)는 진성심심극미묘眞性甚深極微妙에, 둘째 구(繁出如意不思議)는 불수자성수연성不守自性隨緣成에 배대하여 파악하면 흥미로울 것임.

[209] 『원각경, 서분序分』에서 "한때 '바가바'께서 신통대광명장神通大光明藏에 들어가

앞서 법계의 모든 존재(諸法)가 중생 경계로는 설령 많고 많다고
하더라도 이 모두 근본성품의 드러남이어서 성性·용用·체體·상相이
혼연 합일을 이루어 '하나라고도 할 수 없는 하나'인지라, 이름도
형상도 따로 내세울 수 없음(無名無相)을 '고친 법성게' 제1구에서
제4구까지의 해설을 통해 살펴보았다.

법계의 모든 존재는 내세울 이름이 따로 없는지라, 분별 망상 경계에
얽매여 있는 중생에게는 인연에 따라 모든 존재가 제각기 다른 이름으
로, 하나의 존재 또한 인연에 따라 많은 이름을 갖게 됨(一法千名)을
유념하면 중생을 깨우치기 위한 부처님의 가르침 또한 '하나라고도
할 수 없는 하나'를 인연에 따라 다양한 이름으로 설명하게 됨을
알 수 있다.

예컨대 『원각경 서분』에서 '신통대광명장神通大光明藏', '청정각지
淸淨覺地', '평등본제平等本際', '불이경不二境', '정토淨土', '삼매三昧',
그리고 『원각경, 문수보살장』의 '인지법행因地法行', '청정심淸淨心',
'대다라니문大陀羅尼門', '원각圓覺', '청정진여淸淨眞如', '본기인지本起
因地', '원조청정각상圓照淸淨覺相', '지각성知覺性', '여래장如來藏', 또
『원각경, 금강장보살장』의 '묘원각심妙圓覺心' 등등 많은 용어도 근본

삼매를 정수正受하시어 일체 여래와 광명으로 장엄하여 주지住持하시니, 이는
모든 중생들의 깨끗한 깨달음의 땅(淸淨覺地)이었다.…… 둘 아닌 경지에서
모든 깨끗한 국토를 나투셨다(一時婆伽婆 入於神通大光明藏 三昧正受 一切如來
光嚴住持 是諸衆生 淸淨覺地…… 於不二境 現諸淨土)"고 하신 말씀 중 '신통대광명
장'은 부처의 경계에서, '청정각지'는 중생의 경계에서 각각 근본성품(眞性)을
가리키는 용어로 파악하여 위 해설과 연계하여 살펴보면 위 해설을 이해하는데
도움이 될 것임.

성품(性)과 그 드러냄(用)과 그 드러남(體·相)을 인연에 상응하여 설명하기 위한 것이어서 그 표현이 비록 다르다 하더라도 그 뜻하는 바를 살펴 성性·용用·체體·상相 내지 그 상관관계와 연계하여 파악하여야 그 뜻이 통할 것이다.

이런 맥락에서『원각경, 서분』중 '신통대광명장'은 부처의 경계에서 본 '근본성품(眞性)'을, '청정각지'는 중생의 경계에서 본 '근본성품'을 가리키는 것으로 보아 위에 인용한『원각경, 서분』의 말씀도 일체 중생의 근본성품과 부처의 근본성품이 다르지 않음을 설명하신 일깨움으로 파악함이 온당할 것이다.

「법성게」의 각 구절을 해설함에 있어 위와 같은 일깨움에 입각하여 우리 중생 모두는 '근본성품'이 인연 따라 나툰 법계 내지 법신불임을 항상 유념하여 스스로 부처다운 삶을 영위하고자 하는 서원을 세워 깨쳐 부처 이루는 수행을 견지해야 할 것이다.

「법성게」의 위 두 구(能仁海印三昧中 繁出如意不思議)를 "근본성품(眞性: 法身佛)의 무한한 공덕장에서 (근본성품의 본연작용으로 발현하는 '법신불의 공덕력〔무연선교無緣善巧와 다라니陀羅尼〕)'이 자재(自在: 如意)하게 무한히 발현(繁出)(하여 일체 중생을 이롭게) 함이 실로 불가사의하구나"로 번역·풀이하고자 한다.

위 두 구에 이어 그 다음 두 구를 번역·풀이해 본다.

7. 근본성품의 본연작용이 드러내는 공능을 비유 설명함[210]

雨寶益生滿虛空 우보익생만허공 (19)

衆生隨器得利益 중생수기득이익 (20)

(마치 비 내리듯) 보배(法寶)를 비 내려 허공에 가득한 중생을 이롭게 하니,

중생들이 그 근기에 상응하여 이익(깨침)을 얻네.

위 두 구는 앞 두 구 – "근본성품(眞性: 法身佛)의 무한한 공덕장에서 근본성품의 본연작용으로 발현하는 법신불의 공덕력을 자재(自在: 如意)하게 무한히 발현하여 일체 중생을 이롭게 함이 실로 불가사의하구나(能仁 海印三昧中 繁出如意不思議)" – 의 내용을 비유·보충 설명하는 구절로 볼 수 있다.

『화엄경, 입법계품』에서 "법계와 허공계에 두루한 일체 중생 앞에 생활에 필요한 모든 물품을 비 내리어 그들의 욕망대로 뜻에 만족하여 기쁘게 함(徧法界虛空界 於一切衆生前 普雨一切資生之物 隨其所欲悉滿 其意 皆令歡喜)"을 일깨우신 말씀과 연계하여, 「법성게」의 위 두 구(雨 寶益生滿虛空 衆生隨器得利益)를 자신의 '근본성품의 무한한 공덕장에 서 법신불의 공덕력이 자재하게 무한히 발현하여 일체 중생을 이롭게

---

210 의상은 '남을 이롭게 하는 베풂(利他行)'으로, 유문은 ①'우보익생만허공'을 '敎主 開化' 중 '示行證法'으로 ②'중생수기득이익'을 '所化機益' 중 '總列解行證'으로 해석함.

함'이 "(마치 비 내리듯) 보배(法寶·法雨)를 비 내려 허공에 가득한 중생을 이롭게 하니, 중생들이 그 근기에 상응하여 이익(깨침)을 얻네"로 번역·풀이하고자 한다.

여기서 '보배'는 ① 능인能仁을 법신法身으로 파악한 취지와 ② 경經에서 "불법을 비 내리고(雨---佛法)"[211], "일체 세간을 위하여 널리 법비를 내림(爲一切世間 普雨法雨)", "모든 중생의 좋아하는 마음을 따라 법비를 내림(隨一切衆生心之所樂 雨法雨)"[212]을 일깨우신 말씀 등에 비추어 위 「법성게」의 '보배(寶)를 비 내림'에서 '보배는 법비(法雨)'로 파악함이 온당할 것이다.

위와 같은 번역·풀이는 『열반경』에서 "일체 중생이 모두 다 불성을 지니고 있다(一切衆生悉有佛性)"라고 일깨우신 말씀과 연계하여 이해할 때 그 의미가 더욱 온전히 드러남을 유념해야 한다.

앞서 일수사견一水四見의 설명에서 보듯 우리네 중생 모두는 망념 업식으로 해서 제 나름의 업식으로 제각각 법계를 망견하고 있다. 그러나 앞서 〈그림 3〉과 〈그림 5〉에서 살펴본 바와 같이 우리네 중생은 다들 불성佛性, 곧 진성眞性을 지닌 본래 부처이자 법계 그 자체여서 비록 중생衆生이라 할지라도 법계의 참다운 존재로서 본래 부처의 역량을 자신도 모르게 발현하고 있다는 말이다.

비록 우리네 중생이 망심·망견으로 법계를 삼계로 망견하여 제대로 알지는 못하나 우리가 지니고 있는 불성, 즉 진성은 활적活的 존재여서

---

211 『화엄경, 십정품』
212 『화엄경, 입법계품』

그 본연의 작용을 부단히 현출하여 '중생이 곧 부처임'을 나타내 보이고 있음을 유념해야 할 것이다.

이 사실을 근본성품(眞性·佛性) 측면에서 일깨워 주는 구절이 바로 "근본성품(法身佛·眞性·佛性)의 무한한 공덕장에서 근본성품의 본연 작용으로 법신불의 공덕력이 자재하게 무한히 발현하여 일체 중생을 이롭게 함이 실로 불가사의하다(能仁海印三昧中 繁出如意不思議)"라는 구절이다.

그리고 근본성품을 지닌 중생 측면에서 보면 중생은 모두 망심·망견으로 거짓 나(假我)에 집착하여 소아적 이기심利己心으로 농부는 열심히 농사짓고, 유통업자는 한 푼이라도 더 벌고자 온갖 노고를 마다하지 않는다. 이러한 노고는 모든 중생의 생활의 편의로 귀결되고 있어 널리 중생의 은혜를 절감하게 한다. 이를 통해 중생심이 곧 불심이요, 근본성품(佛性)의 작용이어서 '무명의 참 성품은 곧 불성임(無明實性卽佛性)'을 돌이켜보게 한다.

그런데 중생들은 망심·망견의 정도가 각기 상이하여 자신의 근본성품(眞性)에서 발현하는 법신불의 공덕력을 망심·망견의 업습 때문에 각기 달리 받아들이고 제대로 활용하지 못하고 있다. 마치 그릇의 크기에 따라 비(雨)를 받아들이는 양이 다르듯이, 중생들은 각기 자신의 근기에 상응하여 자신의 근본성품에 내재된 불성佛性 공덕력의 수용 내지 활용 정도의 격차가 심하여 범부·성문·연각·보살 등으로 등차가 있게 된다. 이 등차로 해서 이들 각각의 종교(宗敎: 가장 온전한 최상의 진리)의 일깨움 또한 그 교리의 폭과 깊이가 각각 달라 이들의 종교간 등차가 생길 수밖에 없다. 범부의 종교, 성문·연각의 종교, 보살의 종교 등의 격차는 망념 업식의 차이에서 비롯될 뿐 이들의 근본성품 그 자체는 아무런 격차가 없다.

『화엄경, 여래출현품』에서 "한 중생도 여래의 지혜를 갖추어 가지지 않은 이가 없지만, 다만 허망한 생각과 뒤바뀐 집착으로 증득하지 못하나니 만일 허망한 생각(妄想)을 여의기만 하면 온갖 지혜와 저절로 생기는 지혜와 걸림 없는 지혜가 곧 앞에 나타나게 됨(無一衆生而不具有如來智慧 但以妄想顚倒執着而不證得 若離妄想 一切智 自然智無碍智 則得現前)"을 일깨우신 말씀을 참고하면, 「법성게」의 위 네 구절을 위와 같이 번역·해설한 배경과 모든 중생의 근본성품(眞性·法身佛)은 격차가 없음을 쉬이 이해할 수 있을 것으로 본다.

이상에서 살펴 본 「법성게」의 네 구절은 『화엄경, 세주묘엄품』에서 "세존께서 항상 큰 자비로써 중생을 이익케 하려고 출현하시어 골고루 법비(法雨)를 내려 그 그릇을 채우시니(世尊恒以大慈悲 利益衆生而出現 等雨法雨充其器)"라고 일깨우신 말씀과 연계하여

① 화신불化身佛로 오신 '세존'을 법계의 실상에 맞추어 '법신불' 곧 '진성眞性'으로,

② '법비(法雨)'는 "근본성품의 무한한 공덕장에서 자재하게 무한히 발현하는 '법신불의 공덕력'(能仁海印三昧中 繁出如意)"으로,

③ 이익利益은 '중생으로 하여금 본성을 깨쳐 본성에 회귀토록 함'으로 파악하면 「법성게」의 위 네 구절에 대한 번역·풀이를 한결 용이하게 이해할 수 있을 것이다

위 『화엄경, 세주묘엄품』의 말씀은 부처님의 자비력의 발현에 의한 타력他力 교화를 설명하는 데 비해, 「법성게」는 개개 중생이 본래 지닌 진성眞性, 곧 자성自性의 자력 발현을 일깨우고 있는 점이 상이할 뿐이다.

그리고 경經에서

① "넓고 큰 바다처럼 많은 대중이 모인 곳에서 부처님께서……법비를 널리 내려 중생을 이롭게 하시니(一切衆會廣大海佛…… 普雨法雨潤衆生)." [213]

② "여래께서…… 큰 법비를 내리시는데……. 일체 중생의 번뇌를 멸하며…… 일체 중생의 선근善根을 일으키며…… 일체 중생의 견혹見惑을 멈추게 하며…… 일체 지혜의 법보法寶를 이루게 하시고(如來…… 雨大法雨…… 能滅一切衆生煩惱…… 能起一切衆生善根…… 能止一切衆生見惑…… 能成一切智慧法寶)", "여래께서…… 위없는 감로 법비를 널리 내리어 일체 중생으로 하여금 환희심을 내고, 올바른 법을 증장케 하시며(如來…… 普雨無上甘露法雨 令一切衆生 皆生歡喜增長善法)", "여래께서…… 부사의한 광대한 법비를 내려 일체 중생의 몸과 마음을 청정케 하시나(如來…… 雨不思議廣大法雨 令一切衆生身心清淨)", "중생들의 근기와 욕망이 같지 아니함으로 내리는 법비에 차별이 있고(但以衆生根欲不同 所雨法雨 示有差別)." [214]

③ "세존께서 항상 큰 자비로써 중생을 이익케 하려고 출현하시어

---

213 『화엄경, 세주묘엄품』
214 『화엄경, 여래출현품』

골고루 법비를 내려 그 그릇을 채우시나(世尊恒以大慈悲 利益衆生而出現 等雨法雨充其器)."[215]

④"여래의 크게 자비하신 한결같은 맛의 법비도 중생들의 그릇을 따라서 차별이 있음(如來大悲一味法雨 隨衆生器而有差別)"[216]을 일깨우신 말씀과 "부처님의 설법 평등하여 한결같은 맛이나 중생의 성품 따라 받아들임이 같지 않음(佛平等說 如一味雨 隨衆生性 所受不同)"[217]을 일깨우신 말씀을 「법성게」 중 "마치 비 내리듯 보배(法寶: 法雨)를 비 내려 허공에 가득한 중생을 이롭게 하니, 중생들이 그 근기에 상응하여 이익(깨침)을 얻듯이(雨寶益生滿虛空 衆生隨器得利益)"라고 노래하는 구절과 연계해서 파악하면 「법성게」의 이 구절에 대한 필자의 번역·풀이와 이 구절이 바로 위의 두 구절(能仁海印三昧中 繁出如意不思議)을 비유·보충 설명하는 것으로 파악한 배경을 쉬이 이해할 수 있을 것이다.

지금까지 번역·풀이한 「법성게」의 내용은 '법계의 생성배경과 특

---

215 『화엄경, 세주묘엄품』

216 『화엄경, 여래출현품』, 그리고 "여래의 말씀은······ 오직 한 맛이나······ 중생의 마음그릇이 다름에 따라 무량한 차별이 있음(如來言音······ 唯是一味······ 隨諸衆生 心器異故 無量差別)"을 일깨우신 말씀 참조. 이들 일깨움을 참조하면 중생들이 꼭 같은 말씀을 제 근기에 따라 제각각 달리 알아듣는(一音同聽異聞) 배경과 까닭도 알 수 있을 것임.

217 『법화경, 약초비유품』, 그리고 "비록 한 땅에 나서 한 비로 적셔지지만 여러 가지 풀과 나무가 저마다 차별이 있음(一地所生 一雨所潤 而諸草木 各有差別)"을 일깨우신 말씀도 참조.

성'을 설명한 것이다. 이하에서는 망념으로 해서 법계와 동떨어진 삼계의 삶을 영위하는 중생으로 하여금 법계의 실상에 대한 이해를 바탕으로 망념을 여의어 삼계를 벗어나 자신의 근본성품으로 회귀하는 방편과 과정, 그리고 그 결과 등을 「법성게」는 일깨우고 있다.

8. 근본성품으로의 회귀와 그 방편[218]

是故行者還本際시고행자환본제 (21)
叵息妄想必不得파식망상필부득 (22)

그러므로 (자신의 망심 업식으로 삼계를 나투어 이에 미혹하여 집착하는 우리네) 중생(行者)이 (제각기 본래 지니고 있는) 근본성품(眞性)에 회귀하(여 법계法界에 노닐)고자 한다면
망상을 잠재우지 않고서는 결코 자신의 근본성품에 회귀할 수 없나니. / 끝끝내 망상을 잠재우고자 해서는 결코 자신의 근본성품에 회귀할(깨칠) 수 없나니.

위 첫 구 중 '본제本際'에 대해 김시습은 "화엄華嚴의 본제는 법성法性·자성自性·진성眞性으로서 이들을 동시적 연기성緣起性으로 파악"[219]

---

218 의상은 '수행방편을 밝힘(明修行方便)'으로, 유문은 ①'시고행자환본제'는 '所化機益' 중 '總列解行證'으로 ②'파식망상필부득'은 '所化機益' 중 '反勤息.忘行'으로 해석함.

219 목정배, 「설잠雪岑의 『법계도주고法界圖注考』」(불교문화연구소편, 『한국화엄사상

한다.

법성·자성·진성이 더러 같은 뜻으로 혼용되나 「법성게」에서는 '법성法性'이 진성을 가리키기보다는 제법諸法과 진성眞性의 원융함을 설명하기 위해 사용되므로 「법성게」에서는 본제本際를 진성, 곧 법계의 모든 존재가 구유하고 있는 근본성품을 가리키는 것으로 봄이 온당하다.

그리고 여기서 행자行者라 함은 앞서 「법성게」를 통해 법계의 소식을 접하게 된 사람으로서 삼계를 나투는 망심·망견을 여의어 자신의 근본성품인 진성眞性에 계합하여 법계에 회귀하고자 하는 원願을 세워 진성에 계합·회귀하는 방편을 실천·수행하는 수행자를 뜻한다.

수행자가 자신의 근본성품(自性·眞性)에 회귀하고자 하는 까닭은 (앞서 '초발심시변정각初發心時便正覺'의 풀이에서 살펴보았듯이) 중생이 비록 망심 업식으로 법계를 삼계로 착각하나 모두 불성(佛性·眞性)을 지닌 본래 부처인지라(一切衆生悉有佛性) 자신도 모르게 근본성품이 때로는 인연 따라, 때때로 본연작용으로 은연중 발현되고 있기 때문이다. '인간을 자성청정심自性淸淨心의 존재'라거나 '자성청정심의 현현顯現이 곧 인간'[220]이라고 하는 까닭도 이 때문이다.

이런 맥락에서 볼 때 본 구절에서 '행자行者'는 모든 중생을 가리킨다고 봄이 온당하다. 또 여기의 '환還'은 미迷한 세계인 삼계의 미망迷妄을 깨달아 미오迷悟가 본래 없는 근본성품(眞性)에로의 회귀(깨침)를 뜻한다.

연구』, 동국대학교출판부, 1982, p.291).

220 김호성, 앞의 책, pp.236~237.

이상의 설명을 종합하면 위 첫 구(是故行者還本際)를 "그러므로
(자신의 망심 업식으로 삼계를 나투어 이에 미혹하여 집착하는 우리
네) 중생(行者)이 (제각기 본래 지니고 있는) 근본성품(眞性)에 회귀
하(여 법계法界에 노닐)고자 한다면"으로 번역·풀이할 수 있다.

「법성게」의 ①첫 구절부터 위 본 구절의 바로 앞 구절까지의 내용
요지는 근본성품(眞性)과 그 드러냄과 드러남(諸法), 그리고 이에
상응하는 공능功能 등 법계의 특성을 밝힌 것이라면, ②위 본문의
게송부터는 근본성품과 그 드러냄과 드러남, 그리고 그 공능 등을
망견함으로써 망상경계에 미혹하여 중생 놀이하는 본래 부처님(行者)
들에게 망념을 순치시켜 근본성품과 그 드러냄과 드러남, 그 공능을
깨닫는 방편과 과정 그리고 마침내 중생 꿈 깨어 근본성품에 회귀하여
자신이 본래 부처임을 확연히 깨치는 감흥을 노래하고 있다.

따라서 위 본문 게송부터 제28구까지는 『원각경』, 『능엄경』을
위시한 모든 경전과 『대승기신론』 등 깨침의 방편을 일깨우는 말씀을
참고하면 이해에 도움이 될 것이다. 『대승기신론』을 참고함에 있어
무명 업식 내지 진망화합식眞妄和合識은 무엇이며, 어디서, 어떻게,
왜 발현되는가를 유의하여 「법성게」의 마지막 여덟 구절을 살펴보면
더욱 유익할 것이다. 위 착안 사항을 살핌에 있어 다음 가설을 참고하
면 다소간 갈피를 잡기 용이할지도 모른다.

'나르시스'가 물속에 드리운 제 그림자에 혹惑해서 모든 것을 잊고
자신의 그림자를 뚫어지게 마냥 바라보느라 결국 굶주려 죽게 되었다
는데, 무엇이 '나르시스'로 하여금 왜 자신의 그림자를 실답지 않은
그림자인 줄도 모르게 혹하도록 했는지를 곰곰이 생각해 보면 법계의

법신불이 삼계의 중생놀이 하는 까닭과 과정을 이해하는 데 도움이 될 듯하다. 신기루를 오아시스인 줄 알고 마냥 찾아 나서는 사연과 대비해 봄도 참고가 될 것이다.

특히 『능엄경』에서 "눈·귀·코·혀와 더불어 몸과 마음의 여섯 도적 盜賊이 매개체가 되어 스스로 가보家寶인 진심眞心을 탈취하여서, 이로 말미암아 시작이 없는 과거부터 중생세계에 태어나 얽히고 묶이게 되었기 때문에 기세간器世間을 초월할 수 없게 되었다(眼耳鼻舌及與身心 六爲賊媒自劫家寶 由此無始衆生世界生纏縛故 於器世間不能超越)"[221]라고 일깨우신 말씀은 본래 부처인 법계法界 중생이 삼계 중생으로 전락한 까닭 내지 배경을 설명하고 있어, 역으로 삼계 중생이 법계 중생으로 회귀할 수 있는 수행방편도 가늠할 수 있게 한다. 이 점을 유념하면서 다음 구절을 살펴보자.

다음으로 둘째 구(叵息妄想必不得)에 대한 풀이는 두 가지 견해가 있을 수 있다. 첫째로 법계를 삼계로 망견妄見하는 까닭은 망념·망상의 업습 때문이므로 이 망상·망념을 순치시키면 근본성품에 회귀하여 법계를 법계로 온전히 알 수 있게 된다는 논리가 온당하게 성립된다. 이와 같은 견지에서는 위 둘째 구의 '叵'를 '못할, 할 수 없음(不可)'의 뜻으로 보아 위 둘째 구를 "망상을 잠재우지 않고서는 근본성품(眞性·法身佛)의 공덕력의 가피를 입을 수 없어 근본성품(眞性)에 회귀하여 근본성품에 계합함(還本際)을 결코 얻을 수 없을 것이다. 즉 망상을

---

221 전종식, 『능엄경』(예학. 2010), p.394.

잠재우지 않고서는 근본성품에 결코 회귀할 수 없(음을 알아야 하)나니"라고 번역·풀이할 수 있다.

이와 같은 번역·풀이를 뒷받침하는 논거論據로는

①『화엄경, 입법계품』에서 "어떤 이는 간 데마다 부처님께서 온 세계에 가득함을 뵈옵지만 어떤 이는 마음이 깨끗하지 못해 무량겁에도 부처님을 뵙지 못해(或有處處見佛坐 充滿十方諸世界 或有其心不淸淨 無量劫中不見佛)"라는 일깨움과

②『능엄경』에서 "근본무명根本無明을 영원히 끊으면 명상名相[222]이 정미精微롭고 순수하여 일체가 변하여 나타나더라도 번뇌가 되지 않고 모두 열반의 청정한 묘덕妙德에 합合하게 된다(永斷根本無明 名相靜純 一切變現 不爲煩惱 皆合涅槃淸淨妙德)"라고 하신 말씀, ③"번뇌 망상에 사로잡히면 법계의 실상이 삼계의 허망한 상相으로 바뀌어 나타난다"거나 "삼계는 허망한 것이니 다만 일심一心이 지은 것이다(三界虛妄 但一心作)"라거나, "망심妄心 때문에 허망한 경계가 짐짓 나타나고(唯心妄見 變作境界) 마음이 맑아질 때는 마땅히 삼계가 없어질 것이다(此心淨時 應無三界)"[223]라거나

④"상념(想念: 妄想)의 집착에 계박된 범부들은 그들 안에 있는

---

222 미오迷悟의 법법의 본질이 되는 명名·상相·분별分別·정지正智·진여眞如를 오법五法·오사五事라고 함. 명名은 현상에 짐짓 붙인 거짓 이름, 상相은 현상의 차별적인 모습, 분별은 생각하는 망상妄想, 정지正智는 진여에 맞는 지혜, 진여眞如는 만유萬有의 본체本體로 사실 그대로의 평등한 진리를 일컬음. 앞의 셋은 미迷의 법法, 뒤의 둘은 오悟의 법임(『불교학대사전』(홍법원) p.1100).

223 이기영,「화엄사상의 현대적 의의」(불교문화연구소편,『한국화엄사상연구』, 동국대학교출판부, 1982), pp.347~348, p.352.

여래지如來智를 알지도 못하고, 깨닫지도, 이해하지도, 실현하지도 못한다. 모든 상념에 의해 지어진 계박을 멀리 여의게 될 때 저 무량한 여래지는 모든 세간을 이익케 할 것이다"[224]라는 경經과 '논論'의 말씀 등을 들 수 있다.

특히 경經에서

① "만약 여래의 지혜를 얻고자 할진대 응당 일체의 망상 분별을 여의어야 함(若有欲得如來智 應離一切妄分別)"[225]을 일깨우신 말씀과

② "시방의 모든 중생들이 모두 다 망상에 뒤덮였으니 만약 뒤바뀐 소견을 버리면 세간의 망상이 사라짐(十方諸衆生皆爲想所覆 若捨顚倒見 卽減世間想)"[226]을 일깨우신 말씀,

③ "부처 경계 알고자 하면…… 망상과 모든 집착 멀리 여의어야 함(若有欲知佛境界…… 遠離妄想及諸取)"과 "한 중생도 여래의 지혜를 갖추어 가지지 않은 이가 없지만, 다만 허망한 생각과 뒤바뀐 집착으로 증득하지 못하나니 만일 허망한 생각(妄想)을 여의기만 하면 온갖 지혜와 저절로 생기는 지혜와 걸림 없는 지혜가 곧 앞에 나타나게 됨(無一衆生而不具有如來智慧 但以妄想顚倒執着而不證得 若離妄想 一切智自然智無碍智則得現前)"과 "여래의 지혜가…… 중생들의 몸속에 갖추어져 있건만 어리석은 이는 허망한 생각(妄想)과 집착으로 알지 못하고 깨닫지 못하여 이익을 얻지 못함(如來智慧…… 具足在於衆生身中 但諸凡愚 妄想執着 不知不覺 不得利益)"과 "중생들이…… 여래의

---

224 김호성, 앞의 책, p.199.

225 『화엄경, 십지품』

226 『화엄경, 십인품』

지혜를 구족하고 있으면서도 어리석고 미혹하여 알지도 못하고 보지도 못하니…… 성인의 도道로써 가르쳐서 허망한 생각(妄想)과 집착을 영원히 여의고 자기의 몸속에서 여래의 광대한 지혜가 부처와 다르지 않음을 알게 함(諸衆生…… 具有如來智慧 愚癡迷惑 不知不見…… 教以聖道 令其永離妄想執着 自於身中 得見如來廣大智慧 與佛無異)"[227]을 일깨우신 말씀, 그리고

④"선남자야, 일체 '보살'과 말세 중생은 마땅히 일체 환화幻化인 허망한 경계를 멀리 여의어야 한다. …… 선남자야, 환幻인 줄 알면 곧 여의니…… 환幻을 여의면 곧 깨침(覺)이라"[228]라고 하신 말씀과

⑤일체 환화幻化를 온전히 여의기 위해서는 그 시원인 "무명無明을 영원히 끊고서야 바야흐로 불도佛道를 이룸―깨침"[229]을 일깨우신 말씀, 그리고

⑥"만약 생멸生滅을 버리고 참되고 영원한 진상眞常을 지키면, 상광常光이 앞에 나타나서 육근·육진의 식심識心이 즉시 소멸하여 없어진다(若棄生滅 守於眞常 常光現前 根塵識心 應時銷落). …… 육근과 육진이 다 소멸되면 어찌 각명覺明이 원묘圓妙함을 이루지 못하겠느냐(根塵旣銷 云何覺明 不成圓妙)"[230]라고 하신 말씀과

⑦"무릇 있는 바 모든 상相은 모두 다 허망(幻化)하니, 만약 모든 상을 상相 아닌 줄 알면 곧 여래를 보리라(凡所有相 皆是虛妄 若見諸相非

---

227 『화엄경, 여래출현품』
228 『원각경, 보현보살장』
229 『원각경, 문수보살장』
230 『능엄경』

相 卽見如來)"231라고 하신 말씀 등이 앞서 살펴본 첫 번째 번역·풀이의 명확한 논거라고 할 수 있을 것이다.

이제 다른 견해를 살펴보자. 근본성품이 인연 따라 드러낸 모든 참다운 존재(法)와 근본성품(性)이 원융한 법계에는 '능소'와 '주객'이 없어 법계마저도 내세울 수 없다. 그런데 법계를 알지 못하는 삼계의 어리석은 중생에게 법계를 일깨우자니 삼계의 언설言說로 법계와 삼계를 내세우고, 어린아이 달래듯 온갖 군말을 화려하게, 때로는 은밀하게, 때로는 교묘히 구사한 것 중 하나가 「법성게」이다. 즉 삼계와 법계가 다 허망한 신기루 같은 언설 위의 한판 굿일 뿐이다.

이 신기루 같은 언설로 신기루를 떨치고 오아시스를 찾게 하자니

① 설잠 김시습은 "망상妄想을 저버리고 불과佛果를 성취한다는 것은 불가능한 것"232이라고 하고.

② 영가永嘉 대사는 그의 『증도가』에서 "'망상을 없애지도 않고 참됨도 구하지 않는다(不除妄想不求眞)'/ '참을 구하지 않고, 망상을 끊지도 않는다(不求眞不斷妄)'/ '망심을 버리고 진리를 취하는, 취사

---

231 『금강경, 여리실견분』. 같은 맥락에서 『금강경, 법신비상분』에서 "만약 색상으로 써 나를 보려하거나 음성으로써 나를 구하거나 하면 이 사람은 사도邪道를 행함이라 능히 여래를 보지 못하리라(若以色見我 以音聲求我 是人行邪道 不能見如 來)"고 하신 말씀과 『금강경, 응화비진분』에서 "일체 인연법은 꿈과 꼭두각시와 물거품과 그림자 같고 이슬과 또한 번개와 같으니, 마땅히 이와 같이 볼지어다(一 切有爲法 如夢幻泡影 如露亦如電 應作如是觀)"고 하신 말씀도 연계하여 파악하면 이해에 도움이 될 것임.

232 목정배, 앞의 글, p.291.

하는 그 마음이 교묘한 거짓이다(捨妄心取眞理 取捨之心成巧僞)"라고
하고.

③육조 혜능 선사는 "지혜로써 관조하여 모든 법을 취하지도 아니하
고 버리지도 않으니 이것이 곧 성품을 보아 부처의 도를 이룸(用智慧觀
照 於一切法不取不捨 卽是見性成佛)"[233]이라 하고.

④'감산 덕청'은 "중생의 망상은 본래 자성自性이 없으니 원래 진심眞
心이다. 만일 망상을 쉬고 진심을 구한다면 흡사 머리를 베고 살
길을 찾는 격이다. 따라서 모든 망심을 쉬거나 없애려고 하지 말라"[234]
라고 한다.

위 견해들은 경經에서

①"일체 환화幻化인 허망한 경계를 응당 멀리 여의어야 한다. ……
그리고 멀리 여의려는 마음 또한 환幻이니 이 또한 멀리 여의어야
한다. 멀리 여읨을 여읨도 환이니 이 또한 다시 멀리 여의어야 한다.
여읠 바 없음을 얻고서야 곧 모든 환화幻化를 제거함이 되는 것이다(應
當遠離一切幻化虛妄境界…… 遠離爲幻 亦復遠離 離遠離幻 亦復遠離 得無
所離 卽除諸幻)"[235]라는 말씀과

②"선남자야, 깨달음(覺)을 성취하는 고로 보살菩薩은 마땅히 법法
에 얽매이지도 않고 법을 벗어버리기를 구하지도 아니하며, 생사生死
를 싫어하지도 아니하고, 열반涅槃을 좋아하지도 아니하며, 계율을
지키는 것을 공경하지도 아니하고 계율을 어기는 것을 미워하지도

---

233 『육조단경돈황본』(보각, 앞의 책), p.50.
234 황정원, 『원각경 이가해』, p.192.
235 『원각경, 보현보살장』

아니하며, 오래 수행한 자를 중히 여기지도 아니하고 초학初學을
가볍게 여기지도 아니함을 알아야 한다. 왜냐하면 일체가 깨달음(覺)
이기 때문이다(善男子 覺成就故 當知菩薩 不與法縛 不求法脫 不厭生死
不愛涅槃 不敬持戒 不憎毀禁 不重久習 不輕初學 何以故 一切覺故)"[236]라
고 일깨우신 말씀, 그리고

③"일체시一切時에 망념妄念을 일으키지 말며, 저 모든 망심妄心을
또한 쉬거나 없애려고 하지 말며, 망상 경계에 머물러서 더 알려고
하지도 말며, 저 앎이 없음에서는 진실인가를 가리지도 말라(居一切時
不起妄念 於諸妄心 亦不息滅 住妄想境 不加了知 於無了知 不辨眞實)"[237]라
고 일깨우신 말씀을 연계하여 파악하면 그 뜻을 이해하는 데 도움이
될 것이다.

이런 견지에 입각하면 위 게송(叵息妄想必不得)을 "끝끝내 망상을
잠재우고자 해서는 결코 자신의 근본성품에 회귀할 수 없(음을 알아야
하)나니"라고 번역·풀이할 수도 있다.[238] 그리고 "망상이란 내 몸과
마음 밖에 부처를 그려보고 거기서 불법佛法을 찾는 그러한 생각을
통틀어 일컫는 것(所謂妄想者 凡自身心之外 希佛求法之心 總爲妄想
也)"[239]이라는 견해를 참고하건대, 법계의 실상을 일깨우기 위해 허망

---

236 『원각경, 보현보살장』

237 『원각경, 청정혜보살장』

238 '파叵'를 '드디어(遂)'의 뜻으로 보아 '수遂'가 지니는 '사무칠', '나아갈', '이룰',
'마침내', '인因'할, '마칠', '자랄', '다할', '갖출'…… 등등의 뜻 중 '나아갈', '이룰',
'마침내'에 가깝게 표현한 것임.

한 삼계를 내세우니, 법계와 삼계가 실제로 있는 듯하여 이를 내세워 이러쿵저러쿵하는 놈이 있고, 그 이러저러함의 옳고 그름을 따지는 온갖 분별이 난무하여 '이내 몸과 마음'이 '근본성품의 드러남이자 드러냄(法界)'임을 잊고 헛되이 삼계의 언설에 집착하여 온갖 망념·망상을 일구고 있음을 돌이켜 보게 한다.

　신기루를 보게 되면 마냥 신기루를 좇아갈 것이 아니라 가까이에 오아시스가 있음을 알아 오아시스를 찾아 나서야 하듯이, 망상妄想에 마냥 끌려 다닐 게 아니라 망상도 진성眞性의 드러남임을 알아 망상이 일면 그것이 곧 진성의 작용인 줄 알아야 진성에 계합하게 될 것이다. 위 구(叵息妄想必不得)의 두 번째 번역·풀이인 "끝끝내 망상을 잠재우고자 해서는 근본성품에 결코 회귀할 수 없음을 알아야 하나니(叵息妄想必不得)"의 뜻하는 바가 쉬이 납득이 가면 자신의 경계가 설잠, 영가, 혜능, 덕청의 경계와 더불어 함께하고 있음을 알 수 있을 것이다.

　위 두 가지 번역과 풀이가 지향하는 바는 다 같이 삼계의 중생으로 하여금 중생의 꿈을 깨게 함에 있다. 다만 두 번째 번역·풀이는 '백척간두百尺竿頭'까지 나아간 분들에게 시사하는 바가 클 것이다.

　특히 『화엄경, 입법계품』에서 "부처님의 지혜 크고 넓기 허공 같아서 모든 중생들의 마음에 두루하시어 세간의 모든 망상 모두 다 아시지만 갖가지 다른 분별 내지 않으심(佛智廣大同虛空 普徧一切衆生心 悉了世間諸妄想 不起種種異分別)"을 일깨우신 말씀과 "모든 중생을

---

239 목정배, 앞의 글, p.291(『대기大記』에서 인용).

보아도 중생이라는 분별을 내지 않나니 지혜의 눈으로 밝게 보는 연고이니라. 모든 말을 들어도 말이라는 분별을 내지 않나니 마음에 집착이 없는 연고이니라. 모든 여래如來를 뵈어도 여래라는 분별을 내지 않나니 법의 몸(法身)을 통달한 연고이니라. 또 일체 법륜을 머물러 지니면서도 법륜이라는 분별을 내지 않나니 법의 성품을 깨달은 연고이니라. 한 생각에 모든 법法을 두루 알면서도 모든 법이라는 분별을 내지 않나니 법이 환술과 같음을 아는 연고이니라(見一切衆生 不分別衆生相 智眼明見故 聽一切語言 不分別語言相 心無所着故 見一切如來 不分別如來相 了達法身故 住持一切法輪 不分別法輪相 悟法自性故 一念徧知一切法 不分別諸法相 知法如幻故)"라고 일깨우신 말씀을 돌이켜 앞서 개진한 「법성게」의 번역과 풀이를 다시 살펴보면 더욱더 뜻이 명확해질 것이다.

「법성게」의 이 구절(叵息妄想必不得)에 대한 대부분의 번역·해설은 첫 번째의 번역·해설과 유사하나 청화 스님은 "쉴 새 없는 망상인들 얻을 길 없고"라고 특이하게 번역하고 있으니 참고하기 바란다.

그리고 첫 번째 번역·풀이(망상을 잠재우지 않고서는 근본성품에 결코 회귀할 수 없노니)를 참고하여 '망상을 잠재우는 방편'에 대해 군말을 보태고자 한다.

망심에 사로잡힌 중생의 업습으로는 근본성품의 본연작용인 초발심을 놓치기 십상이다. 이런 상황에서 망심을 잠재우고자 하면 망심을 잠재우고자 하는 생각이 새로운 망심이 되어 망심이 더욱더 굳어질 수 있다. 차라리 '망심'을 내세우지 말고 과거 일곱 부처님께서 한결같이 일깨우신 게송(七佛通戒偈)에 의거하여 악업惡業을 잠재우고 선업

善業을 쌓아 망심의 근원인 무명 업습을 순치시키는 것이 바람직하다. 「칠불통계게」는 다음과 같다.

제악막작諸惡莫作 모든 악한 업(행)을 짓지 말고
중선봉행衆善奉行 뭇 선업을 받들어 행하면
자정기심自淨其心 자신의 마음이 스스로 맑아져서
시지불법始知佛法 비로소 부처님의 가르침을 알게 된다.

위 네 구 중 첫 두 구는 계戒에, 셋째 구는 정定에, 넷째 구는 혜慧에 상응한다. 일반적으로 「칠불통계게」의 제3구는 자정기의(自淨其意: 자신의 의식이 스스로 맑아져서)로, 제4구는 시제불교(是諸佛敎: 이것이 모든 부처님의 가르침이다)로 널리 알려져 있다. 그러나 위의 게송이 계정혜戒定慧 삼학三學에도 부합하는 반듯한 게송으로 여겨진다.

『능엄경』에서 "이른바 마음을 거두어 잡는 것을 계戒라 하고, 이 계로 인하여 정定이 생기고, 이 정으로 인하여 혜慧를 발하니, 이것을 세 가지 무루학無漏學이라고 한다(所謂攝心爲戒 因戒生定 因定發慧 是則名爲三無漏學)"라고 일깨우신 말씀과 '함허 득통'이 『원각경, 보안 보살장』에서 일깨우신 '여래의 사마타 수행'이 "계정혜 삼학에서 벗어나지 않는다"[240]라고 해설한 바와 연계해서 파악하면 「칠불통계게」의 일깨움이 무명 업습을 타파하여 깨침에 이르는 더할 나위 없는 좋은

---

240 황정원, 『원각경 이가해』, p.80.

방편임을 알 수 있을 것이다. 그리고『능엄경』에서 "미迷한 원인은 미로 인하여 저절로 있는 것이니 미迷에 따로 원인이 없음을 알면 무명의 원인인 허망虛妄이라는 것이 의지할 데가 없다. …… 허망의 성품이 이와 같으니 세간世間·업과業果·중생의 삼종상속三種相續[241]을 분별하는 버릇을 따라가지만 않으면 삼연三緣[242]이 끊어지므로, 삼인三因[243]이 생기지 않게 된다. 그리하면 네 마음속에 자리한 광성狂性이 스스로 쉬게 될 것이다. 광성이 쉬기만 하면 곧 보리菩提의 수승한 정명심淨明心은 본래 법계에 두루하니 어찌 그렇게 수고롭고 애타게 닦아서 증득하고자 하겠는가(迷因 因迷自有 識迷無因 妄無所依… 妄性如是 但不隨分別世間 業果衆生三種相續 三緣斷故三因不生 則汝心中狂性自歇 歇卽菩提勝 淨明心本周法界 何藉勸勞肯綮修證)"라고 일깨우신 말씀과 "보살도를 구하는 사람이 먼저 음婬·살殺·도盜·망妄인 네 가지 율의律儀를 얼음과 서리처럼 맑게 지키면 자연히 일체의 지엽枝葉이 파생되지 않으니, 마음의 세 가지와 입(口)의 네 가지의 허물이 생길 원인이 전혀 없다. 이와 같이 음·살·도·망의 네 가지 계율을 잃지 않게 되면 마음이 빛깔·냄새·맛·촉감 등의 경계에 움직이지 않게 될 것이니 어찌 일체의 마장魔障이 생기겠느냐(求菩薩道 要先持此四種律儀 皎如冰霜 自不能生一切枝葉 心三口四生必無因 如是四事若不遺失 心尙不緣色香味觸 一切魔事 云何發生)"라고 하신 말씀[244]에

---

241 세간世間, 업과業果, 중생衆生의 상.

242 음婬·살殺·도盜.

243 무명無明인 업상業相과 무명이 변화하여 나툰 전상轉相과 현상現相(주 2,3,4는 황정원, 『능엄경』, p.198의 주에 의함).

비추어 보아 '음행淫行'과 '살생殺生'과 '투도偸盜', '대망어大妄語' 등의
악업을 범하지 않아야 '깨달음'을 성취할 수 있음을 유념하면 「칠불통
계게七佛通戒偈」가 무명업습을 순치시켜 깨침에 이르는 수행방편
중 가장 기본이 되는 최상의 불가결한 수행방편임도 알 수 있을
것이다.

위 「칠불통계게」의 가르침에 의거 망심을 순치시키고자 하면
① 모든 악한 업(행)을 짓지 않으려고 노력하는 것보다 뭇 선업을
받들어 행하는 것이 더 바람직하다. 누구도 악업과 선업을 동시에
행할 수는 없기 때문이다. 뭇 선업을 받들어 행하면 악업은 자연
순치되게 되어 있다.

『금강경, 정심행선분』에서 "사상四相을 여의어 일체선법一切善法
을 닦으면 곧 정각正覺을 이룸(以無我無人無衆生無壽者 修一切善法
卽得阿耨多羅三藐三菩提)"을 일깨우신 말씀과 『화엄경, 여래출현
품』에서 "보살마하살은 이 법문을 듣고 크게 기뻐하며 소중히 여기는
마음으로 공경히 받들어야 하나니, 이 경을 믿고 좋아하면 정각을
이루고자 하는 마음(아뇩다라삼먁삼보리심)을 빨리 얻게 됨"을 일깨우
신 말씀을 참조하면 선업善業의 유형과 범주를 파악하기 한결 용이할
것이다. 그리고

---

244 『능엄경』에서 '오신채五辛菜와 술과 고기 등을 금禁'한 까닭을 숙지하여 잘
지켜야 할 것이다. 그러나 현대의 생활여건이 열악하여 젊은 수행자들조차
잔병치레가 심하다 하니 오종정육五種淨肉의 연장선상에서 약藥으로 오신채를
허용할 수 있는지 진중히 검토하여야 할 것 같다.

②뭇 선업을 받들어 행하게 되면 악업은 자연 순치되고, 악업이 제대로 순치되면 뭇 선업을 행해도 선업을 행한다는 망상심(妄心) 또한 순치되어 선과 악을 분별하는 망심이 자연 순치(自淨其心)되게 마련이다. 망심이 순치되는 단계에 이르면

③일수사견(一水四見: 중생의 업식에 따라 물(水)을 각기 달리 봄)이 나 일음동청이문(一音同聽異聞: 동일한 말도 중생 업식에 따라 제각기 달리 알아들음)에서 벗어나 법계의 실상을 바로 알고 바로 볼 수 있게 되므로

④반듯하게 법계의 근본을 일깨워주시는 부처님의 가르침을 비로소 온전히 알아듣게 된다(始知佛法: 如是聞).

언하대오(言下大悟: 한마디 말씀이 펼쳐지는 바로 그 자리 또는 그 때에 온전히 곧바로 깨침의 경계)에 다다른 상근기上根機가 아니면 ①지관(止觀: 자기의 천연 본심을 관찰하여 산란한 온갖 망념을 그치고 고요하고 맑은 슬기로써 모든 존재를 비추어 보는 수행)이나, ②수식(數息: 출입하는 호흡을 세어서 마음의 산란을 멎게 하여 마음을 통일하는 수행) 또는 ③참선參禪 등의 수행방편은 생업生業에 종사하는 중하근기中下根機의 일상 생활인에게는 적합하지 않아 보인다.

육조 혜능이 깨치기 전에 "응당 (모양과 색상과 빛깔, 소리, 냄새, 맛깔, 촉감, 요량 등등에) 머문(집착한) 바 없이 그 마음을 내라(應無所住而生其心)"라는 『금강경』 말씀에 매료되어 오조 홍인 대사 문하에서 수행할 적에 방앗간에서 디딜방아를 찧는 소임을 맡게 되었다.

혜능은 오조 문하에서 수행하는 많은 대중들의 먹거리를 마련하고자 허리춤에 큰 돌을 묶고서 디딜방아를 찧을 정도로 성실하게 소임을

수행하여 복福 짓기에 소홀하지 않았고 '응당 머문 바 없이 그 마음을 내려고' 노력하였으니 복덕福德과 지혜智慧를 함께 닦음이어서 언하대 오름下大悟의 기틀이 마련되었다. 이에 오조 홍인 대사께서 일깨워주신 "응당 머문 바 없이 그 마음 내라"라는 『금강경』 말씀에 확연히 깨쳤다고 한다.

육조 혜능 선사의 사례를 참고하여 복덕과 지혜를 함께 일깨우시는 「칠불통계게」, 곧 복혜쌍수福慧雙修의 가르침을 일상 생업(生業: 職業) 활동에 수용하면 망상을 잠재워 깨침을 성취할 수 있을 것으로 여겨진다. 부디 일상 생업 활동에서 일곱 부처님의 가르침대로 지극한 마음으로 선업善業을 실천하여 우리 사회 구성원 모두를 이롭게 하는 (弘益人間) 복덕福德 쌓기로 나아가면 복덕과 지혜를 함께 닦음이 되어 한결 쉬이 깨침을 이루게 될 것이다.

다음으로 두 번째 번역·풀이, 즉 '끝끝내 망상을 잠재우고자 해서는 근본성품에 결코 회귀할 수 없음(叵息妄想必不得)'을 참고하여 근본성품에 회귀할 수 있는 수행방편에 대해 군말을 보탠다.

위 첫 번째 번역·풀이와 연계하여 설명한 「칠불통계게」의 실천은 굳이 망상을 내세우지 않았기에 망상을 잠재우고자 하는 의도조차도 드러나지 않은 수행방편이어서 두 번째 번역·풀이에도 그대로 원용할 수 있다. 같은 맥락에서 망상을 내세우거나 망상을 잠재우고자 노력하느니보다 근본성품의 본연작용인 '초발심'에 집중하여 '초발심시변정각初發心時便正覺'의 경계로 나아감이 두 번째 번역·풀이에 부응하는 수행방편이 될 수 있다.

어떤 연緣, 특히 망심이 연계되어 생각생각 망심이 일어남을 유념하여 역으로 망심의 출발점으로 거슬러 올라가거나, 특정한 연緣이 없이 은연중 무심히 발현되는 한 생각(初發心)을 그대로 받아들이면 '머문 바 없이 마음을 냄(應無所住而生其心)'이 되므로 근본성품에 회귀하여 깨침을 이루는 수행방편이 됨을 알 수 있을 것이다.

이상에서 소개한 방편을 참고하여 '고친 법성게' 제21구와 제22구(是故行者還本際 叵息妄想必不得)의 번역·풀이를 다시 음미해 보면 보다 쉬이 그 뜻을 이해할 수 있을 것이다.

그런데 「법성게」의 내용은 초지보살인 '환희지'에서 비로소 알 수 있고[245] 과거 현재 미래의 시방 모든 부처님과 보현보살님, 그리고 부처님과 보현보살님과 대등한 대승보살님들만이 온전히 아실 수 있는 경계임을 유념하면[246] 「법성게」에서 일깨우고 있는 수행방편은 초지 이상의 보살들만이 이를 감당할 수 있다고 보아야 하므로, 「법성게」에서 일깨우고 있는 수행방편을 번역·풀이함에 있어 이 점을 되짚어 보아야 할 것 같다.

『대승기신론』에 의하면 "증득하는 발심(證發心)은 정심지淨心地에서부터 보살 구경지究竟地에 이르기까지이다(證發心者 從淨心地乃至

---

[245] '감산 덕청'은 그의 『원각경직해』에서 "노사나불佛은 초지初地 이상의 지위에 오른 지상보살地上菩薩들과 같이 『화엄경』을 설하셨다"고 한다. 「법성게」의 내용이 『화엄경』 말씀을 축약한 것임을 유념하여 '감산 덕청'의 언급도 참고.
[246] 후술 '고친 법성게' 제29구(證智所知非餘境)와 제30구(十佛普賢大人境)의 해설 참조.

菩薩究竟地)"라고 일깨우고 있다. 여기서 정심지는 보살 10지 중 제1지(初地)인 '환희지'이고, 보살구경지는 마지막 10지임[247]을 유념하여 「법성게」에서 일깨우는 수행방편을 '증발심證發心'에 상응하여 파악함이 온당할 것이다.

참고로 『대승기신론』에서 제시하는 근기根機별 수행단계 내지 수행방편을 도시圖示[248]하면 다음과 같다.

〈그림 14〉

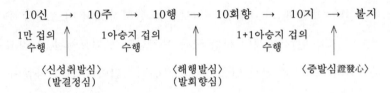

『대승기신론』은 보살 초지부터 구경지까지 증득하는 발심, 즉 "증발심證發心의 증득 경계는 진여眞如…… 진여지眞如地로서 법신法身이라고 이름한다(證何境界 所謂眞如…… 唯眞如地 名爲法身)"라고 한다. 이 논지를 참고하면 「법성게」에서 일깨우는 수행방편은 '근본성품(眞性)' 내지 '근본성품의 본연작용'에 곧바로 다가서는 이른바 '일초직입여래지(一超直入如來地: 중생이 본래 부처라는 것을 스스로 깨달아 바로 절대의 경지에 들어가는 것)' 내지 '초발심시변정각初發心時便正覺'에 상응해야 함을 알 수 있다.

247 한자경, 『대승기신론강해』(불광출판부, 2013), p.337.
248 한자경, 위의 책, p.337에서 옮김.

이런 맥락에서 「법성게」가 일깨우는 수행방편을 다시 살펴보자.

①'고친 법성게' 제22구인 '파식망상필부득叵息妄想必不得'을 "망상을 잠재우지 않고서는 근본성품에 결코 회귀할 수 없음을 알아야 하노니"로 번역·풀이함은 온당하지 못함을 알 수 있다. 이는 망상을 순치시키는 수행은 아직 보살초지에 이르지 못한 수행자의 수행방편이고, 「법성게」의 내용은 보살초지인 환희지(정심지)에서 깨쳐 증득한 무루의 정지正智로써 비로소 알 수 있는 경계(證智所知非餘境)이므로 망상을 순치시키는 수행은 보살초지에 이른 보살에게는 적합한 수행방편이라고 할 수 없기 때문이다. 따라서

②'고친 법성게' 제22구인 '파식망상필부득叵息妄想必不得'을 "망상을 잠재우고자 해서는 결코 근본성품에 회귀할 수 없음을 알아야 하나니"로 번역·풀이함이 온당해 보인다. 이는 보살초지는 이미 망심을 순치하여 근본성품에 다가선 경지이므로 본래 실답지 못한 망상을 뒤돌아 볼 까닭이 없기 때문이다. 본래 없는 망상을 순치시켰다는 망념 또한 허망하여 이에 집착함이 온당하지 못하기 때문이기도 하다.[249] 다만 '보살초지'에 이르지 못한 우리네 중생은 앞서 설명한 첫 번째 풀이와 「칠불통계게」[250]에 의거 수행함이 온당할 것이다.

'고친 법성게' 제21구와 제22구(是故行者還本際 叵息妄想必不得)를 "그러므로 중생(行者)이 자신의 근본성품(眞性: 佛性)에 회귀하고자

---

249 앞에서 『원각경, 보현보살장』과 「보안보살장」 그리고 「청정혜보살장」 등의 말씀과 설잠 김시습의 견해, 영가 대사의 『증도가』, 『육조단경』 등을 인용하여 해설한 내용 참조.

250 앞에서 해설한 「칠불통계게」 참조.

할진대, 끝끝내 망상을 잠재우고자 해서는 결코 자신의 근본성품에
회귀할(깨칠) 수 없나니"로 번역·풀이하고 다음 구를 살펴보자.

9. 근본성품의 본연작용本然作用과 그 공능 ①[251]

無緣善巧捉如意무연선교착여의 (23)
歸家隨分得資糧귀가수분득자량 (24)

(자신의 근본성품의 무한한 공덕장에서 근본성품의 본연작용으로
무한히 발현하는) 무연선교를 자재하게 갖추어(捉) (이 무연선교를
두루 발현하여) 이 무연선교(로 ①중생을 교화하여 복을 짓고, ②자
신의 중생심을 스스로 순치하여 지혜를 증장하는 이른바 복혜쌍수福
慧雙修하는 정도)에 상응하여(隨分) 스스로 깨쳐 부처 이루는(歸家)
인因이 되는 공덕력(資糧)을 갖출(얻을) 수 있나니.

첫 구 무연선교착여의無緣善巧捉如意에서 '선교善巧'란 '좋은 방편과
교묘한 솜씨', 즉 '중생을 교화하는 데 그 방법과 수단이 능란한 것'을
말한다.[252] 그리고 '부처님의 무연자비無緣慈悲'에서 보듯이, 부처님은
모든 대상에 대해 분별을 떠난 절대 평등한 사섭捨攝의 자비를 나투듯
근본성품(法身佛·眞性)의 공덕장 또한 아무런 차등이나 제약 없이(無

---

251 의상은 '수행방편을 밝힘(明修行方便)'으로, 유문은 '牒結上義' 중 '結上所被敎別
    明修道'로 해석함.
252 『대승밀엄경』(한글대장경 제242책) p.496; 『불교대사전』(홍법원). p.821.

緣) 그 본연작용으로 '선교(좋은 방편과 교묘한 솜씨)'를 발현한다. 위 게송의 '무연선교'를 근본성품의 공덕장에서 그 본연작용으로 아무런 차등이나 제약 없이 발현하는 무한한 '좋은 방편과 교묘한 솜씨'로 풀이하고자 한다.

그리고 '중생을 교화하는 방법과 수단'은 자신의 중생심衆生心을 스스로 순치시키는 수단과 방법도 되므로 무연선교無緣善巧는 '스스로 깨쳐 부처 이루는 수단과 방법'으로 볼 수도 있다. 나아가 '무연선교'를 스스로 깨쳐 부처 이루는 수단과 방법이 지닌 공덕 내지 공덕력을 포함하는 의미를 지닌 용어로 풀이할 수도 있다.

자신의 근본성품에서 발현하는 이 무연선교로 중생을 교화하여 복福을 짓고, 자신의 중생심을 순치시켜 스스로 지혜(慧)를 증장시키는 이른바 복혜쌍수福慧雙修로 나아가면 깨침이 한결 용이할 것이다.

이런 견지에서 위 첫 구를 "(자신의 근본성품[眞性: 法身佛]의 무한한 공덕장에서 근본성품의 본연작용으로 무한히 발현하는) 무연선교(중생을 능란하게 교화하는 수단과 방법 내지 스스로 깨쳐 부처 이루는 수단과 방법인 법신불의 공덕력)를 자재하게(如意) 갖추어(捉)"로 번역·풀이할 수 있다.

제2구 '귀가수분득자량歸家隨分得資糧'에서 '귀가歸家'는 '시고행자환본제是故行者還本際'의 '환본제', 즉 '근본성품(眞性) 내지 법계法界로의 회귀'와 같은 뜻이다. 그리고 경經에서 "어떤 이는 항상 복덕을 닦아 자량으로 부처될 인因을 삼는다"[253]라는 말씀을 참고하건대 '부처될 인', 곧 '근본성품(法身佛·眞性)에 회귀할 인因'을 자량으로 볼 수 있다.

이런 견지에서 '귀가수분득자량歸家隨分得資糧'을 "무연선교를 자재하게 두루 발현하는 정도에 상응하여(隨分) 근본성품에 회귀(歸家: 成佛·正覺)하는 능력(資糧)을 얻게 되나니(이보다 더 큰 이익이 있을손가!)"라고 번역·풀이할 수 있다.

이제 위 두 구를 묶어서 "(자신의 근본성품의 무한한 공덕장에서 근본성품의 본연작용으로 무한히 발현하는) 무연선교를 자재(如意)하게 갖추어(促) (이 무연선교를 두루 발현하여) 이 무연선교(로 ① 중생을 교화하여 복을 짓고, ② 자신의 중생심을 스스로 순치하여 지혜를 증장하는 이른바 복혜쌍수福慧雙修하는 정도)에 상응하여(隨分) 스스로 깨쳐 부처 이루는(歸家) 인因이 되는 공덕력(資糧)을 갖출(얻을) 수 있나니"로 번역·풀이하고자 한다.

10. 근본성품의 본연작용과 그 공능 ②[254]

以陀羅尼無盡寶이다라니무진보 (25)
莊嚴法界實寶殿장엄법계실보전 (26)

(자신의 근본성품의 무한한 공덕장에서 근본성품의 본연작용으로 무한히 발현하는 공덕력, 곧) 무궁무진한 보배인 다라니로써 법계의 근본성품의 진면목(實寶殿)을 온전히 깨쳐(莊嚴)

253 『대승밀엄경』(한글대장경 제242책) p.538.
254 의상은 '辨得利益'으로, 유문은 '牒結上義' 중 '結上能被敎別明修道'로 해석함.

'다라니陀羅尼'란 능히 무량·무변한 이치를 섭수攝收해 지니어 잃지 않는 염혜念慧의 힘을 일컫는다.[255] 예컨대 경經에서 일깨우신

①모든 법을 지니고 잊지 않는 '들어 지니는(聞持) 다라니'

②모든 법을 사실대로 교묘하게 관찰하는 '닦아 행하는(修行) 다라니'

③모든 법의 성품을 분명히 아는 '생각하는(思惟) 다라니'

④부사의한 부처님들의 법을 밝게 비추는 '법광명法光明 다라니'

⑤현재의 모든 부처님 계신 데서 바로 법을 들어도 마음이 어지럽지 않은 '삼매三昧 다라니'

⑥부사의한 음성과 말을 이해하는 '원음圓音 다라니'

⑦삼세의 불가사의한 모든 부처님 법을 연설하는 '삼세三世 다라니'

⑧그지없는 모든 부처님 법을 연설하는 갖가지 '변재辯才 다라니'

⑨가히 말할 수 없이 많은 부처님께서 말씀하신 법을 모두 능히 듣는 '걸림 없는 귀를 내는(出生無碍耳) 다라니'

⑩여래의 힘과 두려움이 없는 데 머무는 '일체불법一切佛法 다라니'[256] 등 보살마하살의 열 가지 다라니를 예로 들 수 있다.

그리고 명효明皛 스님의 「해인삼매론海印三昧論」에 의하면 "대삼매大三昧가 있다. 이름하여 해인海印이라고 한다. 수행자로 하여금 속히 불퇴지不退地에 도달하게 한다. 작은 방편으로 큰 이익을 획득하게

---

255 『불교학대사전』(홍법원, 1998), p.233.

256 『화엄경, 이세간품』, 그리고 '일체출생다라니문'과 '백만아승지다라니문'을 일깨우신 『화엄경, 이세간품』과 『화엄경, 입법계품』 참조.

한다. 그 인印 안의 중요한 의미를 담은 게송을 '다라니'라고 이름한다. 모든 계경契經의 요긴한 뜻을 모두 갖추어 지니고 있으며 모든 부처님의 공덕이 두루 함장含藏되어 있는 것이다'라고 하여 해인海印에 '다라니'가 모두 갖추어져 있다고 논증한다.[257]

특히 '대삼매大三昧인 해인海印에 다라니가 모두 갖추어져 있다'는 논증은 '다라니'가 곧 '다함없는 보배(無盡寶)'임도 일깨운다. 이 논증에 의하면 '이다라니무진보以陀羅尼無盡寶'를 '다함없는 보배인 다라니로써'로 번역·풀이할 수 있다.

위 설명과 견해로 미루어 앞서 살펴 본 '능인해인삼매중能仁海印三昧中, 번출여의부사의繁出如意不思議'와 '이다라니무진보以陀羅尼無盡寶'와 '무연선교착여의無緣善巧捉如意'가 내용상 연계되어 있음을 쉬이 알 수 있다. 즉 '능인해인삼매(근본성품의 무한한 공덕장)'에서 근본성품의 본연작용으로 '다라니'와 '무연선교'가 무한히 발현되고 있고, 무연선교無緣善巧[258] 중 가장 수승한 방편이 다라니陀羅尼로 여겨진다. 다만 무명업습으로 망상·망견에 휘둘리는 우리네 중생은 대부분 이를 감지하지 못하고 있을 뿐이다.

이런 맥락에서 볼 때 '이다라니무진보以陀羅尼無盡寶'를 "자신의 근본성품(法身佛·眞性)의 무한한 공덕장에서 근본성품의 본연작용으로 무한히 발현하는 공덕력, 곧 무궁무진한 보배인 다라니로써"라고 번역·풀이할 수 있다.

---

257 목정배, 앞의 글, p.269.

258 근본성품의 공덕장에서 아무런 차등이나 제약 없이 발현되는 무한한 좋은 방편과 교묘한 솜씨.

그리고 '이다라니무진보'를 "일체처一切處 일체시一切時에 법성이 두루 존재(遍在)하고 있는 것을 말한다"[259]라고 풀이한 설잠 김시습의 견해는 근본성품(眞性)과 근본성품의 드러냄을 구분하지 못한 오류로 여겨진다. 다만 참다운 존재(諸法)와 그 근본성품(眞性)이 원융하여 구별할 수 없음(法性圓融無分別)을 전제로 '이다라니무진보'를 "일체처 일체시에 '법성'이 두루 존재한다"라고 풀이한 것이라면 필자의 위 해설과 연계하여 이해하는 데 도움이 될 것이다.

제2구인 '장엄법계실보전莊嚴法界實寶殿' 중 '장엄법계'는 『금강경 제10 장엄정토분莊嚴淨土分』의 '장엄불토莊嚴佛土'와 연계하여 살펴보면 그 뜻을 이해하기 쉬울 듯하다. 불토佛土와 법계法界는 표현은 다르나 규봉 선사께서 '장엄불토'를 설명하면서 "부처님의 뜻이 법성진토法性眞土를 밝히고자 함"[260]임을 일깨운 것으로 보아 법계와 불토는 그 뜻하는 바는 같다 할 것이다.

이런 견지에서 보면 '장엄법계'가 곧 '장엄불토'인 셈이어서 『금강경』의 '장엄불토'에 대한 해설을 참고하면 「법성게」의 '장엄법계'를 이해하는 데 도움이 될 것이다.

우선 '장엄불토'를 해설한 내용을 중심으로 살펴보면 "첫째 '세간불토世間佛土 장엄'이니, 절을 짓거나 사경寫經하거나 보시공양布施供養하는 것 등이고, 둘째 '신불토身佛土 장엄'이니 모든 사람을 볼 때 널리 공경하는 것이요, 셋째 '심불토心佛土 장엄'이니 마음이 청정하면

---

259 목정배, 앞의 글, p.293.

260 무비 역해, 『금강경오가해』(불광출판부, 1992), p.235.

곧 불토가 청정한 것이어서 생각 생각이 얻을 바 없는 마음을 행하는 것(念念常行無所得心)"²⁶¹으로 설명한다.

소천 선사는 "'어리석은 자의 불토장엄'으로 위 육조 혜능 선사의 '세간불토장엄'을 예로 들어 설명하고, '지혜로운 자의 불토장엄'은 '한 생각 깨치면 불토佛土'요, 자신의 근본성품을 청정하게 발현하여 만행萬行을 구족하면 '장엄'이다"²⁶²라고 설명한다.

그리고 『화엄경, 입법계품』에서 "일체 법으로써 도량을 장엄함(以 一切法 莊嚴道場)"을 일깨우시고, 부 대사는 "장엄은 분별 망상의 시원 이 되는 능소能所를 끊음(莊嚴絶能所)"²⁶³임을, 규봉 선사는 "깨쳐 부처 이루는 수행방편 중 하나인 일체 공덕으로써 장엄을 성취함(以一切功 德 成就莊嚴)"²⁶⁴을 주장하고 있다.

생각건대, ① 부처님께서 『금강경』에서 "응당 머문(망심妄心에 집착 한) 바 없이 그 마음(근본성품의 본연작용인 초발심)을 내라(應無所住而 生其心)"라고 '깨침의 방편'을 일깨우신 말씀의 연장선상에서 "항상 생각 생각 얻을 바 없는 마음을 행하는 것(念念常行無所得心)"을 '장엄' 으로 본 혜능 선사의 해설이나 ② "한 생각 깨치면 불토(佛土: 法界)요, 자신의 근본성품을 청정하게 발현(진성眞性의 본연작용인 초발심을

---

261 무비 역해, 위의 책, p.236. 그리고 용성 선사께서 "장엄하는 것은 다만 마음만 청정히 하는 것"이라고 하신 해설(백용성 역해, 『금강경』, 장수죽림정사간행, p.52) 참조.
262 소천선사문집간행위원회, 『소천선사문집 I』(불광출판부, 1993) pp.293~294.
263 무비 역해, 『금강경오가해』 p.240.
264 무비 역해, 『금강경오가해』 p.236.

견지)하여 만행萬行을 구족함을 '장엄'''으로 본 소천 선사의 해설,
그리고 ③ "일체 법으로써 도량을 장엄"한다고 일깨운『화엄경, 입법
계품』의 말씀과 ④ "장엄은 능소를 끊음"이라는 부 대사의 주장과
⑤ "일체 공덕으로써 장엄을 성취"한다는 규봉 선사의 주장을 종합하
여 "중생을 교화하여 깨침으로 이끄는 방편이자 자신의 중생심을
순치시켜 스스로 깨쳐 부처 이루는 방편인 무연선교無緣善巧와 이
무연선교 중 가장 수승한 다라니陀羅尼로써 법계를 '장엄'(以陀羅尼無
盡 莊嚴法界實寶殿)"한다고 노래하는「법성게」의 게송을 상호 연계하
여 살펴보면「법성게」에서 노래한 '장엄'은 단적으로 '깨침'을 뜻함을
알 수 있다.[265]

　자신의 근본성품에로 회귀(還本際)하고자 수행하는 중생(行者)의
입장에서 보아도 '장엄莊嚴'을 '깨침'으로 풀이함이 온당하다. 그리고
'법계실보전法界實寶殿' 중 '실보전實寶殿'의 '실實'은 '보전寶殿'을 수식
하는 말이고, 법계의 보전寶殿 중 보전은 모든 참다운 존재(諸法)의
근원인 근본성품(眞性)이므로 '실보전實寶殿'을 '근본성품(眞性)의 진
면목'으로 풀이할 수 있다.

　이상의 해설을 종합하건대 제2구인 '장엄법계실보전莊嚴法界實寶
殿'을 "(자신의 근본성품의 무한한 공덕장에서 근본성품의 본연작용

---

[265] '장엄'을 '법계의 삶으로 돌아가는 것'(정화,『법성게』, 법공양, 2010, p.241)으로
　　 설명한 요지도 '장엄'을 '깨침'으로 풀이한 것으로 여겨짐. 그리고 부처님의
　　 가장 수승하고 높은 '장엄' 열 가지를 일깨우신『화엄경, 불부사의법품』참조.

으로 무한히 발현하는 공덕력, 곧) 무궁무진한 보배인 '다라니'로써 법계法界의 근본성품의 진면목(實寶殿)을 온전히 깨쳐(莊嚴)"라고 번역·풀이함이 온당해 보인다.

　김시습은 위의 구 중 "실보전實寶殿은 증분證分으로 보면 법성이요, 연기분緣起分으로 보면 화장세계로서 물들지 않은 진성眞性인 것으로, 그리고 이 보전寶殿은 장엄을 인引하는 것이 아니고 닦아서 증득되는 것도 아닌 본래 구족具足 본래 원성圓成"이라고 풀이하고 있다.[266]

　법계의 제법諸法이나 진성眞性은 미오迷悟 이전의 경계여서 증분證分과 연기분緣起分으로 구분함이 온당하지 못하나, 위 구는 앞서 미계迷界의 중생(行者)이 자신의 근본성품에로의 회귀(還本際)를 전제로 개진하고 있음을 유념하면 이와 같이 구분하여 설명한 것을 이해할 수 있을 것이다.

　필자가 앞서 '법성法性'을 제법諸法과 진성眞性을 묶은 단어로 보고 제법과 진성이 원융하여 구별할 수 없음(法性圓融無分別)을 강조한 「법성게」 해설을 참고하면, 위 구의 '보전寶殿'을 '진성眞性'으로 보건, '진성'과 '제법諸法'이 원융한 '법성法性'으로 보건 위 구의 뜻을 이해함에는 어려움이 없을 것이다.

　김시습의 위 풀이는 '보전寶殿'의 특성을 설명하는 내용일 뿐 '장엄' 그 자체의 설명은 아니다. 김시습은 "보전은 장엄으로 인한 것이 아니다"라고 하면서 '장엄법계실보전'에서 '장엄'은 무슨 뜻인지를

---

266 목정배, 위의 글, p.293. 그리고 석오 스님은 '실보전實寶殿은 본래 청정하여 장엄할 수 있는 것이 아님'을 강조함(석오, 위의 책, p.96).

밝히지 않았다. 그리고 '장엄'을 '법계의 삶으로 돌아가는 것'[267]으로
풀이한 정화 스님의 해설은 '장엄법계실보전'까지 묶어서 이중으로
풀이한 듯하나 이 구의 뜻을 이해하는 데는 도움이 될 것으로 본다.

위 두 구는 앞서 살펴본 두 구(無緣善巧捉如意 歸家隨分得資糧)와
더불어 '매우 깊고 지극히 미묘(甚深極微妙)'한 '근본성품(眞性)'의
본연本然 작용인 '능인해인삼매중能仁海印三昧中 번출여의부사의繁出
如意不思議'와 연계해서 '깨침(자신의 근본성품에 회귀)'의 방편을 일깨
운 것으로 파악하면 한결 이해하기 쉬울 것이다.

우리네 중생 개개인이 지니고 있는 근본성품(自性)의 본연작용으
로 발현하는 '무연선교'와 '다라니'가 근본성품의 본연작용이자 근본
성품과 하나도 아닌 하나임을 유념하면 '무연선교'와 '다라니'가 깨침
(근본성품으로의 회귀)의 방편임을 알 수 있을 것이다. 근본성품의
본연작용인 초발심初發心이 곧 바른 깨침(正覺)이듯이. 단적으로 위
네 구(無緣善巧捉如意 歸家隨分得資糧 以陀羅尼無盡寶 莊嚴法界實寶殿)
는 근본성품의 본연작용과 그 공능을 일깨우고 있음을 알 수 있다.

참고로 깨쳐 부처 이루는 수행방편으로 ① 간경看經 ② 참선參禪
③ 염불念佛 ④ 주력呪力(다라니) ⑤ 만행萬行 등 다섯 가지를 주로
내세우는데, 「법성게」는 어떤 방편을 일깨우는지 살펴보자. 우선
「법성게」를 독송하면 「법성게」의 내용은 『화엄경』 등 주요 경전의
일깨움을 축약하여 담고 있으므로 간경看經의 효과가 있음을 알 수

---

267 정화. 앞의 책, p.239.

있다.

그리고 「법성게」의 내용이 너무 심오해서 그 뜻을 헤아리면 자연 일념一念의 경계에 다다르므로 참선하는 것과 같은 효과가 있다. 이는 「법성게」가 법계의 실상을 일깨우는 내용으로 짜여 있어 「법성게」를 보는 동안 서서히 우리 중생 자신의 근본성품은 법계의 근본성품과 그 근본성품의 드러냄과 드러남과 혼연 합일을 이루어가기 때문인가 한다.

이는 우리네 중생이 모두 근본성품을 지니고 있고, 설령 자신은 모르고 있다 하더라도 자신의 근본성품은 그 본연작용을 무한히 펼쳐서 우리네 중생을 본성회귀로 이끌기 때문이다. 근본성품으로의 회귀로 이끄는 「법성게」의 독송은 그 본연작용으로 자연 주력呪力과 염불念佛의 효과 또한 지니게 함도 알 수 있다.

자신의 근본성품의 본연작용은 자신을 본성회귀로 이끌 뿐 아니라, 모든 중생의 근본성품의 본연작용과 공명共鳴을 이루어 모든 중생을 깨침으로 이끌기에 「법성게」를 독송하는 것만으로도 만행萬行의 수행공덕을 성취할 것으로 본다. 문제는 자신의 근본성품의 본연작용을 어떻게 하면 이해하고, 나아가 이를 믿어 어떻게 깨침의 자량이 되게 할 것인가이다. 부디 「법성게」의 공능과 쓰임새가 확연히 이해될 때까지 계속 독송하여 그 뜻을 헤아려보길 바란다.

위 두 구(以陀羅尼無盡寶 莊嚴法界實寶殿)를 "(자신의 근본성품[眞性·法身佛]의 무한한 공덕장에서 근본성품의 본연작용으로 무한히 발현하는 무한한 공덕력, 곧) 무궁무진한 보배인 다라니로써 법계法界의 근본성품의 진면목을 온전히 깨쳐"로 번역·풀이하고 다음 구를 살펴보자.

11. 깨침의 실상[268]

窮坐實際中道床궁좌실제중도상 (27)
舊來不動名爲佛구래부동명위불 (28)

마침내 (근본성품〔眞性〕과 근본성품의 드러남〔諸法〕과의 어우러짐
〔法性〕인) 법계(實際)의 근본성품자리(中道床)에 계합(契合: 坐)하
고 보니
(미오迷悟가 없는 근본성품은) 본래부터(舊來) (망상妄想의 파도에)
휩쓸림 없음(不動)이 완연한지라, (이 경계에 다다름을 일러) '부처
이룸(爲佛: 成佛)'이라 이름한다네.

위 첫 구 가운데 ①'실제實際'는 법성法性의 다른 이름 중 하나[269]여서
'참다운 성품(眞性)과 참다운 성품이 인연 따라 드러낸 모든 참다운
존재(諸法)가 서로 어우러진(法性) 경계'인 법계로, ②'중도상中道床'
은 법계法界의 근본성품자리로, ③'좌坐'는 법계를 뜻하는 실제實際와

---

268 의상은 '辨得利益'으로, 유문은 ①'窮坐實際中道床'을 '結上總相法體別明圓證'
  으로 ②'舊來不動名爲佛'을 '拂新就本'으로 해석함.

269 『화엄경, 입법계품』에서 "허공이나 진여나 실제實際이거나 열반과 법성·적멸寂
  滅 등 이와 같이 진실한 법으로써만 여래를 드러내 보일 수 있음(虛空眞如及實際
  涅槃法性寂滅等 唯有如是眞實法 可以顯示於如來)"을 일깨우신 말씀 참조.

'근본성품자리'를 뜻하는 '중도상'과 연계하여 그 의미를 살려 '계합契合'으로 풀이하고자 한다.

이는 바로 앞 구(莊嚴法界實寶殿: 법계의 근본성품의 진면목을 온전히 깨쳐)에서는 미오迷悟와 능소能所가 있는 삼계에서 미오와 능소가 없는 법계로 막 들어섬을 일컬어 '깨쳐'라는 말을 내세웠다. 그러나 위 구(窮坐實際中道床)에서는 깨치고 보면 미오·능소가 없는 본래 그 자리 그대로인지라, 이를 돌이켜 '계합(坐)'이라는 말을 사용한 것으로 보았다.

이런 견지에서 위 첫 구를 "마침내(窮)[270] (근본성품[眞性]과 근본성품의 드러남[諸法]과의 어우러짐[法性]인) 법계(實際)의 근본성품자리(中道床)에 계합(契合: 坐)하고 보니"로 번역·풀이할 수 있다.

그리고 둘째 구(舊來不動名爲佛)는 "(미오迷悟가 없는 근본성품은) 본래부터(舊來) (망상妄想의 파도에) 휩쓸림 없음(不動)이 완연한지라, (이 경계에 다다름을 일러) '부처 이룸(爲佛: 成佛)'[271]이라 이름한다네"로 번역·풀이할 수 있다.

'부동不動'에 대한 설명으로는

① "법성의 자리는 움직일 수 없는 본래의 자리"[272]라거나

② 경經에서 "진여의 체성은 동하지 않음(眞如體性不動)"[273]을 일깨

---

270 '궁(窮)'을 '마칠 궁'으로 풀이함.

271 위爲는 '이룰(成) 위'로 풀이함.

272 목정배, 앞의 글, P.295.

273 『화엄경, 십회향품』

우시고, 또 "한량없고 끝없는 오랜 세월 동안 시방에 두루 나타나서 법法을 설하시나 부처님은 가고 옴이 있지 않으니(無量無邊大劫海 普現十方而說法 未曾見 佛有去來)"[274], "여래의 청정하고 묘한 법의 몸…… 의지한 데 없으나 어디나 있고, 안 가는 데 없으나 가지 않나니(如來淸淨妙法身…… 雖無所依無不住 雖無不至而不去)…… 중생들의 마음과 갖가지 행行과 옛날부터 지은 모든 업과 서원의 힘에 따라 그들의 보는 것은 같지 않지만 부처님은 본래로 생각이 동하지 않음(隨 衆生心種種行 往昔諸業誓願力 令其所見各不同 而佛本來無動念)"[275]을 일 깨우신 말씀, 그리고

③'고친 법성게' 제3구(諸法不動本來寂)에서 살펴본 '부동不動'의 의의 등을 참고하면 위 구의 '부동'을 쉬이 이해할 수 있을 것이다.

둘째 구의 '명위불名爲佛'은 자신의 근본성품에 회귀하고자 하는 미계迷界 중생(行者)의 수행의 끝자락, 즉 완성을 설명하기 위한 표현일 뿐 우리네 중생의 근본성품(眞性; 自性)은 일찍이 미오迷悟가 없기 때문에 '깨침'이라거나 '깨쳐 부처 이룬다' 함이 다 망발이다. 그래서 짐짓 '부처 이룸'이라고 '이름한다'고 넌지시 표현한 것이다.

이와 같은 번역·풀이에 대해 "미혹(迷惑: 惑障)을 단제斷除하여 성불成佛한다 함이 처음부터 있을 수 없는 것이라거나, 법계法界의 제법諸法이 (진성眞性이 인연 따라 드러냄 아닌 것이 없어, 두두물물頭 頭物物이 진성과 혼연 합일된 존재여서) 불佛 아님이 없어 구래舊來로

---

274 『화엄경, 세주묘엄품』
275 『화엄경, 입법계품』

성불成佛이다"[276]라고 한 설명을 참고하면 이해에 도움이 될 것이다. 아울러 '고친 법성게' 제3구(諸法不動本來寂)와 위 구(舊來不動名爲佛)를 연계하여 파악하면 부처님의 경계에서 운위되는 해경시불解境十佛[277]도 쉬이 이해할 수 있을 것이다.

그리고 '일체 중생이 모두 불성을 지니고 있다(一切衆生悉有佛性)'고 일깨우신 『열반경』의 말씀과 『원각경, 금강장보살장』에서 "일체 여래如來의 묘원각심妙圓覺心은 본래부터 '보리'와 '열반'이 없으며, 또한 성불成佛과 불성불不成佛이 없고, 허망한 윤회輪廻와 비윤회도 없다." 그래서 "생사生死와 열반, 범부凡夫와 모든 부처님이 다 같이 공화상空華相이다"라고 일깨우신 말씀을 '고친 법성게' 제1, 2구(眞性…… 隨緣成)와 연계해 뜻을 새겨보면 "일체 중생이 모두 근본성품을 지닌 본래 부처여서 ①본래부터 변함없는(舊來不動) 본래 부처를, ②새삼스럽게 '부처 이룬다' 함이 망발이어서 짐짓 '부처 이룸'이라고 이름한다(名爲佛)'고 한 까닭을 쉬이 이해할 수 있을 것이다.

석가모니부처님께서 『묘법연화경, 여래수량품』에서 "내가 성불한 지 심히 오래되어 수명이 한량없는 아승지겁(我成佛已來 甚大久遠 壽命無量阿僧祇劫)"임을 일깨우신 말씀을 혹자는 구원본불론久遠本佛論[278]으로 풀이한다. 『묘법연화경』의 위 말씀과 이 말씀을 '구원본불론'

---

276 채인환, 「의상화엄교학의 특성」(불교문화연구소편, 『한국화엄사상연구』, 동국대학 교출판부, 1982), p.102.

277 제30구 해설 참조.

으로 풀이한 해설을 위 둘 째 구(舊來不動名爲佛)와 '고친 법성게' 제13구 내지 제16구(無量遠劫卽一念 一念卽是無量劫 九世十世互相卽 仍不雜亂隔別成)와 연계하여 살펴보면 흥미로울 것이다.

돌이켜 보면 「법성게」에서 일깨우시는 말씀은 모두 깨친 경계에서 나 읊어낼 수 있는 방편들이다. 망상에 사로잡힌 삼계의 중생들이 어찌 법계를 상상이나 할 수 있겠으며, 근본성품의 특성과 공능, 그리고 자신의 근본성품으로의 회귀 방편과 그 완성의 경계에 이르기 까지의 모든 설명 또한 중생의 언설로 펼치고 있으나 중생의 경계는 아니다.

이와 같은 견지에서 볼 때 「법성게」가 읊어내는 모든 내용은 '깨쳐 증득한 지혜로나 알 수 있는 경계(證智所知非餘境)'요, '모든 부처님과 보현보살님과 같은 근기 수승한 분이나 펼쳐 보일 수 있는 경계(十佛普 賢大人境)'여서 이 두 구는 「법성게」의 무게와 신령스러움을 돋보이게 한다. 이 두 구의 내용 또한 '증지소지비여경'이요 '시불보현대인경'임 도 재언을 요하지 않는다. 다음 항에서 이 두 구의 내용을 살펴보자.

---

278 범어사 내원, 『묘법연화경』(불기 2528), p.4.

12. 법계 실상의 경계[279]

證智所知非餘境증지소지비여경 (29)

十佛普賢大人境시불보현대인경 (30)

(「법성게」의 내용은 보살 초지인 환희지에서) 깨쳐 증득한 무루無漏
의 정지正智로써 (비로소) 알 수 있는 경계이지 여타 경계가 아니요,
(「법성게」의 내용은) 과거·미래·현재의 시방 모든 부처님과 보현보
살님, 그리고 (부처님과 보현보살님과 대등한) 대승보살님들만이
(온전히) 아실 수 있는 경계로다.

증지證智란 '보살이 초지初地인 환희지歡喜地에서 중도中道의 진실
한 이치를 깨쳐 증득(證悟)하여 진리를 바로 보는 무루無漏의 바른
지혜(正智)'를 말한다.[280]

『화엄경, 십지품』에서 "세간의 모든 갈래를 떠나서 출세간의 도에
들어가며, 보살의 법을 얻고 보살의 자리에 머물며 삼세가 평등한
데 들어가 여래의 종성에서 결정코 위 없는 보리를 얻으리니, 보살이
이런 법에 머물면 보살의 환희지에 머물렀다 함은 동하지 않는 법과

---

279 의상은 ①'證智所知非餘境'을 '現示證分'으로 ②'十佛普賢大人境'을 '顯緣起分'
   중 '總論上意'로, 유문은 ①'證智所知非餘境'을 '明溍相門全揀'으로 ②'十佛普賢
   大人境'을 '境超權小'로 해석함.

280 『불교학대사전』(홍법원), p.1407의 정지正智와 p.1473의 증지證智 참조. 증지란
   구경각을 증득한 것을 말하고, 중도中道는 궁극의 깨침이므로 10지 보살도
   중도에 이르지 못한다는 주장도 있음.

서로 응하는 연고이니라(離世間趣 入出世道 得菩薩法 住菩薩處 入三世 平等 於如來種中 決定當得無上菩提 菩薩住如是法 名住菩薩歡喜地 以不動 相應故)"라고 일깨우신 말씀에 미루어 보아 보살이 '결정코 위없는 보리를 얻음', 곧 '무루의 정지正智를 깨쳐 증득'한 경계가 보살의 초지, 곧 환희지임을 알 수 있다.

'고친 법성게' 위 첫 구(證智所知非餘境)에서 「법성게」의 내용은 깨쳐 증득한 무루의 정지正智로만 알 수 있는 경계라고 노래한 것으로 미루어 보살 초지인 환희지에 들어가야 법계의 실상을 노래한 「법성 게」를 비로소 알 수 있다고 풀이할 수 있다. 즉 「법성게」의 위 첫 구(證智所知非餘境)는 "「법성게」의 내용은 보살 초지인 환희지에서 깨쳐 증득한 무루의 정지正智로써 비로소 알 수 있는 경계이지 여타의 경계가 아니다"로 번역·풀이할 수 있다. 이와 같은 번역·풀이는 다음 구의 번역·풀이와 연계하여 다시 살펴보아야 그 뜻이 보다 온전히 드러날 것 같다. 다음 구의 뜻을 살펴보자.

'고친 법성게'의 마지막 구인 '시불보현대인경十佛普賢大人境' 중 시불十佛에 대해 『화엄경, 이세간품』에서는 "① 성정각불成正覺佛 ② 원불願佛 ③ 업보불業報佛 ④ 주지불住持佛 ⑤ 열반불涅槃佛 ⑥ 법계불 法界佛 ⑦ 심불心佛 ⑧ 삼매불三昧佛 ⑨ 본성불本性佛 ⑩ 수락불隨樂佛" 등 열 부처님을 일깨우신다. 그리고 시불十佛을 행경行境시불과 해경 解境시불로 구분하여 행경시불은 "① 정각불正覺佛 ② 원불 ③ 업보불 ④ 주지불 ⑤ 화불化佛 ⑥ 법계불 ⑦ 심불 ⑧ 삼매불 ⑨ 성불性佛 ⑩ 여 의불如意佛" 등이고, 해경시불은 깨친 부처님의 경계에서 보면 모든

경계가 다 부처님이어서 이 경계에 열 가지 불신佛身을 세우는 것으로
"① 중생신衆生身 ② 국토신國土身 ③ 업보신業報身 ④ 성문신聲聞身 ⑤
연각신緣覺身 ⑥ 보살신菩薩身 ⑦ 여래신如來身 ⑧ 지신智身 ⑨ 법신法
身 ⑩ 허공신虛空身" 등으로 설명하기도 한다.[281]

　필자의 소견으로는 「법성게」의 시불十佛을 제한적으로 위에 소개
한 열 부처님으로 한정하기보다는 『화엄경, 이세간품』에서 말씀하신
"과거·미래·현재의 시방 모든 부처님(去來及現在 一切十方佛)"을 줄
여서 '시불'로 약칭한 것으로 봄이 온당할 것 같다. 이는 ① 설령
'과거·미래·현재의 시방 모든 부처님'을 위에 열거한 열 부처님으로
분류할 수 있다 하더라도 ② '일체 중생이 본래 부처임'을 일깨우고자
하는 「법성게」의 '구래부동명위불舊來不動名爲佛' 구절과 연계하여
풀이하건대 ③ '시불十佛'을 위에 열거한 '열 부처님'으로 한정하기보다
는 '과거·미래·현재의 시방 모든 부처님'으로 풀이하는 것이 더 바람직
하기 때문이다.
　그리고 '십十은 원만한, 구족한 수數를 뜻하여 다함이 없는 무진無盡
을 나타내는 절대적 수數'라는 견지[282]에서도 시불十佛을 '과거·미래·
현재의 시방 모든 부처님'으로 풀이함이 온당해 보인다.

281 『구역 화엄경』권26 십지품과 지엄의 『화엄경 공목장孔目章』권2; 징관의 『화엄현
　담』권3; 김무득 역주, 현수법장 『화엄학체계』(우리출판사, 1990), pp.17~18;
　「법계도기총수록」(한글대장경동국역경원, 제238권, 1998), p.17.
282 김무득, 앞의 책, p.444.

다음으로 '보현普賢'은 보현보살의 약칭이고 '대인大人'은 대승인大乘人의 약칭으로 모든 보살을 뜻하는 것으로 판단된다. 문제는 '과거·미래·현재의 시방 모든 부처님'과 '보현보살'과 '대인大人'을 함께 나열함으로써 상호 대등한 경계로 비추어지게 한 배경 내지 까닭이 무엇인지 궁금할 수 있다.

경經에서 ①"보살의 보현해탈문은 여래의 경계와 같다(菩薩普賢解脫門 與如來境界等)"²⁸³라고 일깨우신 말씀과 ②"불자여, 보살마하살이 이 삼매에 머물러서는 열 가지 법을 얻어 과거·미래·현재의 일체 모든 부처님들과 같게 되나니(菩薩摩訶薩住此三昧 得十種法 同去來今一切諸法)…… 이 보살마하살이 이미 과거·현재·미래의 모든 보살의 갖가지 행과 원을 닦아서 지혜의 경계에 들어갔으면 부처 이룸이라 이름하고, 부처님 계신 데서 보살의 행을 닦아서 쉬지 않으면 보살이라 이름하느니라(此菩薩摩訶薩已能修習 去來今世一切菩薩種種行願 入智境界則名爲佛 於如來所修菩薩行無有休息說名菩薩). …… 모든 법이 두 모양이 없음을 알면 모든 법을 깨달았다 이름하고, 둘이며 둘이 아닌 모든 법의 차별한 이치를 교묘하게 관찰하고 점점 더 수승하게 하여 쉬지 않으면 보살이라 이름하느니라(知一切法無有二相 是則說名悟一切法 於二不二 一切諸法差別之道 善巧觀察 展轉增勝無有休息. 說名菩薩). …… 법계는 가이없어 모든 법이 한 모양이어서 모양이 없음을 알면 법계가 끝나도록 보살의 도를 버린다고 이름하고, 법계가 가이없음을 알면서도 온갖 것이 여러 가지 다른 모양임을 알고 가엾이 여기는

---

283 『화엄경, 입법계품』

마음을 내어 중생을 제도하되 오는 세월이 끝나도록 싫어하지 않으면 보현보살이라 이름하느니라(了知法界無有邊際 一切諸法一相無相 是則說名究境法界 捨菩薩道 雖知法界無有邊際 而知一切種種異相 起大悲心 度諸衆生 盡未來際無有疲厭 是則說名普賢菩薩). …… 보살마하살도 그와 같아서 보현의 대승행을 버리지 않으며, 서원에서 물러나지 않고, 부처님 같이 자재함을 얻어 온갖 지혜를 갖추며, 부처님의 해탈을 증득하여 막힘도 없고 걸림도 없으며, 청정함을 성취하여 모든 국토에 물들지 않으며, 부처님 법에 분별함이 없느니라. 비록 모든 법이 평등하여 두 모양이 없음을 알지마는 모든 부처님 국토를 분명히 보며, 이미 삼세 부처님들과 비등하지만 보살의 행을 닦아서 끊이지 않음(菩薩摩訶薩亦復如是 不捨普賢大乘諸行 不退諸願 得佛自在 具一切智 證佛解脫 無障無礙 成就淸淨 於諸國土 無所染着 於佛法中 無所分別 雖知諸法普皆平等無有二相 而恒明見一切佛土 雖已等同三世諸佛 而修菩薩行相續不斷)"[284]을 일깨우신 말씀을 종합해 보면 부처님과 보현보살과 여타 대승보살의 경계의 같음과 다름을 대강 파악할 수 있을 것이다.

「법성게」에서 부처님과 보현보살과 여타 대승보살을 함께 나열한 까닭은, 이분들의 경계가 비록 다르기는 하나 「법성게」가 일깨우고자 하는 내용을 파악함에 있어서는 이 분들의 경계가 다 같이 감당할 수 있음을 시사하는 것으로 여겨진다.

---

284 『화엄경, 십정품』

이와 같은 견지에서 「법성게」의 마지막 구인 '시불보현대인경十佛普賢大人境'을 "(「법성게」의 내용은) 과거·미래·현재의 시방 모든 부처님과 보현보살님, 그리고 (부처님과 보현보살님과 대등한) 대승보살님들만이 알 수 있는 경계이다"로 번역·풀이할 수 있다.

「법성게」의 마지막 구절을 위와 같이 번역·풀이하면 바로 앞의 구절인 '증지소지비여경證智所知非餘境'을 "(「법성게」의 내용은 보살 초지인 환희지에서) 깨쳐 증득한 무루無漏의 정지正智로써 비로소 알 수 있는 경계이지 여타 경계가 아니다"라고 번역·풀이한 내용과의 연계가 다소 불분명하게 여겨질 수 있다.

그래서 「법성게」 마지막 구절은 바로 위 구절의 '비로소'에 상응하여 '온전히'를 추가하여 "(「법성게」의 내용은) 과거·미래·현재의 시방 모든 부처님과 보현보살님, 그리고 (부처님과 보현보살님과 대등한) 대승보살님들만이 온전히 알 수 있는 경계로다"로 번역·풀이하고자 한다.

「법성게」의 내용은 '과거·미래·현재의 시방 모든 부처님과 보현보살님, 그리고 부처님과 보현보살님과 대등한 대승보살님들만이 온전히 알 수 있는 경계'라고 하니 경외심을 새롭게 지니고 「법성게」를 처음부터 다시 살펴봄이 온당할 것 같다.

'고친 법성게'를 첫 구부터 제30구까지 다시 배열하여 번역·풀이를 곁들이면 다음과 같다.

① 眞性甚深極微妙 (진성심심극미묘)

②不守自性隨緣成 (불수자성수연성)

(그대는 아는가) 참다운 존재의 근본성품(眞性)은

인연 따라 (모든 참다운 존재[諸法]를) 이루(드러내)나니

이는 참다운 존재의 근본성품(眞性)이

제 성품에 갇혀 잠들어 있지 않고

(깨어 살아있는 존재여서)(不守自性)

인연 따라 자신의 성품을 드러내고 있음(隨緣成)이라

실로 참다운 존재의 근본성품은

심히 깊고 미묘한 특성을 지니고 있다고 할 수밖에.

③諸法不動本來寂 (제법부동본래적)

④無名無相絶一切 (무명무상절일체)

(근본성품[性]과 근본성품이 인연 따라 드러냄[用]과 그 드러남
[體·相]이 혼연 합일을 이루어 능소·주객·내외·주처·기멸·동정
을 여읜 '하나라고도 할 수 없는 하나'인 일진법계인지라) 법계의
모든 참다운 존재는 (망심 업식의 파도에 휩쓸리지 않는 그대로여
서) 움직이지 않아 본래 고요하며,

(법계 모든 참다운 존재는) 일체를 여의어 이름도 형상도 내세울
수 없나니.

⑤法性圓融無分別 (법성원융무분별)

⑥理事冥然無二相 (이사명연무이상)

모든 참다운 존재(法)와 참다운 존재의 근본성품(性)은 원융하여

서로 구별(할 수) 없고,

참다운 존재의 근본성품(性)의 드러냄(用: 理)과 드러남(體·相: 事)은 (혼연 합일되어 그 모습이 다르지 않아) 그렇고 그렇게 아득(구분 불가)하여 두 모습 없(아니)네.

⑦ 初發心時便正覺 (초발심시변정각)

⑧ 生死涅槃相共和 (생사열반상공화)

근본성품의 본연작용으로 막 발현하는 마음(初發心)은 온전한 깨침(正覺)과 같고,

생사와 열반은 (모두 중생의 망심의 소산인지라 환상幻想일 뿐 다르지 않아) 서로 공화共和하는(어우러져 구분할 수 없)구나.

⑨ 一中一切多中一 (일중일체다중일)

⑩ 一卽一切多卽一 (일즉일체다즉일)

(참다운 존재의 근본성품[眞性]이 인연 따라 모든 참다운 존재[諸法]를 이루[드러내]나니, 모든 참다운 존재가 설령 많고 많다 할지라도 근본성품 하나에서 비롯되니) 하나(眞性) 가운데 모두(諸法)가 있고(一中一切), 모두(諸法) 가운데 오직 하나(眞性) 있어(多中一), 하나가 곧 모두(一卽一切)요, 모두가 곧 하나(多卽一)라네.

⑪ 一微塵中含十方 (일미진중함시방)

⑫ 一切塵中亦如是 (일체진중역여시)

(작고 작은 티끌 하나도 근본성품을 떠나 있지 않은지라, 시방 법계를 아우르는 이 근본성품으로 해서 크고 큰 시방 법계와 작고 작은 티끌이 다르지 않아) 한 티끌 가운데 시방 법계를 아우르고, 티끌 티끌마다 그대로 시방 법계로구나.

⑬無量遠劫卽一念 (무량원겁즉일념)

⑭一念卽是無量劫 (일념즉시무량겁)

(법계의 모든 참다운 존재는 기멸起滅·동정動靜이 없어 법계에는 동정·기멸에 상응하는 시간도 없는지라) 무량한 오래고 오랜 세월(劫)도 한 찰나요(無量遠劫卽一念), 한 찰나가 곧 무량한 오래고 오랜 세월이라네(一念卽是無量劫).

(한량없는 오래고 오랜 세월〔劫〕도 근본성품 하나에서 비롯되니) 한량없는 오래고 오랜 세월도 근본성품의 본연작용의 하나(一念)이고(無量遠劫卽一念), ('하나라고도 할 수 없는 하나'인) 근본성품의 본연작용마다(一念) 곧 한량없는 오래고 오랜 세월이라네(一念卽是無量劫).

⑮九世十世互相卽 (구세십세호상즉)

⑯仍不雜亂隔別成 (잉불잡란격별성)

(구세와 십세가 서로 어우러짐도 근본성품의 본연작용이고, 또 근본성품의 발현인 법계의 모든 참다운 존재와 근본성품이 원융하여, 그리고 이들 모든 참다운 존재가 모두 근본성품과 서로 중중무진한 연緣을 이루어 '하나라고도 할 수 없는 하나'여서) 구세와

십세가 서로 어우러져도 (법계의 모든 참다운 존재는 서로) 장애됨
이 없어 얽히거나 뒤섞이지 않고 제각각 따로 따로 발현(成)한
다네.

⑰ 能仁海印三昧中 (능인해인삼매중)
⑱ 繁出如意不思議 (번출여의부사의)
근본성품(眞性: 法身佛)의 무한한 공덕장에서 (근본성품의 본연
작용으로 무한히 발현하는 법신불의 공덕력〔무연선교無緣善巧와
다라니陀羅尼]이) 자재(如意)하게 무한히 발현(繁出)(하여 일체
중생을 이롭게) 함이 불가사의하구나.

⑲ 雨寶益生滿虛空 (우보익생만허공)
⑳ 衆生隨器得利益 (중생수기득이익)
(마치 비 내리듯) 보배(法寶: 法雨)를 비 내려 허공에 가득한
중생을 이롭게 하니, 중생들이 그 근기에 상응하여 이익(깨침)을
얻네.

㉑ 是故行者還本際 (시고행자환본제)
㉒ 叵息妄想必不得 (파식망상필부득)
그러므로 (자신의 망심 업식으로 삼계를 나투어 이에 미혹하여
집착하는 우리네) 중생(行者)이 (제각기 본래 지니고 있는) 근본
성품(眞性)에 회귀하(여 법계法界에 노닐)고자 한다면, 끝끝내
망상을 잠재우고자 해서는 결코 자신의 근본성품에 회귀할(깨칠)

수 없나니.

㉓無緣善巧捉如意 (무연선교착여의)
㉔歸家隨分得資糧 (귀가수분득자량)
(자신의 근본성품의 무한한 공덕장에서 근본성품의 본연작용으
로 무한히 발현하는) 무연선교[285]를 자재하게(如意) 갖추어(捉)
(이 무연선교를 두루 발현하여) 이 무연선교(로 ①중생을 교화하
여 복을 짓고, ②자신의 중생심을 스스로 순치하여 지혜를 증장하
는 이른바 복혜쌍수福慧雙修하는 정도)에 상응하여(隨分) 스스로
깨쳐 부처 이루는(歸家) 인因이 되는 공덕력(資糧)을 갖출(얻을)
수 있나니.

㉕以陀羅尼無盡寶 (이다라니무진보)
㉖莊嚴法界實寶殿 (장엄법계실보전)
(자신의 근본성품[眞性; 法身佛]의 무한한 공덕장에서 근본성품
의 본연작용으로 무한히 발현하는 무한한 공덕력, 곧) 무궁무진한
보배인 '다라니'로써
법계法界의 근본성품의 진면목(實寶殿)을 온전히 깨쳐(莊嚴)

㉗窮坐實際中道床 (궁좌실제중도상)
㉘舊來不動名爲佛 (구래부동명위불)

---

285 무연선교: 중생을 능란하게 교화하는 수단과 방법 내지 스스로 깨쳐 부처
   이루는 수단과 방법인 법신불의 공덕력.

마침내(窮) (근본성품[眞性]과 근본성품의 드러남[諸法]과의 어
우러짐[法性]인) 법계(實際)의 근본성품자리(中道床)에 계합(契
合: 坐)하고 보니
(미오迷悟가 없는 근본성품은) 본래부터(舊來) (망상妄想의 파도
에) 휩쓸림 없음(不動)이 완연한지라, (이 경계에 다다름을 일러)
'부처 이룸(爲佛: 成佛)'이라 이름한다네.

㉙ 證智所知非餘境 (증지소지비여경)
㉚ 十佛普賢大人境 (시불보현대인경)
(「법성게」의 내용은 보살 초지인 환희지에서) 깨쳐 증득한 무루無
漏의 정지正智로써 (비로소) 알 수 있는 경계이지 여타 경계가
아니요,
(「법성게」의 내용은) 과거·미래·현재의 시방 모든 부처님과 보현
보살님, 그리고 (부처님과 보현보살님과 대등한) 대승보살님들만
이 (온전히) 아실 수 있는 경계로다.

제2부

「법성게」의 공능과 쓰임새

1. 총괄 요지

일수사견一水四見과 일음동청이문一音同聽異聞의 일깨움에 미루어 보면 미계迷界 중생은 자신의 업습과 근기에 상응하여 자신이 받아들일 수 있는 가장 온전한 진리의 일깨움(宗敎)이 제각각 다를 수밖에 없다.

이에 자신의 업식과 근기에 상응하는 종교를 힘주어 주창하게 된다. 업식과 근기가 비슷한 사람끼리 유유상종類類相從하듯, 종교 또한 업식과 근기가 비슷한 사람끼리 유유상종하여 교단을 형성하고 자신들의 종교가 최상인 양 목청을 돋우고 있다.

고등종교를 신봉하는 사람은 하등종교를 두루 이해할 수 있다. 그러나 역으로 하등종교를 신봉하는 사람은 고등종교를 이해할 수 없어 각 종교간 몰이해 내지 종교집단 간 이기심으로 갈등과 다툼이 심화되어 종교전쟁도 불사하곤 한다.

「법성게」의 일깨움에 미루어 보면 미계 중생의 종교가 무엇이건 모두 무명 업습을 반영한 망심의 소산일 가능성이 높다. 따라서 종교다운 종교는 거의 전무한 상황일 수밖에 없다. 달리 말하면 「법성게」는 종교다운 종교와 사이비 종교의 변별 준거가 된다는 말이다.

이에 「법성게」의 공능功能과 쓰임새를 살펴 그간 「법성게」의 내용을 풀이한 의의와 「법성게」의 가치에 대한 안목을 높이고자 한다.

이를 계기로 독자께서는 「법성게」의 풀이를 다시 점검해 보길 바란다.

「법성게」는 미오迷悟가 확연한 삼계三界와 미오가 본래 없는 법계法界를 아우르는 소식을 일깨우고 있어 미계에서 헤매는 중생은 그 뜻을 헤아려 이해하기 심히 어렵다. 하물며 그 공능과 쓰임새를 파악하여 제대로 활용하기란 더더욱 용이치 않아 보인다.

옥새玉璽의 공능과 쓰임새를 모르는 '왕자 거지'는 옥새를 호두 까는 도구로 사용하듯, 「법성게」를 온전히 이해하지 못하면 「법성게」의 공능과 쓰임새 또한 제대로 알 수 없어 그 공능과 쓰임새는 사장死藏될 소지가 없지 않을 것이다. 진시도삭찬秦時鍍鑠鑽[286]처럼 말이다.

이에 「법성게」를 고쳐 풀이한 필자의 좁은 소견으로나마 「법성게」의 공능을 개괄적으로 밝혀 그 쓰임새가 인류의 일상사에 널리 드러나길 소망한다. 독자께서는 「법성게」의 공능과 쓰임새가 「법성게」 내용 중 어느 구절에 근거한 것인지를 연계하여 파악할 수 있게 된다면 「법성게」를 나름대로 온전히 이해한 것으로 자부해도 좋을 듯하다.

① 「법성게」는 위없이 심히 깊고 미묘한 부처님 말씀에 가장 쉬이, 가장 가까이, 가장 온전히 다가갈 수 있는 키워드keyword 중 하나이다. 이는 앞서 「법성게」 내용의 타성 근거 내지 「법성게」를 해설하기 위해 인용한 『화엄경』·『법화경』·『열반경』·『금강경』·『원각

---

286 秦時鍍鑠鑽: 진시황秦始皇이 만리장성을 축성할 때 틀을 장치하여 돌릴 수 있게 만든 아주 큰 송곳인 도삭찬이 너무 커서 축성 후엔 아무 데도 쓸 수가 없었는데, 후세에는 무용지물無用之物을 이 도삭찬에 비유하여 진시도삭찬이라고 함. 선종禪宗에서는 실제로 깨친 바 없으면서 말만 예리하게 앞세우는 사람을 평하는 말로 씀.

경』·『능엄경』·『지세경』 등의 말씀을 「법성게」과 연계하여 설명한 내용을 참고하면 「법성게」가 부처님의 말씀에 온전히 다가갈 수 있는 키워드 중 하나임을 쉬이 알 수 있을 것이기 때문이다.

② 대부분의 종교는 그 창시자가 법계의 실상을 온전히 깨치지 못한 채 자신의 망념 경계를 엮어낸 교리教理를 그 근거로 하기 때문에 진정한 종교라고 할 수는 없다. 확연히 깨친 분이 엮어낸 교리라 하더라도 받아들이는 중생 경계는 일음동청이문一音同聽異聞이어서 제각기 제 나름의 사교邪教를 종교로 착각하기 십상이다. 대부분의 기독교 신앙인이 제 마음(妄念)에 꼭 드는 '사이비 하느님'을 제각기 따로 설정하고선 '유일신唯一神'을 신봉하는 것으로 착각하는 줄도 모르듯이, 우리 모두는 자신의 사교邪教를 종교로 착각하고 있다고 보아야 할 것 같다.

인류가 그간 진정한 종교를 믿고 받들어 실천해 왔다면 어찌 오늘날과 같은 인류 위기상황이 이토록 증장할 수 있었겠는가를 돌이켜보면 위 논지를 수긍할 수 있을 것이다. 이제 법계의 실상을 일깨우는 '고친 법성게' 제1구에서 4구(眞性…… 隨緣成, 諸法…… 絶一切)까지의 내용을 돌이켜 '일체 유정有情·무정無情이 모두 동일한 근본성품을 지니고 있는 동일 생명체임'을 일깨우는 교리를 근본으로 삼는 종교만이 진정한 종교임을 알아야 할 때인가 한다.

이런 관점에서 보면 「법성게」는 모든 종교의 근본 교리가 어느 정도 온전한 진리를 일깨우는 가르침인가를 변별할 수 있는 척도 내지 준거이자, 종교와 사교邪教의 변별 준거가 됨을 알 수 있다. 이 준거를 잘 활용하면 종교간 소통은 물론 종교전쟁의 예방 내지 종식 그리고 성직자와 종교 상인과 종교 사기꾼을 변별할 수 있는 역량을 길러줄 수 있어 사교邪敎의 폐해를 잠재울 수 있고 중생의 근기별로 분화되기 이전의 근본종교로의 회귀 내지 종교통일도 가능할 것으로 기대된다.

③「법성게」는 '일체 유정·무정이 모두 동일한 근본성품을 지닌 동일생명체'임을 일깨우고 있다. 이 일깨움이야말로 '가장 온전한 최상의 진리(宗)의 일깨움(敎)'이어서 가장 바른(正) 것이고, 이 바른 일깨움을 실천하는 삶이 가장 옳은(義) 것임을 알아야 한다. 즉 「법성게」는 무엇이 참으로 바르고(正) 옳은(義) 것인가를 확연히 밝혀 제시하고 있다 할 것이다.

④「법성게」는 법法의 이념인 정의正義를 명확히 설정할 수 있고, 모든 사상·이념·철학의 옳고 그름을 판단할 수 있는 준거이기도 하다. 이 준거를 활용하면 그릇된 이념과 사상이나 철학에 근거한 부당한 정책의 추진을 예방하고 이념과 사상의 실없는 논쟁을 종식시킬 수 있어, 인류의 위기상황, 즉 전쟁·범죄·계층 간 갈등·빈부격차의 심화·공해·과소비·자원고갈·사교邪敎의 범람·도덕적 해이·인간성 상실 등도 잠재울 수 있을 것으로 여겨진다.

돌이켜 보면 인류가 당면하고 있는 위기상황은 모두 도덕적 해이에서 비롯된 것이고, 도덕적 해이는 자신의 욕망을 우선적으로 충족하고자 하는 소아小我적 이기심에서 싹트고, 소아적 이기심은 동체대비심同體大悲心의 결여에서 비롯되며, 동체대비심의 결여는 '남과 내가 동포요, 자연과 내가 동포'임을 모름에서 비롯되고, '남과 내가 동포요,

자연과 내가 동포'임을 모르는 것은 일체 유정有情과 무정無情은 모두 근본성품이 인연 따라 드러난 것으로서 꼭 같은 근본성품을 지닌 절대 동등한 동일생명체임을 모르는 데서 비롯된 것이다.

따라서 인류 위기상황을 해소하여 인류의 삶을 안락하고 풍요롭게 가꾸려면 ①인류에게 동체대비심을 일깨워 소아적 이기심에서 비롯된 도덕적 해이를 해소시켜야 하고, ②인류에게 동체대비심을 일깨우려면 '남과 내가 동포요, 자연과 내가 동포'임을 일깨워야 하며, ③'남과 내가 동포요, 자연과 내가 동포'임을 일깨우려면 일체의 유정·무정은 모두 근본성품이 인연 따라 드러난 것으로서 꼭 같은 근본성품을 지닌 절대 동등한 동일생명체임을 일깨워야 함을 알아야 한다.

'고친 법성게' 제1~4구(眞性…… 隨緣成, 諸法…… 絶一切)는 바로 이와 같은 사실을 일깨우고 있다. 「법성게」의 공능과 쓰임새에 대해 인류가 깊이 깨닫고 주목해야 하는 까닭을 밝혀주는 대목이다.

나아가 자본주의 시장경제가 영성靈性을 상품화하는 마케팅 3.0을 지향하고 있으므로 영성을 일깨우는 종교의 상품성에 착안하면, 종교는 ①그 자체만으로도 새로운 시대를 이끌 신 성장 동력 산업이자 ②육식六識을 넘어 팔식八識에로, 팔식을 넘어 영성에로 과학의 폭과 깊이를 더욱 심화시켜 무궁무진한 신성장 동력 산업을 창출할 수 있는 무소불위의 창조력을 지닌 창조의 원천임도 알아야 한다.

그런데 「법성게」는 이 창조력의 원천을 거머쥔 핵核을 일깨우고 있다. 이 사실을 직시하여 ①「법성게」의 일깨움을 과학에 접목하면 획기적으로 과학 발전을 창도하는 선진 과학입국科學立國이 가능하고, ②「법성게」를 종교라는 상품의 품질을 평가하는 국제표준으로 활용하면 세계 종교시장을 석권할 수 있는 신 성장 종교상품의 발명, 생산, 판매에 이르기까지 다른 종교의 추종을 불허할 독점적 지위를 확보할 수 있어 우리나라가 새로운 종교 종주국으로 발돋움할 수 있는 기틀을 제공할 것으로 기대된다.

인간은 개체적 존재(人)이자 사회적 존재(民)이며 초월적 특성(天)을 지닌 삼위일체적 존재이다. 그러나 대부분의 인류는 이 사실을 알지 못하고 있어 급변하는 사회현실에 적응하느라 사회적 존재 특성에 함몰되어 개체적 존재로서의 특성은 물론 초월적 존재로서의 특성마저 깡그리 잊고 있다.

인류 개개인은 자신의 정체성에 대한 무지로 자아를 상실한 역작용이 증장되어 막연한 불안과 상실감에 시달리고 있다. 그리고 인간의 정체성에 대한 무지로 사교邪敎의 범람과 도덕적 해이 등 각종 인류 위기상황이 증장되고 있다.

「법성계」는 인간의 초월적 특성을 일깨워 삼위일체 존재로서의 정체성을 회복하게 하여 인류 위기상황을 종식시키는 지름길을 제시하는 이정표이자 버팀목임을 알아야 한다.

그간 인류에게 꿈과 희망을 안겨 줄 것으로 기대했던 거의 모든 사상과 이념, 철학과 종교 등등도 중생의 망심에 근거한 업습의 소산이어서 그 주창하는 바가 중생의 망심과 업습을 더욱 심화시킬 뿐 「법성계」가 일깨우는 법계의 실상이나 법계로의 회귀와는 거의 무관함을 알아야 한다. 「법성계」의 일깨움에 의거한 새로운 종교, 새로운 사상, 새로운 이념, 새로운 철학에 눈 뜨게 될 즈음에야 인류는 오랜 중생 꿈 깨기의 희망 내지 인류 위기상황의 극복 가능성에 희열을 맛볼 것이다.

인류에게 중생 꿈을 깨게 하여 진정한 평화와 행복을 안겨줄 새로운 사상은 '남과 내가 동포요(人吾同胞), 자연과 내가 동포(物吾同胞)'라는 자각에 입각하여 '홍익인간弘益人間' 이념의 구체적 실현 방안을 제시한 '활공사상活功思想'[287]뿐이다. 법계의 실상을 확철대오한 소천 선사가 창안한 '활공사상'은 미증유의 새로운 사상이다. 특히 정치政治의 본령本領인 '법으로써 국민을 바르게 함(以法正民)'의 본지本旨에 확연히 다가설 수 있는 방안임은 물론, 이 사상의 구현으로 우리 인류 모두의 삶은 안락하고 평화로운 가운데 우리 모두를 깨쳐 근본성품에 회귀하게 할 것으로 믿어 의심치 않는다.

「법성게」가 법계와 삼계의 소식을 아우르듯 '활공사상'도 삼계와 법계를 아우르고 있다. 「법성게」의 공능과 쓰임새를 깊이 이해하여 인류사회에 '활공사상'을 펼칠 '새로운 인물'의 출현을 학수고대한다.

이하에서는 「법성게」의 공능과 쓰임새의 몇몇 사례를 살펴 「법성게」에 대한 이해를 돕고자 한다.

2. 개별적 고찰

1) 명효明晶 스님의 「해인삼매론海印三昧論」

목정배 교수의 논문 「설잠雪岑의 법계도주고法界圖注考」에 의하면

---

[287] 활공사상은 소천선사문집간행위원회에서 발간한 『소천선사문집 2』 중 '활공원론' 참조.

신라 시대의 "명효 스님은 196자字로 된 「해인삼매론」을 지어 화엄일
승華嚴一乘을 현현顯現하고 있는데 이는 의상 대사의 「법계도」를 답습
한 것이 아니라 독창적인 저술"[288]이라고 한다.

한문으로 표기된 명효 스님의 「해인삼매론」을 아래에 옮긴다. 독자
께서는 의상 대사의 「법성게」와 대비하면서 그 뜻을 새겨보면 「법성
게」와 「해인삼매론」이 상호 키워드가 됨을 알 수 있을 것이다.

1. 생사열반비이처生死涅槃非異處
2. 번뇌보리체무이煩惱菩提體無二
3. 열반친이무인식涅槃親而無人識
4. 보리근이심난견菩提近而甚難見
5. 심신본래무생멸心身本來無生滅
6. 일체제법역여시一切諸法亦如是
7. 무생무멸무주처無生無滅無住處
8. 즉시보리열반체則是菩提涅槃體
9. 지자일중해일체智者一中解一切
10. 일체법중해어일一切法中解於一
11. 무량법즉시일법無量法則是一法
12. 일법즉시무량법一法則是無量法
13. 일불토만시방찰一佛土滿十方刹
14. 일찰본형역부대一刹本形亦不大

---

288 목정배, 앞의 책, pp.268~269.

15. 일불국용시방계一佛國容十方界

16. 이제세계부중루而諸世界不重累

17. 일진포함시방찰一塵包含十方刹

18. 일체진중개여시一切塵中皆如是

19. 불령일진증광대不令一塵增曠大

20. 제찰본상항여고諸刹本相恒如故

21. 무량무수광대겁無量無數曠大劫

22. 지자료지즉일념智者了知則一念

23. 일념미증연장원一念未曾演長遠

24. 장겁역불축성촉長劫亦不縮成促

25. 변예시방구성불遍詣十方求成佛

26. 부지신심구성불不知身心舊成佛

27. 왕석정진사생사往昔精進捨生死

28. 부지생사즉열반不知生死則涅槃

2) 일시무시일一始無始一과 만법귀일萬法歸一

『천부경天符經』은 '일시무시일一始無始一'로 시작하여 '일종무종일一終無終一'로 마무리한다. 『천부경』위 두 구를 '고친 법성게 제1, 2구(眞性甚深極微妙 不守自性隨緣成)와 제3구(諸法不動本來寂)의 내용과 연계하여 살펴보자.

①무시일無始一과 무종일無終一의 '일一'은 본래 시작도 마침(始終)도 없는, 하나라고도 할 수 없는 하나인 근본성품(眞性)에 상응하고,

②일시一始와 일종一終의 '일一'은 근본성품이 인연 따라 드러낸(隨

緣成) 드러남인 제법諸法에 상응한다.

이와 같이 해설한 까닭은 ①선가禪家에서 눈 밝은 이를 가려내기 위해 널리 회자되고 있는 "모든 존재가 하나로 돌아갈 하나에서 연원(萬法歸一)할진대, 그 하나는 어디로 돌아가 어디에서 연원하(一歸何處)는가?"라고 한 전제와 질문, 그리고 ②'고친 법성게 제9구(一中一切多中一)와 제10구(一卽一切多卽一)에 대한 해설을 연계하여 살펴보면 쉬이 알 수 있을 것이다.

『천부경』의 위 두 구절과 '고친 법성게' 제1, 2구와 제3구, 그리고 제9, 10구를 연계하여 그 뜻을 파악하면 "만법의 연원인 그 하나는 어디로 돌아가 어디에서 연원하는가(一歸何處)?"라는 질문에 대해 확연히 답할 수 있을 것으로 본다.

법계의 모든 참다운 존재(諸法)는 근본성품과 어우러져 '하나라고도 할 수 없는 하나'여서 생성·변멸이나 동정動靜이 없는 고요함 그 자체(諸法不動本來寂)이다. 그러나 삼계 중생의 이해를 돕고자 인연 따라 '드러냄과 드러남(成·始)'을 내세우다 보니 인연 따라 드러냄과 드러남의 변멸(滅·終) 또한 짐짓 내세우게 된다. 이 점을 유념하면 본래 기멸起滅·동정動靜과 시종始終이 없는 '일시一始'와 '일종一終'의 일一의 시종始終의 의미를 반듯하게 이해할 수 있을 것이다.

아울러 '일시一始'와 '일종一終'의 '일一'과 '무시無始一'과 '무종無終一'의 '일一'이 위에서 살펴본 바와 같이 그 뜻하는 바가 다름에도 불구하고 꼭 같이 '일一'로 표기한 까닭은 근본성품(性)과 그 드러냄(用)과 드러남(體·相)이 혼연 합일하여 하나라고도 할 수 없는 하나여서 '다름'이 없음 또한 짐짓 일깨우기 위한 아주 출중한 선택으로 여겨진다. 『천부경』 전체의 내용을 「법성게」와 연계하여 고찰하면 퍽 흥미로 울 것 같다.

3) 시천주侍天主와 인내천人乃天

천도교(天道敎: 東學) 교리의 요체는 ①시천주侍天主, ②사인여천 事人如天, ③인내천人乃天 셋으로 귀결된다. 시천주侍天主는 동학을 창시한 최제우가, 사인여천事人如天은 제2대 교주 최시형이, 인내천人 乃天은 제3대 교주인 손병희가 각기 제창하였다.

시천주에서 ①천주天主는 우리의 고유 언어인 '한얼님'을 뜻하나, 최제우가 동학을 창시할 당시 서학(西學: 천주교)의 교리에 대응하기 위해 사용한 것으로 보이며, ②인인개개가 모두 '한얼님(天主)을 모시고 있다(侍天主)'는 일깨움을 '사람이 곧 한얼님(人乃天)이다'라 는 일깨움과 연계하여 파악하건대, 부처님께서 '일체 중생이 모두 불성을 지니고 있어(一切衆生悉有佛性)', '일체 중생이 모두 본래 부처 임'을 일깨우신 말씀과 '고친 법성게'에서 제1, 2구(眞性甚深極微妙 不守自性隨緣成)의 해설에서 살펴본 내용과 상응함을 알 수 있다.

부연 설명하자면, 천주天主를 불성佛性 내지 진성眞性을 뜻하는 것으로 파악하고 앞서 진성과 그 드러냄(用)과 드러남(體·相)이 혼연 합일되어 '하나라고도 할 수 없는 하나'임을 도시한 아래 그림에서 보듯 일체 중생이 다 진성(眞性: 佛性·天主)을 지니고 있어 모든 사람이 모두 '본래 부처'이듯이 '모든 사람이 곧 본래 한얼님(人乃天)'임 을 알 수 있다.

〈그림 15〉

眞性 ── 隨緣成 ── 諸法〔有情(衆生)·無情〕〔眞性〕
                            │
                 衆生〔眞性〕 ──── 隨緣成

다만 '시천주侍天主'를 '내 마음속에 한얼님을 모시고 있다는 뜻으로, 곧 한얼님은 항상 내 마음속에 있다고 믿는 일'로 풀이함은 '시侍'의 자의字意인 '모시다'에 충실한 해설로서 신령스럽고 전지전능한 한얼님(眞性·佛性)을 존중한 표현일 뿐 내용상 '한얼님을 지니고 있다(具有)'와 같은 뜻이다. 그런데 '사람이 곧 한얼님'인 근거로서 시천주를 일깨우고 있으나, 그 본지를 제대로 이해하지 못하고 '시侍'의 자의字意에 국집한 나머지 '사람이 한얼님을 모시고 있다고 하면서 사람이 곧 한얼님이다'라고 하는 것은 잘못된 견해이다. 사람은 어디까지나 한얼님을 모시고 있는 한갓 '시존侍存'일 뿐, 신앙의 본존으로서 지고무상至高無上의 한얼님은 아니라는 주장[289]도 있다. 이런 주장은 '고친 법성계' 제1, 2구(眞性…… 隨緣成)의 설명에서 보듯 진성(眞性: 佛性·天主)과 진성의 드러냄(用)과 드러남(體·相)이 혼연 합일되어 능소能所·주객主客·내외內外·주처住處가 없어 '하나라고도 할 수 없는 하나'의 경계에 대한 이해 부족으로 '사람과 한얼님'을 능소·주객·내외로 분별하여 파악한 단견短見임을 알아야 한다.

특히 '하나라고도 할 수 없는 하나'를 한얼님을 모시고 있는 시존侍存과 신앙의 본존인 한얼님으로 이원화하여 '인간은 한얼님을 모시고 있음에 불과하다'는 시존주의侍存主義는 능소와 주객이 없는 경계를

---

289 네이버 지식백과, 인내천人乃天 - 한국민족문화대백과, 한국학중앙연구원.

능소와 주객으로 나누어 대별·대립시키는 어리석은 견해로서 동학 (東學: 天道敎)의 근본 교리인 시천주侍天主와 인내천人乃天에 어긋난 주장이라 할 것이다.

동학을 창시한 최제우가 시천주를 주창한 뜻은 아마도 천주교가 한얼님을 내 바깥에 멀리 천당에 있는 지고한 별개의 존재로 잘못 인식하고 있음을 일깨우기 위한 것으로 여겨진다. 이는 「교훈가」에서 '한얼님을 내 몸에 모셨으니 가까운 것을 버리고 먼 것을 취한단 말인가'라고 한 일깨움에 잘 나타나 있다.

그런데 '이돈화李敦化'는 '인간이 모시고 있는 한얼님'과 별개의 '초월적 한얼님'을 내세우고 있다. 이는 천주교(西學)의 그릇된 교리에 대응하여 동학東學을 창시한 배경과 동학의 근본교리에 어긋나는 주장으로서 동학을 천주교와 같은 반열의 종교로 격하시키는 어리석은 견해라 할 것이다.

예수가 말씀한 본뜻을 이해하지 못하여 엉뚱한 교설을 펴는 목회자가 있듯이, 어느 종교건 성직자나 신도의 근기根機가 하열下劣한 경우 종교가 사교邪敎로 변모될 수 있음을 유념해야 할 것이다. 이는 『화엄경, 여래출현품』에서 "여래의 말씀은…… 오직 한 맛이나…… 중생의 마음그릇이 다름에 따라 무량한 차별이 있음(如來言音…… 唯是一味…… 隨諸衆生心器異故 無量差別)"을 일깨우신 말씀과 『법화경, 약초비유품』에서 "부처님의 설법 평등하여 한결같은 맛이나 중생의 성품 따라 받아들임이 같지 않음(佛平等說 如一味雨 隨衆生性 所受不同)"을 일깨우신 말씀을 참조하면 중생들이 꼭 같은 말씀을 제 근기에 따라 제각각 달리 알아듣는(一音同聽異聞) 배경과 까닭을 알 수 있을 것이다.

위 일깨움을 참고하면 중생 나름의 종교가 근기根機별로 범부의 종교, 성문·연각의 종교, 보살의 종교, 부처의 종교로 다원화될 수밖에 없음을 이해할 수 있고, 극단적으로 '내 마음에 꼭 드는 하느님'을 스스로 창조하여 신봉하는 경우까지도 있을 수 있음을 알 수 있을 것이다.

생각하건대 시천주侍天主를 '내 마음속에 한얼님을 모시고 있다'고 풀이하면 진성眞性과 그 드러냄(用)과 드러남(體·相)이 혼연 합일되어 능소能所·주객主客·내외內外를 여의어 있음을 간과한 해설이어서 온당하지 못하다. '내 마음속에 한얼님을 모시고 있다' 함도 온당하지 못한데, 바깥에 한얼님이 따로 존재한다는 주장 또한 온당할 리 없다. 다만 능소·주객·내외의 분별에 얽매여 있는 삼계 중생의 언설로서는 달리 표현할 수 없는 한계를 감안하여 이해해야 할 것이다.

동학을 창시한 최제우가 주창한 시천주侍天主는 우리 개개인이 ① 한얼님을 모시는 존재(侍存/侍 天主)가 아니라 ② 한얼님을 지니고 있는(侍天) 주인공(主), 곧 한얼님(侍天 主)임을 일깨우고자 한 가르침으로 파악함이 온당하다. 이와 같이 파악해야 '우리 개개인 모두가 한얼님(人乃天)'이니 '이웃 섬기길 한얼님 섬기듯 하여야겠기에(事人如天), 널리 이웃을 이롭게 함(弘益人間)이 온당하다'는 일깨움과 유기적으로 일관된 가르침이 되기 때문이다. 「법성게」의 일깨움은 다른 종교 교리의 진리 부합성 여부와 교리 해석상의 과오 파악과 바로잡기에도 대단히 유용함을 알 수 있다.

우물 안 개구리가 알고 있는 세상과 지구 궤도에서 지구와 우주를 함께 관찰하는 우주인이 보는 세상이 같을 수 없듯이, 최상의 온전한 진리의 일깨움인 종교宗敎 또한 개개인의 근기根機에 따라 서로 달리 파악할 수밖에 없어 보인다. 이른바 범부의 종교와 성문聲聞·연각緣覺 의 종교, 보살의 종교와 부처의 종교의 교리敎理의 폭과 깊이가 다를 수밖에 없어 종교간, 각 종교별 신도간 대립과 갈등이 불가피함을 「법성게」는 일깨우고 있다.

자신이 신봉하는 종교의 교리 또한 자신의 근기根機로 파악한 제 나름의 최상의 온전한 진리(?)의 일깨움일 뿐, 결코 최상의 온전한 진리의 일깨움이 아님을 알아야 한다. 그러나 우물 안 개구리에게 우주인이 본 세상을 일깨우기 어렵듯이, 자못 종교간 소통이 쉽지 않아 갈등과 대립, 나아가 종교전쟁이 심화될 수밖에 없는 현실이 안타깝다. 종교전쟁으로 치닫고 있는 위기상황의 타개책 또한 「법성 게」는 일깨우고 있다.

부디 자신의 근기根機를 냉철히 파악하여 자신이 신봉하는 종교가 유치원생 수준의 종교가 아닌지 돌이켜보는 여유를 갖기를 바란다.

4) 인오동포人吾同胞와 물오동포物吾同胞

모든 생명체(有情)와 모든 생명체를 둘러싼 우주(無情)가 모두 일진법계여서 '이웃과 우주를 법신(法身: 부처님)으로 공경하고 서로 사랑하여야 함에도 불구하고 그간 인류는 각종 전쟁(식민지 경략 전쟁과 종교 전쟁 등)을 자행하여 수많은 인명을 살상하고 산업화를 빌미로 자연환경을 훼손하고 숱한 공해를 유발해오고 있다.

전쟁·범죄·빈곤·공해 등으로 인류의 생존 자체가 위협받는 현대위

기상황은 i) 「법성게」가 일깨우는 '진성眞性…… 수연성隨緣成'을 모름
에서, ii) 남과 내가 근본성품이 같아(人吾同性) 남과 내가 동포(人吾同
胞)요, 자연과 내가 근본성품이 같아(物吾同性) 자연과 내가 동포(物
吾同胞)여서 이웃을 부처님으로 서로 공경하고 자연을 사랑하고,
환경보전에 노력해야 함을 모름에서 비롯된 것임을 자각하고, iii)
모든 현대위기 극복방안의 수립은 「법성게」의 일깨움을 인류 모두에
게 제대로 널리 가르치는 일에서부터 시작해야 함을 알아야 한다.

자본주의가 i) 널리 이웃을 부처님으로 공경하여 홍익인간하여야
함을 망각하고, ii) 이기심利己心으로 남의 것을 감히 빼앗은 식민지
경략전쟁을 통해 성장(?)을 거듭하여 iii) 이윤추구를 명분으로 '상품
화'해서는 안 되는 것조차도 상품화하여 인신매매, 매춘, 마약밀매,
더 나아가 iv) 마케팅 3.0을 통해 인간의 영성靈性도 상품화하고
있다.

자본주의는 이기적 탐애심을 부채질하는 '도덕적 해이' 내지 '부도덕
성'을 지닌 채 출발한 그릇된 사상이어서 자본주의의 성장 내지 발전은
곧 인류사회에 도덕적 해이와 부도덕을 증장시키는 역기능의 폐해가
적지 않다. 자본주의 폐해를 극복하기 위한 어떤 주장과 정책도 「법성
게」의 일깨움을 모르고서는 그 내용이 온당할 수 없으므로 결코
성공할 수 없음을 알아야 한다.

인간의 존엄성을 자각하고 온전한 평등과 자유를 구현하여, 전쟁·
범죄·빈곤·공해 등이 없는 평화로운 인류사회를 건설하려면 i) '남과
내가 동포요, 자연과 내가 동포'라는 자각에 입각한 사상 내지 ii)
'남과 내가 동포요, 자연과 내가 동포'라는 자각을 이끌어 내어 인류로

하여금 '남과 내가 동포요, 자연과 내가 동포'인 삶으로 회귀하게 하는 사상이 구현되어야 한다. 그간 제창되어 실현해본 자본주의·사회주의·공산주의·제3의 길·복지주의 등 어떤 사상, 어떤 이념도 평화로운 인류사회 구현을 이루어내지 못했다. 이는 이들 사상이나 이념이 「법성게」의 일깨움을 모르고서 입안되었기 때문이 아닌가 한다.

어떤 사상 어떤 이념이건, 정치개혁이건 교육개혁이건, 종교개혁이나 정의구현, 인간의 존엄성과 인권보장, 자유와 평등, 국리민복과 복지 등등 온갖 국가적 사회적 현안도 「법성게」의 일깨움을 모르고서는 제대로 온전한 방향조차도 설정할 수 없음을 칭 지성인, 칭 선각자, 칭 성직자들은 명심해야 할 것이다.

5) 일수—水와 일음—音

중생은 제 나름의 업습 차이로 주객·능소 등의 환화상幻化相을 스스로 각기 달리 지어 거기에 갇혀 산다. 그래서 사람은 물을 물이라고 하나, 물고기는 집으로, 천상인간은 보석으로, 아귀는 불로 각각 달리 본다(—水四見). 크게 보아 업습이 같아 '사람'으로 함께 살아가는 사람들도 미세한 업습 차이로 꼭 같은 말을 달리 알아듣는(—音同聽異聞) 상황이다.

이 업습 차이로 인한 일수사견—水四見과 일음동청이문—音同聽異聞을 유념하건대 사람들 간의 견해와 사상의 격차, 각 종교간, 각 종파간 교리 내용의 상이함 등등 인간 사회의 다양성을 그대로 존중해야 함을 알 수 있다. 문제는 이 다양성이 대립과 투쟁으로 격화되어

사회적 혼란을 야기하고 그 피로도가 극極에 달하면 일방이 타방을
굴복시키려는 전쟁도 불사하게 된다. 공산혁명 등 각종 정치적 전쟁이
그러하고 종교 전쟁도 예외는 아니다.

　사견四見과 이문異聞을 야기한 업습의 차이를 논외로 한 어떤 방책도
인류사회의 다양성에 따른 혼란상을 해소시킬 진정한 해결책이 될
수 없다. 업습 차이로 인한 다양한 견해와 논쟁, 사상의 대립, 종교간
갈등 등을 조화롭게 해소시키려면 다원화·다양화되기 이전의 그
뿌리인 일수一水와 일음一音으로의 회귀가 선결과제임을 쉬이 알
수 있다. 이 어려운 과제의 해결책 또한 「법성게」의 일깨움(眞性甚深極
微妙/ 不守自性隨緣成/ 一中一切多中一/ 一卽一切多卽一)에 있음을 간
파했다면 독자께서는 「법성게」의 공능과 쓰임새에 분명 눈뜬 지혜로
운 사람일 것이다.

6) 보리심菩提心과 대비심大悲心

　『화엄경, 보현행원품』에서 "모든 부처님께서는 대비심으로 체體를
삼으시는 까닭에 중생으로 인因하여 대비심을 일으키고, 대비심으로
인하여 보리심菩提心을 발하고, 보리심으로 인하여 등정각等正覺을
이룸(諸佛如來 以大悲心 而爲體故 因於衆生 而起大悲 因於大悲 生菩提心
因菩提心 成等正覺)"[290]을 일깨우신 말씀으로 미루어보아 무릇 깨쳐
부처 이루고자 하는 수행자는 일체 중생의 삶(三災, 八難 등 苦厄)에

---

[290] 『화엄경, 입법계품』에서 선재동자가 '수호일체성주야신'을 찬탄한 게송 중 "중생
　　에게 대비심을 일으키시어 여래의 해탈문에 깊이 들어가시며(而於衆生起大悲
　　深入如來解脫門)"라고 찬탄한 부분도 참조.

대해 응당 남다른 연민의 정(大悲心)이 깊어야 할 것이다.

그런데 『능엄경』에서 "관세음보살이 석가모니부처님께 사뢰길, 저는 과거 무수한 항하사겁 전에 관세음부처님으로 인하여 보리심菩提心을 내었습니다"라고 하신 말씀 중 '보리심을 낸다는 것'은 직심直心·심심深心·비심悲心을 낸다는 말이라고 한 해설[291]이 있다. 이 해설은 "대비심으로 인하여 보리심을 발한다"는 위 『화엄경, 보현행원품』의 말씀에 배치된다. 특히 관세음보살은 일체 중생을 향한 대자대비심의 발현이 남다른 분임을 유념하면 관세음보살은 관세음부처님의 '대자대비'에 감응하여 보리심을 내었을 것으로 판단되고, 이렇게 이해하여야 『화엄경, 보현행원품』의 말씀과 상응할 것으로 본다.

같은 맥락에서 "신성취발심信成就發心은 간략히 세 가지가 있다. 첫째는 '곧은 마음(直心)'이니 진여법을 바르게 생각하기 때문이다. 둘째는 '깊은 마음(深心)'이니 일체 선행 쌓기를 좋아하기 때문이다. 셋째는 '큰 자비의 마음(大悲心)'이니 일체 중생의 고통을 제거하고자 하기 때문이다"[292]라고 한 『대승기신론』의 논지 또한 "대비심으로 인하여 보리심을 발한다"라는 위 『화엄경, 보현행원품』의 말씀에 배치된다고 생각한다.

필자의 견해로는 대비심大悲心이 절절하면 깨치고자 하는 마음 또한 절절해져서 직심直心과 심심深心은 비심悲心을 좇아 자연히 일어나기 마련이라고 판단되기 때문이다. 비심보다 직심과 심심을 앞세우

---

291 황정원, 『능엄경 상』, p.275.
292 한자경, 『대승기신론 강해』(불광출판사), p.321.

면 자못 남보다 먼저 깨치고자 하는 이기적 탐애심이 은연중 자리잡게
되어 온전한 깨침을 이루기 어려울 것으로 보인다.

참고로 시중에 떠돌고 있는『불설조사참회경佛說祖師懺悔經』을 소
개한다. 첫 구절에 육성취六成就[293]를 제대로 갖추고 있지 않아 위경僞
經으로 분류될 것 같으나 그 내용이 흥미롭다. 아마도 화두방편에
몰두하는 수행인들이 대체로 중생에 대한 연민의 정(大悲心)이 결여
되어 있음을 꼬집기 위해서 만들어진 것 같다. 감쪽같이 속이려면
육성취를 모두 조작했을 터이나 그렇지 않은 점으로 미루어 흥미로운
이야깃거리로 넌지시 꾸짖기 위함인 듯하다.

『화엄경, 보현행원품』의 일깨움에서 보듯 부처를 이루기 위해서는
'대비심'이 필수불가결하다. 그런데 '대비심'이 결여된 이들이 화두방
편으로 '견성·성불'했다고 강변하니, 얼마나 안쓰러웠으면 이런 위경
僞經까지 만들어 유포했을까를 돌이켜보게 한다.『불설조사참회
경』을 찬찬히 읽고 그 본지를 살펴보자.

불설조사참회경佛說祖師懺悔經

나는 이렇게 들었다.[294]

---

293 육성취란 석가모니부처님께서 모든 경經의 첫머리에 반드시 내세우도록 말씀하
신 ①"이와 같이 ②내가 들었다 ③한때 ④부처님께서 ⑤어디에서 ⑥누구와
더불어 함께 계시었다(如是我聞 一時 佛 在○○ 與○○俱)" 등 여섯 가지이다.
①如是는 信成就 ②我聞은 聞成就 ③一時는 時成就 ④佛은 主成就 ⑤在○○
는 處成就 ⑥與○○俱는 衆成就임. 상세는 졸저,『아이고 부처님』(바보새, 2004)
중 '여시아문如是我聞' 참조.

어느 때 남섬부주의 한 조사祖師가 몸이 멸하여 금강장불국토金剛藏佛國土에 태어났다. 금강장보살金剛藏菩薩은 조사가 금강장불국토에 태어나는 것을 꽃으로 장식하여 맞이하였다. 궁전을 장엄하여 시심마궁전을 만들고 건시궐향으로 청정한 향이 진동하게 하였다.

그때 조사는 금강장보살을 보고 말하였다.

"나는 견성하여 성불한 조사이다. 그대는 누구인가?"

금강장보살이 말하였다.

"선남자여, 그만두라. 헛된 망상을 부리지 마라. 그대는 성불한 것이 아니고 아상을 조금 벗어난 것이다."

그러자 조사가 놀라 미치고 광란하여 성을 내었다가 곧 슬피 울었다.

"화두를 공부하여 견성성불을 이루지 못했다면 불도佛道를 닦은 보람이 없구나. 보살이여, 이 중생이 어떻게 다시 발심發心하고 수행을 하여야 아뇩다라삼먁삼보리를 빨리 증득할 수 있으리까?"

금강장보살이 말하였다.

"선남자여, 대승의 비밀법장秘密法藏은 무진장無盡藏이다. 사바세계에 대혜라는 자가 보살도에 두려움을 내어 이승에 떨어지려 하니 금강장여래가 중생을 가엽게 여겨 화두라는 간단한 방편을 주어 의혹과 두려움을 여의게 하고 아상我相을 조금 벗어나게 한 것이다. 화두를 공부하여 아상을 조금 벗은 보살들은 보살菩薩

---

294 육성취 중 信成就와 聞成就만 있고 時·主·處·衆成就 등 네 가지 성취는 결여되어 있어 부처님께서 설하시지 않은 위경僞經으로 볼 소지가 있음.

초지初地에 든 것이니 기어코 불국토를 이루고 성불할 서원을
세워 보살10지를 차례로 닦아 정진하면 마침내 일체종지를 얻고
성불할 것이니라."

조사가 슬피 울며 말하였다.

"그동안 마음이 미혹하여 화두방편이 성불의 길인 줄 알고 보살도
를 닦는 보살들을 비방한 죄가 너무 많구나. 화두 닦아 아상을
벗은 공덕이 없지는 않으니 이제라도 보살도를 바로 배워 일체종지
이루고 성불하리라."

그러자 관세음보살이 칭찬하여 말하였다.

"선남자여, 선재 선재라. 화두는 탐욕과 어리석음을 조금 다스리는
방편이나 성냄을 다스리지 못하는 방편이니라. 대자대비로 보살
행을 닦으면 화두로 깨지 못한 성냄을 깨고 곧 보살초지에 들고
정진하면 마침내 일체종지를 얻고 성불하리라."

그러자 보현보살이 칭찬하여 말하였다.

"선남자여, 선재 선재라. 화두를 닦는 자들은 보살이 구족하여야
할 보현행을 하지 않으니 중생을 구제함이 적다. 보현행으로 보살
행을 닦으면 화두로 이루지 못한 중생구제를 이루리니 마침내
일체종지를 얻고 성불하리라."

이때 금강장여래께서 말씀하셨다.

"선재 선재라. 보살들이 바르게 말한 것을 조사는 바르게 듣고
기억하여 닦아 보리를 이루도록 하여라."

금강장여래께서 이렇게 설하자 금강장불국토가 여섯 번 진동하고
만다라화가 법계法界에 가득하고 우담바라화의 향내가 법계에

진동하였다.

이때 조사가 말하였다.

"금강장여래시여, 세상엔 아직도 미혹하여 화두가 최상승이라고 믿고, 화두를 닦으면 견성하여 성불한다고 주장하는 어리석은 자들이 아직 많습니다. 분명히 이 경을 들으면 '부처님의 말이 아니다, 지어낸 것이다, 거짓이다, 허망한 말이다'라고 화를 내고 성을 내고 미친 증세가 심하리니, 이런 자들은 어떻게 해야 합니까?"

이때 금강장여래가 말하였다

"선남자여, 부처의 말을 믿지 못하고 바른 법을 들으면 미친 증세가 나는 자들도 있으나 여래의 비밀법장은 셀 수가 없느니라. 모기와 같은 지혜로 이것을 자기가 듣지 않았다 하여 비방하는 자들은 대승을 비방한 죄로 악처에 나고, 사견을 고집한 죄로 삼악도에서 백겁을 벗어나지 못하리라."

이때 제석천이 말하였다.

"세존이시여, 이 경을 수지한 자는 재앙과 환난을 없애고 복락이 구족하게 하겠습니다. 세존이시여, 이 경의 이름을 무엇이라 받아지녀야 하옵니까?"

금강장여래가 말하셨다.

"선재, 선재라. 제석천아, 이 경은 조사가 참회하는 경이니 불설조사참회경佛說祖師懺悔經이라고 하고, 또는 조사가 화두방편을 버리고 보살도에 드는 것이니 불설조사발심보살도경佛說祖師發心菩薩道經이라고 하고, 또는 화두는 성냄을 조복하지 못하고 보살행을 하지 못하게 하니 불설화두미에진불보현행경佛說話頭未悉盡不普賢行經이라고도 하느니라. 여래가 이제 이 경을 금강장보살과 제석천에게 부촉하니 세상에 널리 유포하여 정법이 끊어지지 않게 하여라."
이때 금강장여래께서 설하신 법을 듣고 금강장보살과 관세음보살, 보현보살, 조사, 제석천 등 수많은 회중이 기뻐하여 받들었다.

중생에 대한 지극한 연민의 정도 없이 옛 조사祖師들의 공안公案이 자신의 깨침의 활구活句가 되길 소망하는 수행은 사행심射倖心으로 세월만 허송하게 되거나 자못 '깨친 환상'에 갇힌 견성병자가 되게 할 위험이 없지 않아 보인다. 한국 불교계가 그간 개개인의 근기는 고려하지 않고 누구나 단박 깨치고자 하는 성급한 요행심만 고취시키고 있지는 않는지 돌이켜보아야 할 것 같다. 부디 우리 모두 이웃과 자연에 대해 동체대비심을 갖고 부처님의 가르침을 다시 살펴보는 여유와 지혜를 갖길 소망한다.

7) 지도무난至道無難

승찬 대사가 지은 『신심명信心銘』은 '지도무난至道無難'으로 시작한다. 이 첫 구를 대부분 '지극한 도는 어렵지 않다'고 번역한다.[295] 노자가 그의 『도덕경』 첫 구에 "도道를 도라고 말해도 그것은 본래의 도(常道)가 아니다. 즉 상도에 어긋난다(道可道 非常道)"라고 한 말씀

---

295 보각, 앞의 책, p.10; 석명정 역, 『신심명』(향학사, 1976), p.7.

과 「법성게」에서 "제법諸法…… 무명무상절일체無名無相絶一切"라고
한 바를 돌이켜보면 '도道'를 도라고 해도 온당치 않음을 알 수 있을
것이다. 그런데 이러한 도道에 수식어를 붙여서 제한적으로 '지극한'
도를 따로 내세움이 온당한지 의문이다.

보각 스님은 "지도至道란 무상대도無上大道인 불법佛法의 적적대의
的的大意"라고 설명한다. 이 설명으로 미루어 '지도至道'를 무상대도로
본다면 ①『신심명』에서 "대도의 체體는 넓고 너그러워 쉽거나 어려움
이 없다(大道 體寬 無易無難)"[296]라고 한 말씀과 ②'지극한 도(至道)'
곧 '대도大道'는 '어렵지 않다(至道無難)'는 말씀은 서로 어긋나는 듯한
느낌을 갖게 한다.

'지극한 도(至道)', 즉 '대도大道'는 분별을 여읜 경계를 설명하기
위한 삼계의 언설로 봄이 온당하다. 그러므로 '대도는…… 쉽거나
어려움이 없다'는 표현은 적절하고, "지극한 도 곧 '대도'는 어렵지
않다"라는 표현은 부적절해 보인다. 필자의 좁은 소견으로는 '지도至
道'를 '도에 다다르기, 도에 계합하기, 도를 깨치기'로 번역하여 '지도무
난至道無難'을 '도를 깨치기 어렵지 않다'로 번역하면 어떨까 한다.

혹자는 이러한 번역은 '한문 문법에 맞지 않는다'고 하나 필자는
이러한 번역이 이치에 부합하는지 여부를 먼저 살피는 것이 우선이라
고 생각한다. 이치에 밝고 한문漢文에도 능하면 얼마나 좋을까만
그렇지 못할 경우에는 '한문에 능함'보다는 '이치에 밝음'이 더 중요하

고 우선한다고 생각한다. 필자는 지도무난至道無難은 지어도무난至於
道無難을 넉자씩 글자 수를 맞추기 위해 '어於'자를 생략한 것으로
파악하고 있다.

지도무난至道無難을 '도를 깨치기 어렵지 않다'로 번역하면

①그 다음 구절인 "오직 간택만 꺼릴 뿐이니, 다만 미워하거나
사랑하는 증애憎愛만 갖지 아니하면(唯嫌揀擇 但莫憎愛)"은 도를 깨치
기 위한 수행방편을 제시함이자,

②이 수행방편은 단지 간택이나 증애 등 '분별' 하나만 여의면
되는 것이어서 도를 깨치기 가히 '어렵지 않음'을 분명히 일깨움이
되고,

③간택과 증애 등 '분별'만 여의게 되면 "자연히 도를 깨쳐 환하게
명백해질 것(洞然明白)"이 순리인지라『신심명』첫 네 구의 뜻이 온전
히 드러나고,

④첫 네 구만 온전히 이해하면 그 다음 구는 첫 네 구의 부언
설명이어서『신심명』전체의 뜻 또한 온전히 이해할 수 있을 것
같다.

그런데 '일휴一休' 스님은 "『신심명』유통분들 거의 다 지도至道를
'지극한 도'라고 해석하여 지至를 관형어로 해석하고 있다. 그러나
'지극한 도'라는 명사의 형용은 '좋다, 나쁘다'(好·惡)이고, '도道에
이르다'라는 동작행위의 표현은 '쉽다, 어렵다(易·難)'임"을 논거로
지至를 동사로 해석하여 지도至道를 '도에 이름'으로 풀이하고 있다.[297]

297 일휴, 『신심명·증도가』(정우서적, 2011), p.39.

일휴 스님의 논거에 의하면 필자의 번역은 한문 문법에도 부합하는 셈이다.

　바라건대 '동국역경원'이 나서서 이치에 밝은 분과 한문에 정통한 분이 뜻을 모아 함께 대비심으로 한문경전을 그 본뜻에 부합하게 번역할 수 있도록 제도적으로 지원하길 소망한다. '동국역경원'이 간행한 한글대장경의 오역(?) 부분부터 가려내어 바로잡는 제2의 역경사업이 펼쳐져야 할 즈음인가 한다. 그리하여 「법성게」 중 '파식망상필부득叵息妄想必不得'뿐 아니라 모든 한문경전의 뜻이 온전히 드러나고 이해될 수 있게 되길 간절히 소망한다.

8) 무설설無說說과 양구良久

　영가 대사는 그의 『증도가證道歌』에서 "망상도 없애지 않고 참됨도 구하지 않음(不除妄想不求眞)"을 노래한다. 근본성품(眞性) 그 자체는 본래 미혹함(迷)도 깨침(悟)도 없는지라 법계法界에는 미오迷悟가 있다 할 수 없다. 미오迷悟가 없는데 어찌 깨쳐 증득함이 있겠으며, 깨쳐 증득할 도道인들 어찌 있다 할 수 있겠는가! 그러므로『증도가證道歌』는 미오迷悟가 확연한 삼계 중생에게 삼계의 언설로 듣도 보도 못한 '오아시스'를 짐짓 내세워 '신기루'에 혹惑하는 환상을 내려놓게 하려는 애틋한 동체대비심의 발현을 노래로 엮은 것으로 여겨진다.

　미오迷悟가 본래 없는데 진眞과 망妄인들 어찌 있다 할 것이며, 하물며 구求와 제除인들 있다 할 수 있겠는가. 그러나 진眞과 망妄을 망령되이 분별하는 삼계 중생의 망상妄想을 온전히 잠재우려니 '망상을 없애지도 않고 참됨도 구하지 않아야 함'을 일깨운다.

하지만 『증도가』에는 『증도가』를 노래하는 이가 있고, 노래 『증도가』가 있고, 노래하는 까닭이 있어 갖가지 분별 망상을 불러일으킬 수 있으니 어찌 양구良久함만 하겠는가! 영가 대사가 대자대비大慈大悲하시어 삼계 중생을 어여삐 여겨 짐짓 『증도가』를 읊으니 이 또한 노래함이 없는 노래요, 말씀함이 없는 말씀(無說說)이어서 양구良久함과 크게 다르지 않다 할 것이다.

석가모니부처님께서 45년간 한결같이 부지런히 설법說法하셨지만 '법을 설함이 없다' 하시고, 특히 『금강경』을 설하시면서 수보리에게 "여래가 법을 말씀하신 바가 있느냐?"하고 물으시자, 수보리가 "여래께서는 말씀하신 바가 없습니다"[298]라고 답했으니, 이 모두 '말씀함이 없는 말씀'의 본지를 알아야 그 뜻을 온전히 이해할 수 있을 것이다. 문자보다 이치가 우선하고, 이해보다 깨침을 앞세우는 까닭이 바로 여기에 있다.

『화엄경, 십지품』에 이르시길 "제7원행지에 들어가려면 열 가지 방편 지혜를 닦으며 수승한 도道를 일으켜야 하나니…… 공空하고 모양 없고 원顧이 없는 삼매를 닦지마는 자비한 마음으로 중생을 버리지 아니하며…… 모든 번뇌의 불꽃을 끝까지 멸하였지마는 일체 중생을 위하여 탐貪하고 성내고 어리석은 번뇌의 불꽃을 일으키며…… 삼세三世가 오직 한 생각인 줄 알지마는 중생들의 뜻으로 이해하는 분별을 따라서 …… 모든 행을 닦느니라(欲入第七遠行地

---

298 『금강경』 제13분, "須菩提 於意云何 如來有所說法不" 須菩提 白佛言 "世尊 如來無所說" 참조.

當修十種方便慧起殊勝道…… 雖善修空無相無願三昧 而慈悲不捨衆
生…… 雖畢竟寂滅諸煩惱燄 而能爲一切衆生起滅貪瞋癡煩惱燄…… 了知
三世唯是一念而隨衆生意解分別…… 而修諸行)"라고 일깨우신 말씀을
돌이켜 '영가 대사의『증도가』'를 다시 살펴보면 무설설無說說에 한
발 더 다가설 수 있을 것이다.

9) 무명의 근본성품은 곧 불성(無明實性卽佛性)

꿈꾸는 놈이나 꿈 깨는 놈이나, 꿈 깨었다고 안도하거나 아쉬워하는
놈이 다르지 않듯이, 중생 놀이하게(꿈꾸게) 하는 무명 업식의 본성도
진성眞性을 떠나 있는 것이 아니어서 영가 대사는 그의『증도가證道
歌』에서 '무명의 근본성품이 곧 불성(無明實性卽佛性)'이라고 노래
한다.[299]

제1부에서 '고친 법성게' 제1, 2구의 내용과 무명을 설명한 내용을
연계하여 도시하면 아래와 같다.

〈그림 16〉

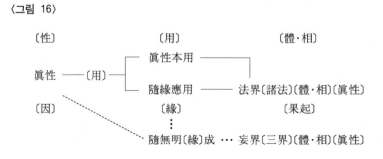

─────────────
[299] 앞서 살펴본 '무명'을 설명한 내용 참조.

위 그림에서 보듯 근본성품(性)과 그 드러냄(用)과 드러남(體·相)
이 혼연 합일되어 '하나라고도 할 수 없는 하나'여서 근본성품의 드러남
인 모든 존재가 근본성품을 그대로 지니듯이, 근본성품(因)을 반연
(緣)한 드러남(果起) 또한 혼연 합일되어 '하나라고도 할 수 없는
하나'여서 근본성품이 무명을 반연하여 드러난 망계(妄界: 三界) 또한
근본성품의 드러남이어서 이 역시 근본성품을 그대로 지니고 있음을
유념해야 한다.

다만 중생은 무명업습에 얽매이고 망심의 발현에 혹惑하여 근본성
품을 알지 못하므로 중생은 망심의 발현인 허수아비 같은 텅 빈
몸(幻化空身)을 실재하는 별개의 존재로 착각한다. 그러나 깨친 경계
에서는 성용체상性用體相의 관점에서 보나 인연과기因緣果起의 측면
에서 보나 망계의 일체 존재가 근본성품의 드러냄이자 드러남이어서
근본성품을 그래도 지닌지라, 『증도가證道歌』에서 보듯 '허수아비
같은 텅 빈 이 몸이 청정한 법신(幻化空身即法身)'임을 알아야 한다.

참고로 '고친 법성게' 제30구(十佛普賢大人境)의 해설 중 '깨친 부처
님의 경계에서 보면 모든 경계가 다 부처님이어서 이 경계에서 열
가지 불신佛身(解境十佛)[300]을 세우는데, 이 해경시불 중 하나가 중생
신衆生身이다.

달리 말하면 '깨친 부처님 경계에서 보면 일체 중생이 중생이 아니라
모두 부처님'이라는 말이다. 따라서 깨친 경계에서 보면 '허수아비
같은 텅 빈 몸(幻化空身)'인 중생신衆生身이 곧 불신佛身이어서 환화공

---

300 제30구의 해설 중 해경시불解境十佛 참조. 그리고 『법계도기총수록』(한글대장경
　　제238권), pp.16~17.

신이 곧 불신-법신(幻化空身卽法身)[301]임을 알 수 있다. 그리고 인연과기因緣果起가 혼연 합일하여 '하나라고도 할 수 없는 하나'임을 유념하면 '무명無明의 근본성품이 곧 불성(無明實性卽佛性)'임도 알 수 있을 것이다.

『원각경, 보현보살장』에서 "시작이 없는 환幻인 무명이 여래의 원각심을 좇아서 건립됨(無始幻無明 皆從諸如來 圓覺心建立)"을 일깨우신 말씀과 『원각경, 청정혜보살장』에서 깨쳐 능소·분별을 여읜 경계인 '여래의 수순 각성(如來 隨順覺性)'을 일깨우는 말씀 중 "무명無明과 진여眞如가 다른 경계가 없다(無明眞如 無異境界)"라고 하신 말씀은 '무명의 근본성품이 곧 불성임'을 일깨우신다. 그리고 『원각경, 청정혜보살장』에서 "중생과 국토가 동일한 법성임(衆生國土 同一法性)"을 일깨우신 말씀은 '허수아비 같은 텅 빈 몸이 곧 법신'임을 일깨우심을 알 수 있을 것이다. 아무튼 깨치고 볼 일이어서 깨침의 서원誓願이 더욱 절절해져야 할 것 같다.

10) 산은 산이요 물은 물이로다(山是山 水是水)

위 문구는 성철 스님의 법어法語로 한때 널리 회자되었다. 일수사견一水四見의 경계에 미혹迷惑한 삼계 중생의 업식으로는 분명 '물은

---

301 법신法身은 절대 진리(法)를 인격화한 것으로 여러 뜻으로 사용되나, 그 중 ①부처 그 자체 ②부처님의 우주신宇宙身 등의 뜻으로 보아 법신法身을 불신佛身으로 본 설명임. 참고로 법신은 법성法性·진여眞如·법불法佛·법신불法身佛·법성신法性身·자성신自性身·여여불如如佛·진여법성眞如法性·여래장如來藏 등으로 사용되고 있음(『불교학대사전』 p.512의 법신과 p.600의 불신佛身 참조).

물이요, 산은 산일 뿐이다. 중생 업식에 비추어보아 위 말은 하나도 신기할 게 없는데 깨친 도인道人의 말씀이라 하여 세간의 모든 이들은 한동안 그 뜻을 헤아려 알고자 분분했던 것으로 기억한다.

중생 경계가 무명 업식의 망념의 소산일진대 일수사견一水四見을 떨친 깨친 경계에서는 분명 '물이 물 아니요, 산이 산 아닐 터'인데 왜 성철 스님은 '산은 산이요 물은 물이로다'라고 했을까 궁금하지 않을 수 없었을 것 같다. '고친 법성게' 제1구에서 제4구까지의 해설을 돌이켜보면 위 글귀의 본지本旨 내지 옳고 그름을 파악할 수 있을 것이다.

깨친 부처님 경계에서는 '해경시불解境十佛'을 운위함을 유념하면 산하대지山河大地가 모두 부처 아님이 없어 내가 곧 산이요 내가 곧 물일진대, '산도 이와 같고 물도 이와 같다(山如是 水如是)'고 함직하다. 귀하의 견해는 어떠신지?

11) 「법성게」와 『대승기신론』

전종식은 『대승기신론』의 논지에 의거해 '진성眞性…… 수연성隨緣成'의 게송을 설명한다. 그 내용인 즉 "진성은 그대로 참 성품인 진여(眞如)의 성품을 말하는 것으로 매우 깊고 극히 미묘하여 본래부터 고요하고 움직이지 않는 불변의 것이지만, 그러한 스스로의 성품을 지키지 못하고 무명無明 훈습의 연緣을 만나 진여가 연을 따라 일체법을 생성하는 것이다"라고 설명한다.[302]

---

302 전종식, 앞의 논문, p.223.

위 설명 중 ①'진여가 연을 따라 일체법을 생성하는 것'은 법계의 소식이고, ②'무명 훈습의 연을 만나 일체법을 생성하는 것'은 중생이 제 나름의 망심 망식의 무명 업식을 반연하여 법계를 망견 망식하는 삼계의 소식이다. 단적으로 말해 위 설명은 법계와 삼계를 구별하지 못하고 혼동한 논리로서, 이는 불수자성不守自性의 본지를 이해하지 못한 착오에서 비롯된 듯하다.

'불수자성不守自性'의 본지는 '스스로 성품을 지키지 못함'이 아니라 '제 성품에 갇혀 잠들어 있거나 죽어 있지 않고 인연 따라 제 성품을 발현하는 특성을 일컫는 것'임을 간과한 나머지 삼계三界의 현상과 법계法界의 실상을 혼동하는 오류를 범하고 있다. '오아시스'와 '신기루'를 구별하지 못하여 빚어지는 웃지 못할 사연을 연상하게 한다.

생각건대 「법성게」의 주된 내용은 참다운 존재의 근본성품(眞性) 그 자체의 특성(性)과 그 드러냄(用)과 드러남(體·相), 그리고 그 드러남의 상호관계 등이다. 그러나 『대승기신론』은 ①중생이 무명 업식으로 미혹迷惑한 망상의 경계인 미계(迷界: 三界)에 유전流轉하는 원인 내지 배경과 ②이 경계를 벗어나 법계의 실상을 그대로 온전히 받아들일 수 있는 깨달음의 경계(悟界: 法界)로 나아가는 방편과 과정에 초점焦點을 맞추어 논리를 전개하고 있다.

「법성게」와 『대승기신론』은 그 전개 방향과 목적, 그리고 그 내용이 현격히 서로 다르다. 이를 간과하고 미계迷界의 중생에게 초점을 맞추어 설명한 『대승기신론』의 논리로 미오迷悟 이전의, 미오를 여의어 있는 법계의 실상을 노래한 「법성게」의 내용을 풀이하려고 하는 시도는 온당하지 않아 보인다.

특히 미계(迷界: 三界)에 헤매는 중생에게는 ①미迷와 오悟, 이理와
사事, 사事와 사事, 생사生死와 열반涅槃이 확연히 다르게 여겨지므로,
②이사무애理事無碍와 사사무애事事無碍, 그리고 생사와 열반이 서로
공화共和하는 법계의 특성을 ③『대승신기론』의 논리로 풀이하여
중생에게 온전히 납득시키는 데는 분명 한계가 있음도 차제에 유념하
길 바란다. 다만 '고친 법성게'의 게송 중 미계 중생이 근본성품 자리로
회귀하는 방편과 과정을 일깨운 제21구부터 제27구까지의 내용을
파악하는 데는 『대승기신론』의 논리가 다소 도움이 될 것이다.

참고로 마명馬鳴이 저술하고 진제眞諦가 한역漢譯한 『대승기신
론』의 '입의분'과 '해석분'의 요체를 간략히 살펴보자.
①대승大乘을 존재(法)와 의미(義) 둘로 총괄하고,
②법法은 일체 세간법과 출세간법을 포섭하는 중생심衆生心을 말
하며,
③이 마음(衆生心)에 의거 대승의 의미(義)를 드러내는데, 이는
이 마음의 진여상眞如相이 대승의 체體를, 이 마음의 생멸인연상生滅因
緣相이 대승의 자체自體와 상相과 용用을 제시할 수 있기 때문이고,
④대승의 바른 의미를 일심법一心法에 의거, 심진여문心眞如門과
심생멸문心生滅門으로 현시顯示한다.
이상의 내용 부분만 전종식의 '대승기신론사상체계도'[303]에 의거하
여 옮겨 그려보면 아래와 같다.

---

303 전종식, 앞의 논문, p.217.

〈그림 17〉

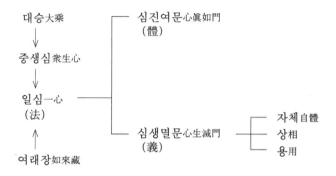

위 그림에 나타난 『대승기신론』의 요체는 일심一心인 중생심衆生心을 시원始原으로 하고 이 마음(心)의 체體·상相·용用을 중심으로 논리를 전개함을 알 수 있다. 이는 '고친 법성게'가 그 제1, 2구에서 법계의 모든 존재(諸法)의 근본성품(性)과 이 근본성품의 드러냄(用)과 드러남(體·相)을 밝혀 성性과 용用과 체體와 상相이 혼연 합일된 법계의 실상을 일목요연하게 제시한 것과 대비된다.

생각건대 일반적으로 '마음(心)은 근본성품(眞性)의 발현(用)을 뜻하고, '중생衆生'은 앞서 '고친 법성게' 제1, 2구의 설명에서 보듯 근본성품이 인연 따라 드러낸 모든 존재(諸法) 중 유정有情을 뜻하므로 『대승기신론』의 시원始原인 중생심衆生心은 모든 중생이 지닌 근본성품의 드러냄(用)인 진성본용과 수연응용에 상응하는 것으로 볼 수 있다.

이해의 편의를 위해 앞서 살펴본 '고친 법성게' 제1, 2구의 내용의 도시圖示를 옮겨 위 '대승기신론사상체계도'와 대비해 보자.

〈그림 18〉

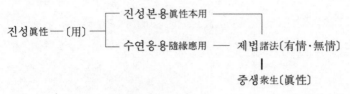

〈그림 19〉

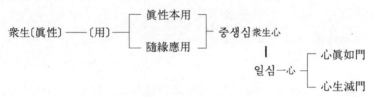

'고친 법성게' 제1, 2구의 내용을 도시圖示한 〈그림 18〉과 '대승기신론사상체계도'를 연계하여 그린 〈그림 19〉를 대비해 보면 다음과 같다.

①『대승기신론』의 시원인 중생심도 그 근원을 거슬러 가면 '근본성품'과 불일불이不一不異여서 「법성게」의 시원과 다르지 않다고 할 수 있으나 근본성품을 바로 시원으로 제시하여 출발한 「법성게」의 전개에 미치지 못하고,

②모든 논거의 시원인 근본성품(眞性)을 거론하지 않은『대승기신론』은 '앙꼬' 없는 찐빵이나 '오아시스' 없는 사막에 비유될 수 있는 부족됨이 역력해 보이며,

③모든 논거의 시원인 '근본성품'을 제대로 파악하여 정립하지 못하면 논리 전개과정에서 시원인 '근본성품'의 대역 제시가 불가피하여 용어의 혼선을 초래할 가능성이 있고, 결론을 제대로 이끌어 내기 어려우며, 결론이 시원과 어긋날 개연성이 있고, 특히 근본성품 그

자체는 생멸生滅이 없는데 그 작용인 마음, 즉 중생심을 일심법에 의거 '심진여문'과 '심생멸문'으로 이원화하면 분명 자가당착으로 귀결될 가능성 또한 없지 않을 것 같다.

'참다운 참(眞)'은 '참'도 내세우지 않는다. '참'을 내세우면 '참다운 참'과 '내세운 참'이 능소能所를 이루어 망妄에 상응하는 참(眞)이 되어 둘 다 망념妄念에 자리한 언설상言說上의 망설妄說이 된다. 진성眞性, 법계, 일진법계라는 말도 마찬가지로 궁여지책으로 사용하고 있음을 유념해야 한다.

일심一心을 내세움도 온당하지 않은데, 이문二門을 내세움은 망상에 휘둘린 중생으로 하여금 망상의 틀을 깨게 하여 망妄에 상대되는 진眞까지도 함께 떨치어 '참다운 참'에 이르게(契合) 하기 위함이어야 할 것이다. 특히 진망화합식眞妄和合識에서 진眞은 망妄에 상대되는 진眞이어서 이 또한 망妄인지라 진망화합식이라는 말 또한 온당치 않아 보인다.

『대승기신론』이 제시한 진망화합식은 아마도 진망眞妄이 구분되지 않는 '진망화합'으로 이해하여야 '심진여문'과 '심생멸문'으로 나눈 본뜻이 드러날 것 같다. 부디 설명의 편의를 위한 언설에 현혹되지 않아야 할 것이다. 『대승기신론』의 문제점과 오류(?)는 이를 바로잡는 용기와 지혜를 가진 분의 몫으로 미루고자 한다.

12) '크리슈나무르티'의 선언에 대한 귀하의 견해

'김영사'에서 펴낸 책『마음에서 마음으로』에 실린 '하창수'와 '이외수'의 대담 중 다음 내용에 대한 귀하의 견해를 스스로 점검해 보면 귀하가 「법성계」에 어느 정도 심취했는지를 알 수 있을 것이다.

하창수: 인도의 영성가 U.G. 크리슈나무르티는 『깨달음은 없다』라는 책을 통해 "깨달음이란 없다. 해탈도 없다. 한낱 환각일 뿐이다"라고 폭탄선언을 했습니다. 진지하고 치열한 수행 끝에 내린 그의 결론은 명상계와 종교계에 큰 파문을 일으켰는데요, U.G. 크리슈나무르티의 최종 결론을 어떻게 생각하십니까?

이외수: 그는 그렇게 깨달은 것이다.

하창수: 잘못 깨달았다는 말씀입니까?

이외수: 아니다. 그 정도의 경지라면 그의 내면이 그렇게 규정한 것이다. 그에게는 그의 판단이 옳다. 누구도 그르다, 그렇지 않다고 얘기할 수 없다.[304]

독자에게 하창수 님이 위와 같이 묻는다면 귀하는 무어라 대답할 건지 스스로 점검해 보시기를……. 판단이 서질 않으면 「법성계」를 다시 읽어 보시기 바란다.

13) 우리가 서로 사랑하면

성서에 "어느 때나 하느님을 본 사람이 없으되 만일 우리가 서로 사랑하면 하느님이 우리 안에 거居하시고"(요한1서 4:12)라는 말씀이 있다. 이 말씀에 의하면 요한1서가 쓰일 무렵까지는 하느님을 본

---

304 이외수 지음·하창수 엮음, 『마음에서 마음으로』(김영사, 2013), p.199.

사람이 없었던 것으로 보인다.

그런데 성서가 한국에 전래된 이후 한때 '하느님을 보았다'고 간증한 사람들이 꽤나 많이 나왔던 것으로 기억한다. 이들이 참으로 하느님을 보았다면 하느님을 보지 못한 사람들이 전하는 하느님 말씀과는 분명 격조가 다른 말씀을 할 수 있을 터이기에 굳이 기존의 성서에 매달릴 이유가 없을 것 같다.

아직까지 기존의 성서 말씀과 다른 말씀을 정리한 새로운 성서가 한국에서 나왔다는 얘기가 들리지 않는 것으로 미루어 '하느님을 보았다'는 간증은 다 허황된 환영에 넋을 잃은 자들의 망언이 아닌가 한다.

능소·주객이 없는 법계의 실상을 일깨우는 「법성게」에 의거해 위 성서 말씀의 본뜻을 살펴보면 ①'어느 때나 하느님을 본 사람이 없으되'를 '하느님을 볼 수는 없지만'으로 고쳐야 온당하고, ②우리가 진정으로 서로 사랑하면 오직 '그대'만 있고 '나' 없으나, '나' 없어 '그대' 또한 없는지라 따로 '사랑함'도 내세울 수 없어 주객과 능소가 없는 경계에 다다라 있음을 유념해야 한다. 달리 말하면 자신의 근본성품 자리에 계합해 있다는 말이다. 우리가 진정으로 서로 사랑하면 우리는 자신의 근본성품 자리에 계합하는 것이니, 그 경계가 바로 하느님(眞性)이 계신 자리에 계합함이다. 이를 일러 성서는 '우리가 서로 사랑하면 하느님이 우리 안에 거居하시고'라고 표현한 것이다.

「법성게」가 성서의 말씀을 올바로 파악하는 키워드임을 알 수 있다. 「법성게」의 공능과 쓰임새를 가히 모든 종교의 근본 교리를 반듯하게 이해하는 데까지 널리 펼칠 수 있는 종교 영재英才의 출현을 고대한다.

14) 독생자獨生子와 독자獨子

기독교 경전인 성경聖經은 흔히 비유와 은유로 말씀하신 부분이 많아서 그 은유와 비유를 반듯하게 밝히려면 대단한 지혜가 필요하다고들 한다. 삼계三界의 언설로 법계法界의 실상을 설명한 「법성게」를 살펴본 자신의 안목에 다소간 변화가 있는지를 점검해보기 위해선 성경에서 명언이라고 하는 몇 구절을 풀이해보면 도움이 될 것 같다.

예컨대 "자선을 베풀 때에는 오른손이 하는 일을 왼손이 모르게 하여 그 자선을 숨겨 두어라. 그러면 숨은 일도 보시는 네 아버지께서 갚아 주실 것이다"〔"너는 救濟할 때에 오른손이 하는 것을 왼손이 모르게 하여 네 구제함이 隱密하게 하라. 은밀한 중에 보시는 너의 아버지가 갚으시리라"〕(마태오 6:3~4)[305]라는 말씀은 『금강경』에서 일깨우신 '무주상보시無住相布施와 그 공덕功德'을 떠올리게 한다.

『금강경』 말씀과 성경의 위 말씀을 대비해 보면 성경 말씀의 표현과 내용 등이 『금강경』 말씀에 비해 그 깊이와 폭 등이 어설프기 짝이 없지만, 그래도 누구나 아주 쉬이 알아들을 수 있는 장점이 있음을 알 수 있다. 표현은 성경에서 빌려오고 그 은유와 비유를 걷어내는 지혜와 깊은 뜻은 불교 경전을 원용하면 좋을 듯하다. 그래야 '숨겨두어라'거나 '숨은 일도 보시는', '네 아버지'가 '갚아 주실 것'이라는 말씀의 뜻이 온전히 드러날 것이다.

---

305 김주병, 『공동번역 성서』(가톨릭용), 대한성서공회, 1986. 그리고 〔 〕 속 내용은 김호용, 『성경전서』(대한성서공회, 1964)에서 옮김.

위의 예시를 참고하여 성경에서 "마음이 가난한 사람은 행복하다. 하늘나라가 그들의 것이다〔心靈이 가난한 者는 福이 있나니 天國이 저희 것임이요〕"(마태 5:3)[306]라는 말씀의 뜻을 살펴보자. '마음(心靈)이 가난한 자者'를 한문으로는 '허심자虛心者'로 번역하고 있다. 이 '마음을 비운 사람(虛心者)'을 「법성게」에서 '망상을 잠재운(叵息妄想⋯⋯)', 즉 '망심을 여윈, 망심을 비운 사람', 달리 말하면 법계에 회귀하고자 하는 사람으로 연계하여 파악함직하다. 그러면 성경에서 '행복하다'거나 '하늘나라가 그들의 것이다'는 말씀에서 ①'행복'은 '법계에 회귀하는 깨침의 법열'로 ②'하늘나라'는 자신의 근본성품 내지 법계로 ③'그들의 것'은 '근본성품에의 계합'으로 풀이하면 은유와 비유를 밝혀 뜻이 통할 것 같다.

그리고 성경에 "하느님은 이 세상을 극진히 사랑하셔서 외아들을 보내 주시어 그를 믿는 사람은 누구든지 멸망하지 않고 영원한 생명을 얻게 하여 주셨다〔하나님이 世上을 이처럼 사랑하사 獨生子를 주셨으니 이는 저를 믿는 者마다 滅亡치 않고 永生을 얻게 하려 하심이니라〕"라는 말씀이 있다.(요한 3:16, 위 주註 참조)

위 두 성경 번역 내용의 두드러진 차이는 '외아들(1984년판 가톨릭용)과 독생자獨生子(1964년판)'이다. 외아들은 독자獨子라고 하지 '독생자'라고 하지 않는다. 이걸 몰랐다면 무식한 소치이고, '독생자'와 '외아들'이 다르다는 것을 알면서 '독생자'를 '외아들'로 고쳤다면 ①'독생자'의 본뜻을 몰라서이거나, ②교직자들이 신도 위에 군림하기

---

306 위 주註 참조.

위해 '하느님-외아들(예수)-교황-추기경-평신도'로 줄을 세우고자
하는 등 모종의 음모를 숨기기 위해 잔재주를 부린 거짓스러움의
발현으로 추정된다.

　문제는 '예수' 스스로 자기를 '사람의 아들(人子)'이라고 마태복음
(17:22~23)에서 말하고 있는데, '독생자獨生子'를 '외아들(獨子)'로
잘못 번역하여 '예수'를 '하느님의 외아들'인 양 오해하도록 유도하면
'하느님'을 혼외婚外 아들을 둔 부도덕한 놈으로 모독하게 되니 이는
천부당만부당한 일이고, 같은 성경 내에서 서로 다른 내용을 어떻게
이해해야 할지 난감할 뿐이다. 부디 '외아들'을 '독생자'로 바로잡길
바란다.
　중요한 것은 '독생자'의 본뜻이다. '독생자'의 본뜻을 제대로 알아야
삶과 죽음이 없는 경계에 다다라 참으로 영원한 생명(永生)을 얻게
될 것이다. 이 점을 유념하여 성경 요한복음의 위 구절이 앞서 살펴본
「법성게」의 어느 구절과 상응하는지 독자께서는 면밀히 파악할 수
있어야 할 것이다.
　'일시무시일一始無始一과 만법귀일萬法歸一'[307]에서 살펴본 바와 같
이 『천부경』의 '일시무시일'과 '고친 법성게 1, 2, 3구(眞性甚深極微妙
不守自性隨緣成 諸法不動本來寂)와 9, 10구(一中一切多中一 一卽一切多
卽一)의 해설을 연계하여 살펴보면 '독생자'의 본뜻이 명확해지고
'하느님' 또한 무얼 뜻하는지 온전히 알 수 있으며 영생永生을 얻게

---

307 제2부 일시무시일一始無始一과 만법귀일萬法歸一 참조.

되는 까닭도 알 수 있을 것이다.

아울러 ① 삼계三界의 언설言說의 한계와 ② 성경을 번역함에 있어 번역자가 삼계의 언설의 한계를 극복하기 위해 얼마나 진지한 노력을 했는지 여부, 그리고 ③ 번역자의 근기와 번역자가 법계의 실상을 어느 정도 간파했는지 그 다다른 경계까지도 쉬이 알 수 있을 것이다.

이 단락에서 거론한 내용은 ① 독자께서 「법성게」의 일깨움을 어느 정도 깊이 이해했는가를 돌이켜 보는 계기를 마련하고, ② 이념·국경·종족·종교 등등의 벽이 허물어져 내리는 세계화世界化 시대에 종교와 종교간 소통에 대해 관심을 촉구하고자 함임을 관량하기 바란다.

15) 나는 부활이요 생명[308]

성경 말씀은 간단명료하여 누구나 쉬이 이해할 수 있어서 곧바로 믿음을 이끌어 낼 수 있다고 한다. 이는 성경 말씀은 굳이 '믿으라'고 할 필요조차 없다는 말이기도 하다. 그런가 하면 혹자는 성경 말씀엔 은유나 비유로 말씀하신 부분이 많기 때문에 그 은유나 비유를 걷어낼 수 있어야 말씀의 본지를 올바로 알 수 있다고도 한다. 이는 은유나 비유를 제대로 알지 못하는 사람들에게 성경 말씀이니 그대로 '믿으라'고 강요하게 되는 이유로 거론될 수 있는 대목이기도 하다.

문제는 후자에 있다. 과연 성경 중 어느 말씀이 은유나 비유로

---

[308] 이 글은 필자가 「법성게」에 심취하기 이전(2003. 6. 22.)에 쓴 것이다. 독자께서는 「법성게」 풀이와 연계하여 이 글의 미흡한 부분을 찾아 고쳐보면 「법성게」가 '성서'를 올바르게 풀이할 수 있는 키워드임을 알게 되어 더욱 흥미로울 것 같아 게재한다.

표현된 것이고, 그 말씀의 본지를 올바로 알기 위해 은유나 비유를 어떻게 걷어낼 것인가가 문제다. 필자의 짧은 소견으로는 성경 말씀 중 상식적으로 이해가 되지 않는 부분은 모두 은유나 비유로 표현된 것으로 보아도 크게 잘못되지 않을 것으로 여겨진다. 예컨대 예수께서 는 '성령으로 잉태되었다'거나, '십자가의 보혈로 만민의 죄를 대신 씻어 구원하였다'거나, '죽은 후 3일 만에 다시 살아났다'는 등의 말씀은 상식적으로 납득하기 어려운 것들이다. 그래서 '예수 믿고 천당 가자'는 권청마저 믿음의 강요로 비쳐지곤 한다.

그러나 이들 말씀도 은유나 비유를 걷어내면 자연히 미쁨이 생기게 되어 있다. 이들 말씀의 본지를 올바로 알기 위해 예수께서 "나는 부활이요, 생명이니 나를 믿는 사람은 죽더라도 살겠고, 무릇 살아서 나를 믿는 사람은 영원히 죽지 아니하리니"(요한 11:25~26)라고 하신 말씀의 본지부터 살펴보기로 한다.

이 말씀의 본지를 알기 위해서는 연관된 말씀도 함께 살펴보아야 할 것 같다. 마태(17:22~23)의 말씀에 의하면 "예수께서 이런 말씀을 하셨다. 사람의 아들은 머지않아 사람들에게 잡혀 그들의 손에 죽었다 가 사흘 만에 다시 살아날 것이다. 이 말씀을 듣고 제자들은 매우 슬퍼하였다."라고 하였는데, 이 말씀을 위 요한(11:25~26)의 말씀 과 대비해 보면 다음과 같다.

① '사람의 아들'은 '죽었다가 사흘 만에 다시 살아날 것'이라고 예수께서 말씀하신 바로 미루어 '사람의 아들'은 예수 자신을 가리키는 것으로 여겨지는데, 예수는 위 말씀(요한 11:25~26)과 같이 자기 자신을 '나'라고 하지 않고 '사람의 아들'이라고 달리 말씀한 까닭은

무엇인가.

②예수께서 '나는 부활이요 생명이니 나를 믿는 사람은 죽더라도 살겠고 또 살아서 나를 믿는 사람은 영원히 죽지 않을 것'이라고 말씀하신 바, 예수 자신을 가리키는 '사람의 아들' 예수는 i) '나는 부활이요 생명인 나를 믿는 사람'임이 분명하여 '죽더라도 살겠기'에 '죽었다가 사흘 만에 다시 살아날 것'은 그런대로 말이 되니 미쁨이 간다. 그러나 ii) '살아서 나를 믿는 사람은 영원히 죽지 않을 것'이라는 말씀에 비추어 볼 때 '부활이요 생명인 나'를 믿는 '사람의 아들'인 예수는 살아서 믿기에 영원히 죽지 않아야 할 터인데 어찌하여 '죽었다' 가 사흘 만에 다시 살아날 것이라고 했는지 그 까닭을 밝혀 알아야 위 두 말씀이 전혀 모순되지 않음을 알게 될 것이다.

먼저 '사람의 아들'과 '나'는 어떤 관계인가 살펴본다. 근기根機 하열한 우리네 중생들은 다섯 감각 기관인 눈, 귀, 코, 혀, 피부로 그 상대되는 대상인 사물의 모양과 빛깔, 소리, 냄새, 맛, 느낌 등을 감지하는 바, 이 감지하는 인식 주체가 실재實在하는 것으로 착각하여 이 인식 주체를 실재하는 '나'로 삼고 있다. 즉 사대오온체四大五蘊體를 '나'의 실체로 잘못 알고 있다. 그러나 이 사대오온체인 '나'는 사실은 시시각각으로 변하는 인식 대상의 변화에 따라 변화무쌍한 인식認識 그 자체여서 영구불변한 실체가 아니며 태어나 병들고 늙어 죽어가는 변멸의 과정을 반복 되풀이한다.[309]

이와 같이 나고 병들어 늙고 죽는 변멸의 과정에 있는 '나'는 영원히

---

[309] 제1부 도움 글 중 "모든 중생은 오온五蘊 중에 있다" 참조.

상주 불멸하는 근본성품의 표출된 작용의 한 단면에 불과하다. 우리는 시시각각 빠르게 변멸하는 '나'(거짓 나: 假我)에 홀려서 이에 집착하는 관계로 영원히 불멸하는 근본성품(진실한 참 나: 眞我/如是我)을 까마득히 잊고 있다. 예수는 이 사실을 널리 일깨우고자 한 근기 수승殊勝한 사람이었다.

예수는 영원불멸하는 우리의 근본성품인 '참 나'를 깨달아 이를 일러 '나'라고 하였고, 변멸하는 '거짓 나'를 일러 '사람의 아들'이라고 달리 이름한 것으로 보인다. 이 점을 유념하여 성서 말씀을 해석해 보자.

예수께서 말씀하신 "나는 부활이요 생명이니"라는 말씀은 ① 우리의 근본성품인 '참 나'를 깨달아 '참 나'에 계합한 즉, 이는 '거짓 나'에서 벗어나 '참 나'에 회귀回歸함이니 이는 '참 나'에로의 부활이요, ② 이 '참 나'는 영원불멸하는 존재여서 '태어나고 죽는' 변멸의 과정을 밟지 않고 태어남과 죽음을 초월한 영원한 참 생명이니 "이 '참 나'는 곧 영원한 생명"임을 알 수 있다.

예수께서는 이를 일깨우시고자 "나는 부활이요, 생명"이라고 말씀하신 것이다. 따라서 '참 나'를 깨달아 '참 나'에 계합한 사람은 '참 나'의 존재를 믿는 바여서 '나고 죽는 변멸 과정의 거짓 나'를 초월하였으므로 '거짓 나'에 연연하지 않는다. 그리고 '거짓 나'의 죽음에도 또한 연연하지 않으므로 '거짓 나'의 죽음에도 불구하고 '참 나'에 계합한 관계로, '거짓 나'가 죽더라도 '참 나'는 그대로 살아있으므로 '살아서 참 나를 믿는 사람은 영원히 죽지 않을 것'임을 알 수 있다. 그래서 예수께서는 "살아서 참 나를 믿는 사람은 영원히 죽지 않을 것"(요한 11:26)이라고 일깨우신 것이다.

이상에서 살펴본 바를 참고하면 성경에서 "사람은 무엇을 심든지 자기가 심은 것을 그대로 거둘 것이다. 자기 육체에 심은 사람은 육체에게서 멸망을 거두겠지만 자기 성령에 심은 사람은 성령으로부터 영원한 생명을 거두리라"(갈라 6:7~8)라고 한 말씀의 뜻도 쉬이 이해할 수 있을 것이다. 이를테면 위 말씀에서 '육체'는 '거짓 나'로, '성령'은 우리의 근본성품 그 자체, 곧 '참 나'로 보면 '멸망'과 '영원한 생명'의 뜻도 명확해진다. 요한(11:25~26) 말씀의 은유나 비유를 걷어내면 성서의 다른 많은 은유나 비유는 자연히 밝혀지는 셈이다.

그러나 예수의 이런 일깨움을 깨닫지 못한 제자들은 예수의 '참 나' 아닌 '거짓 나', 곧 '사람의 아들'이 '멀지 않아 죽을 것'이라는 말씀에 매우 슬퍼한 것 같다. '예수의 거짓 나'인 '사람의 아들'이 죽임을 당할 수 있는 것은 '거짓 나'의 특성상 지극히 자연스럽다. 그러나 '사람의 아들은 땅속에서 3주야를 보낼 것'(마태 12:40)이라고 한 말씀과 '죽었다가 사흘 만에 다시 살아날 것'(마태 17:23)이라고 한 말씀은 무슨 뜻인지 마저 살펴보자.

우리 주변에는 죽었다가 깨어난 사람들에 관한 얘기가 널려 있다. 그런 사람 중에는 지옥의 상황을 구체적으로 생생하고 소상하게 이야기하는 사람도 있어 놀랍기는 하나 흔히 있는 사례다. 그러나 '사람의 아들' 예수가 죽었다가 다시 살아난 것은, 그가 이를 미리 예언했다는 점이 우리 주변에서 흔히 듣고 보는 이야기와 다른 점이긴 해도 그리 놀랄 일이 아니다.

죽었다 깨어나는 사례는 '사람의 아들' 예수에게만 일어난 일이 아닌데 왜들 그렇게 야단스럽게 예수의 경우만을 내세우는지 그 이유를 마저 살펴볼 만하다.

죽었다 깨어난 사람들의 사례는 그들이 깨어난 후 성실하고 반듯하게 살려고 노력했다는 얘기는 있어도 다시 죽지 않고 영생했다는 후일담은 없다. 나고 죽는 변멸의 과정을 나투는 '거짓 나'의 특성상의 한계이다. 죽었다가 깨어난 예수의 그 후 행적에 대한 언급이 있기는 하지만, 그 어디에도 예수가 '사람의 아들'로 죽었다가 깨어나서 '영생했다'는 기록은 없다.

그가 영생하고 있다면 예수의 행적에 나타난 그의 성격상 지금과 같은 세태를 그냥 보고만 있겠는가? 분쟁과 전쟁으로 지새우는 중동 지역이나 사이비 교직자들의 사기 행각 현장인 교회에 시시로 꼭 나타나서 한 말씀 하심이 마땅하다. 그러나 성서에 나타난 기록 이외에, 그 후 그가 나타나 영생을 노래하거나 선지자로서 일깨움을 주었다는 이야기는 들어본 적이 없다.

'사람의 아들' 예수가 죽었다가 깨어난 것이 설령 사실이라 하더라도 이는 결코 "나는 부활이요"라는 말씀을 뒷받침하는 사안은 아니다. 우리는 누구나 우리의 근본성품(眞性)인 '참 나'의 존재를 깨달아 이에 회귀하여 계합할 때만이 영생하는 부활을 맞게 된다. 이는 예수도 마찬가지임을 유념해야 한다.

오늘날 대부분의 목회자가 참다운 의미의 부활과 '사람의 아들' 예수가 죽었다가 사흘 후 깨어난 사연을 짜깁기하고 있다. 누구에게나 가능한 '참 나'에로의 '부활', 곧 '사람의 아들' 예수의 '죽었다 깨어남'을 부활이요 영생으로 거짓 엮고 있다는 말이다.

이는 은유나 비유로 말씀하신 예수의 일깨움을 이해하지 못해서이기도 하지만, 교회를 통해야 예수처럼 '죽어도 깨어나 영생할 수 있다'는 잘못된 해석에 현혹될 수 있는 수준의 신도를 확보하기 위한 방안인 듯하다.

달리 말하면 교회의 종교시장 개척을 위한 영업 전략이라는 말이다. 은유나 비유를 걷어내지 못하는 수준의 사람에게 누구도 알지 못하는 최후의 심판날을 내세워 예수를 팔고 하느님을 팔아 치부致富하는 사이비 목회자들의 농간에 거짓 부활과 영생이 악용되고 있다 함이다.

'사람의 아들' 예수께서 죽었다가 '다시 살아남'의 의의를 굳이 캐자면, ① 윤회과정에서 죽었다가 깨어난 사례의 하나쯤으로, ② '참 나'를 깨달아 참 나에 계합한 예수의 초능력(신통력)의 한 단면으로, ③ 예수께서 일깨우고자 한 '참 나', 그리고 부활과 영생의 진정한 의미가 예수가 죽은 지 사흘이 지나서 비로소 널리 이해되어 믿음을 일구어내기 시작했다고 이해할 수도 있다.

이와 같이 이해하면 부활과 영생의 의미를 왜곡하는 사이비 목회자들의 농간을 잠재울 수 있을 것 같다. 예수께서 일깨우고자 한 '참 나'와 '거짓 나', 그리고 '영생과 부활', '사람은 무엇을 심든지 그대로 거둘 것'이라 한 바는 불교에서 일깨우고 있는 인과因果와 연기緣起, 제법무아諸法無我와 공空 등 가장 기초되는 기본 교리만 알아도 쉬이 이해할 수 있다. 비록 은유나 비유로 말씀하신 것이라 하더라도 말이다.

그리고 참으로 쉬운 듯 어려운 일이긴 하나 예수뿐 아니라 누구나 자신이 본래 구유俱有하고 있는 자기 존재의 근본인 '참 나'를 깨달아

이에 계합하면 부활하고 영생할(윤회를 벗어날) 수 있음을 직시해야
한다. 참회와 죄 사함, 그리고 선행과 성령 받기 등은 모두 '참 나'를
깨닫기 위한 수행 방편이자 깨달아가는 과정임도 알아야 사이비
목회자들의 최후의 심판과 거짓 부활, 거짓 영생에 더 이상 속지
않게 될 것이다.

나아가 중생衆生의 근기根機와 시대적 배경이 다름으로 해서 사용된
용어나 설명 방법 등 방편상 차이가 응당 있을 수 있음을 이해하면
예수의 가르침이 석존의 가르침과 그 본지에서 다르지 않음을 알게
된다. 사이비 교직자의 밥그릇 싸움이 종교간 갈등과 전쟁 등으로
비화되는 서글픈 현실과 역겨운 역사를 이젠 청산해야 한다. 그러기
위해 각 종교마다 교직자의 자질 향상을 위한 방안의 강구, 실천과
각 종교의 근본 교리를 대비하여 그 본지를 반듯하게 살리는 노력이
절실한 상황이다. 뜻 있는 젊은이들의 분발을 촉구한다.

16) 종교의 상품성과 종교 상인

'자본주의사회'를 흔히 '상품교환사회'라고들 한다. 이는 교환할
상품이 없는 사람은 자본주의사회에서 생존할 수 없다는 뜻이기도
하다. 그래서인지 감히 상품화할 수 없는 것도 상품화하는 부도덕한
사례가 비일비재한 상황이다. 기업의 이윤추구와 생존을 지상과제로
삼는 경제논리로 '도덕적 해이'가 나날이 심각하여 전쟁, 범죄, 과소비
와 자원고갈, 공해도 마다하지 않는다.

도덕적 해이는 주로 정치인과 기업인을 대상으로 논의되곤 한다.
때때로 공무원 등 공직자와 교육자 등도 대상이 되기도 한다. 그리고

공해가 심각한 건 과소비를 부축인 기업인 탓도 있지만 '불완전한 발명'을 서둘러 상품화한 과학자와 기업인의 잘못이 큼에도 유독 대량살상무기를 만든 과학자들만 비난을 받는 정도다.

참으로 납득하기 어려운 것은 인류의 모든 위기상황이 도덕적 해이와 직결되어 있는데, 인간의 영성靈性을 부단히 일깨워 도덕적 해이를 예방해야 할 '성직자'들의 파계·무지·나태·무기력·부정·부패 등 이들의 도덕적 해이에 대해서는 다들 눈 감고 있다는 사실이다. 단적으로 말해 '세월호' 침몰 사고의 종국적 책임은 정치인·기업인·교육인·공무원 등등의 도덕적 해이를 예방하지 않은 성직자들에게 있음에도 불구하고, 어느 종교의 성직자들도 책임을 통감하여 참회하고 반성하는 이가 없으며, 그런데도 모두들 침묵하고 있다는 말이다.

이는 종교의 사회적 역할에 대한 무지와 무관심이 심각하여 인류위기는 나날이 증대할 수밖에 없고 인류의 삶은 더욱 심각한 역경에 처하게 될 것임을 단적으로 예고하고 있다 할 것이다. 이에 인류의 삶의 질을 높이기 위해 종교와 성직자의 사회적 역할에 대해 군말을 펼치고자 한다.

상품교환사회인 자본주의사회에서 각 종교 교단의 성직자들은 교환가치가 있는 상품으로 도대체 무엇을 가지고 있는지 살펴보면 종교와 성직자의 온당한 사회적 역할을 쉬이 알 수 있다. 그리고 종교와 성직자의 온당한 사회적 역할을 알려면 먼저 인간존재의 특성부터 알아야한다.

사람은 육체(身)와 정신(心)이 혼연 합일되어 있는 심신조화체心身調和体이다. 그래서 육체적 건강이 정신적 건강과 불가분의 관계에 있고, 정신건강은 육체적 건강과 직결되어 있음을 알아야 한다.

그리고 인간의 육체적 건강은 대개 음식물과 관계가 깊고, 인간의 정신적 건강은 영성을 일깨우는 종교와 깊은 관련이 있다. 달리 말하면 종교가 제 기능을 발휘하지 못하면 인간 개개인의 정신적 건강이 악화되고 나아가 인간의 건강, 그리고 국가 사회 전반의 건전한 운영 발전이 불가해진다는 말이다.

아울러 인간이 개체적 존재(人)이자, 사회적 존재(民)이며, 초월적 특성(天)을 지닌 삼위일체적三位一體的 존재임을 유념하면 인간 개개인의 영성의 퇴화가 곧 사회적 영성(도덕성)의 퇴화와 직결됨을 알 수 있고, 종교의 사회적 기능 내지 역할의 중요성에 대해 국가가 깊은 관심을 갖고 부단히 건전한 종교 정책을 강구해야 함을 알 수 있을 것이다.

단적으로 말해 종교를 '종교의 자유'에 국집한 자유권적 기본권의 보장 대상으로서뿐 아니라, 국민 개개인의 건강한 삶과 국가 사회의 건전한 발전을 위해 '생활권적 기본권' 측면에서도 심도 있게 보장 방안을 강구해야 한다는 말이다.

위에서 거론한 사항을 좀 더 심도 있게 종합적으로 살펴보기 위해 '종교의 상품성'에 대해 알아보자. 자본주의 시장경제는 인간의 이성理性에 호소한 마케팅 1.0을 시작으로, 인간의 감성에 호소한 마케팅 2.0을 거쳐, 이젠 인간의 영성에 호소하는 마케팅 3.0으로 꾸준히 진화해 오고 있다. 그런데 인간의 영성에 호소한다는 말은 단적으로 인간의 영성을 상품화한다는 말이기도 하다.

자본주의 시장경제가 발전을 거듭하여 인간의 영성에 호소하는 최상의 단계에 이르렀는데 종교는 원초적으로 시작부터 인간의 영성을 일깨우는, 달리 말하면 영성에 호소하는 마케팅 3.0을 부단히 개발해 왔다는 점이다. 종교의 마케팅 내용과 전략이 인간의 영성에 호소하는 고도의 상품성을 원초적으로 지니고 있다는 말이다.

종교의 상품성은 그 종교의 '교리敎理'가 인간의 영성을 어느 정도 제대로 일깨울 수 있는지, 즉 교리의 진리 부합성 여부와 해당 종교 교리를 펼치는 성직자들의 일상적 삶과 교단 운영이 그 종교 교리에 어느 정도 부합하여 온당하고 반듯한지의 여부, 그리고 해당 종교를 신봉하는 신도들과 성직자들의 일상적 삶이 국가 사회 전체 구성원들과 어느 정도 조화를 이루어 이들의 삶에 기여하는지의 여부 등에 의해 상품으로서의 그 질적 고하가 판단되어져야 할 것이다.

특히 종교 교리가 인간의 영성을 온전히 일깨우려면 먼저 교리가 온당한 진리에 명쾌하게 부합해야 하고, 이를 판단할 수 있는 역량을 갖춘 종교 영재英材가 어느 정도 저변을 확충하고 있어야 하며, 온당한 진리에 대한 국민들의 이해정도와 수용능력이 적정한 수준에 대부분 도달해 있어야 한다.

교리의 진리 부합성과 종교 영재의 확보, 그리고 국민들의 진리 수용능력 정도에 상응하여 그 국가 사회에 사교邪敎의 범람 정도가 정해지고 국가 사회 전체의 도덕적 해이의 정도가 정해짐을 유념해야 한다.

소비자가 상품 선별능력을 제대로 갖추고 있지 않으면 상인에게 속을 수밖에 없듯이, 종교라는 상품의 품질(교리의 진리 부합성, 교단 운영의 교리 부합성, 성직자와 신도의 일상적 삶의 사회 적합성 등)을 제대로 파악할 능력이 없는 종교 소비자(신도)일수록 사교邪教와 사이비 성직자(종교 상인 내지 종교 사기꾼)에게 속아 소중한 인생을 일생 내내 사기당할 수밖에 없음을 직시해야 한다.

여기에서 우리는 종교 영재의 발굴과 육성을 체계화하고, 국민 모두가 공교육 과정에서 종교와 사교邪教, 성직자와 종교 상인과 종교 사기꾼을 변별할 수 있는 기본 소양을 갖출 수 있도록 국가가 '종교교육을 받을 권리'를 생활권적 기본권으로 확충 보장하는 정책적 접근이 시급함을 알 수 있다.

과학 영재의 발굴과 육성 이상으로 종교적 영재의 발굴 육성이 중요한 국가적 과제임을 알아 이에 적극 대처해야 사교邪教와 종교 상인과 종교 사기꾼의 범람을 막고 국민 모두의 도덕적 해이를 예방하여 국민 모두의 정신적 건강, 나아가 부단히 도덕성의 상향을 견지한 채 국가 사회 전반의 반듯한 균형발전을 기할 수 있고 세계와 인류를 선도할 선진 도덕국, 종교 종주국으로 발돋움할 수 있을 것이다.

우리나라의 종교시장에는 외래 수입종교가 범람하고 성직자의 탈을 쓴 종교 상인과 사교邪教를 정품正品 종교로 속여 팔고 있는 종교 사기꾼들이 득실거리는 난장판이 '종교박람회'라는 이름으로 오랜 세월동안 성황을 이루고 있다. 이런 현상은 국민 모두의 넋을 혼탁하게 하고, 수입 저질 짝퉁 외제 종교 내지 사교邪教를 턱없이 비싼 가격으로 흥청망청 사들이는 어리석음조차도 모를 만큼 어리석음에 찌들어 있음을 단적으로 입증하는 것 같다.

종교의 벽이 무너지고 있는 세계화 시대를 맞아 수입 외래 종교의 교리 모두를 터놓고 그 진리 부합성을 함께 검토하는 종교박람회가

조속히 개최되었으면 한다. 그래야 종교 영재의 발굴과 육성이 앞당겨지고, 종교상품의 품질기준의 설정과 철저한 품질검사가 일상화되어 종교개혁다운 종교개혁이 이루어져야 사교邪教와 사이비 성직자(종교 상인·종교 사기꾼)의 난맥상이 조속히 해소될 것이다.

특히 각 종교 교리의 진리 부합성을 변별하는 준거로서 '고친 법성게' 제1, 2구(眞性甚深極微妙 不守自性隨緣成)의 쓰임새는 단연 돋보일 것이다. 종교와 사교邪教의 변별은 물론 사이비 성직자의 난맥상의 판단에도 「법성게」의 일깨움은 크게 유용할 것이다.

종교의 상품성에 착안하여 종교를 신 성장 동력 산업으로, 우리의 「법성게」를 세계 종교시장을 석권하는 신상품으로 부각시킬 수 있는 종교 영재의 출현을 고대한다. 「법성게」가 종교라는 상품의 품질을 평가하는 국제표준 같은 기능과 역할을 할 수 있겠기에. 그리하여 우리나라가 세계 종교 종주국으로 발돋움하게 되길 간절히 소망한다. 그리고 종교개혁다운 종교개혁이 이루어지면 온전한 정치개혁과 교육개혁도 순차적으로 반듯하게 이루어질 전망이다. 그 즈음에야 비로소 '비정상의 정상화'로 '세월호 침몰'과 같은 인재人災가 예방될 수 있고 국가개조 내지 국가개혁 또한 순조로울 것이다. 시대가 영웅을 만들건, 영웅이 시대를 만들건 누군가가 영웅이 되는, 아니 우리 모두가 영웅이 되는 종교개혁이 절실하다.

'예수'께서는 "너희 중에 죄 없는 자가 먼저 돌로 쳐라(요한 8;7)"라고 말씀하셨다. 그런데도 숱한 종교전쟁과 황당한 종교재판, 그리고 종교시장 개척을 위해 식민지 경략의 첨병 역할을 하는 등 '마피아' 뺨치는 온갖 악행을 저질러온 '로마 교황청'이 '마피아'를 파문하는 것이 온당한지 돌이켜보게 한다. 종교 상인들과 종교 사기꾼들이 펼쳐대는 웃지 못할 사연을 예방하고 청산하기 위해서 진정한 종교개혁을 이끌 영웅의 출현과 더불어 우리 모두가 종교개혁의 주역이 되길 고대한다.

17) 새로운 꿈 새로운 세상[310]

나는 우리 모두의 삶이 나날이 안락하고 행복하길 소망해 왔다. 정치政治가 그 소망을 일구어 줄 것이라는 기대가 무너져 내린 공간에 종교宗敎가 둥지를 튼 지 어언 40여 년이나 되었다.

'금강산에 도인道人이 없으면 장안에 정승감이 없다'는 말이 가슴에 와 닿았기에 정치와 종교의 공조에 입각한 정책을 꿈꾸느라 세월을 삭이다 못해 환갑이 지난 나이에 출가 승려가 되었다. 그러고도 수년이 지나서야 정치와 종교의 공조가 불가피함을 일깨우는 연결고리를 찾았다.

여기에 실린 글 '새로운 꿈 새로운 세상'은 정치와 종교가 공조해야 하는 이유와 그 전제 조건으로서 종교개혁 방안과 정치개혁 방향을 함께 제시하고 있다. 이 글에서 제시하는 방안과 방향은 자아의 완성과 구현은 물론 인류 위기상황으로 운위되는 전쟁·범죄·공해·인간성

---

310 이 글은 필자가 '종교와 정치가 공조해야 하는 까닭과 공조방안'을 제시할 다음 저술 "금강산에 도인道人이 없으면 장안에 정승감이 없다새로운 꿈 새로운 세상"의 요지 중 일부를 축약한 것이다. 건강 회복과 집필을 스스로 채근하기 위해, 그리고 무엇보다 독자의 도움을 권청하기 위해서 게재한다. 독자의 편달을 빌어 마지않는다.

상실 등을 해소하고 예방하여 인류 모두의 안락한 삶과 행복에 기여할 것이어서 눈 밝은 이의 마음을 열어줄 것으로 본다.

유儒·불佛·선仙 삼교에 두루 밝은 도인과 정치의 본지를 살려낼 대통령 감들을 교우交友케 하여 정치·경제·과학·교육·종교 등 국가 중심기능의 유기적 공조를 유연하게 주도할 인재人才의 양성시스템을 구축해야 할 즈음이다. 부디 뜻있는 이의 동참을 기다리며 삼가 '새로운 꿈 새로운 세상'을 이 책자에 실어 널리 펼치고자 한다.

꿈은 이루어진다

사람은 누구나 보다 안락한 삶을 갈망한다. 이런 소망은 이상적인 새로운 세상을 구현하고자 하는 꿈을 인류에게 안겨주곤 했다.

그 꿈은 한동안 종교에 대한 기대 속에 무르익었으나 종교의 세속화, 권력화로 성직자의 타락상만 부추겨 끝내 종교개혁으로 무산되었다. 기대가 무너진 공허감을 정치가 메우는 듯했다. 그러나 권력투쟁과 국가 간 전쟁으로 인류의 불안과 공포·질병과 빈곤·범죄와 갈등만 증폭시켜 안락한 삶에 대한 기대를 송두리째 앗아갔다.

유일한 희망으로 기대를 모았던 교육마저 인류의 꿈에 부응하지 못하자 과학의 발달과 경제 발전으로 테크노피아의 건설을 꿈꾸며 인류는 그나마 안도하고 있다. 그러나 과학의 발달은 고도의 살상무기의 개발로 인류를 공멸시킬 전쟁 위협의 증대와 산업화 과정에서 자원고갈과 공해의 증가, 새로운 질병의 발생, 인간성 상실과 빈부격차의 심화, 새로운 범죄의 증가 등 인류의 안락한 삶과는 거리가 먼 인류 위기상황을 창출하고 있어 테크노피아가 결코 인류가 갈망하는 유토피아가 아님이 명백해졌다.

새로운 세상에 대한 갈망은 실망만 고조시켜 지치고 지친 인류에게 꿈을 접게 하고 있다. 전쟁·범죄·질병·빈곤·공해·인간성 상실 등 인류 위기상황을 잠재워 안락한 삶을 보장해 줄 새로운 꿈을 꿀 엄두조차 감히 내기 어려운 실정이다.

세계적 거부의 꿈을 성취한 사람은 많다. 선진부국의 꿈을 성취한 나라도 적지 않다. 초강대국의 권력을 좌우하는 정치인도 번갈아 등장하고 새로운 기술의 개발, 새로운 발명이 쉴 새 없이 이루어지고 있다.

천국과 하느님의 영광을 노래하는 목회자는 넘쳐나고 견성見性·성불成佛을 힘주어 읊어대는 목탁소리도 끊이지 않고 있다. 정치개혁·교육개혁·새로운 정책 개발·새로운 이념 등등의 희망적 구호 또한 적지 않다. 그러나 이 모두 인류 위기상황을 잠재워 인류의 안락한 삶을 보장하기엔 역부족이다.

'꿈은 이루어진다'는 평범한 진리를 염두에 두건대 전쟁·공해 등 인류 위기상황을 해소시켜 인류의 안락한 삶을 펼쳐주고자 하는 꿈을 제대로 꾸는 사람이 아마도 없기 때문인가 한다. 제대로 꿈을 꾸는 사람이 있더라도 그 꿈을 더불어 가꾸고 함께 엮지 못하고 있기 때문인지도 모른다. 이 원대한 꿈을 함께 꿈꾸고 더불어 가꾸고자 하는 간절한 염원에서 새로운 꿈 얘기를 해본다.

사람은 삼위일체적三位一體的 존재

전쟁·범죄 등 각종 위기상황을 해소하여 새로운 세상을 구현하려면 안락한 삶을 갈망하는 자도 사람이고, 안락한 삶을 무산시키는 전쟁·범죄·공해 등의 주범도 사람임을 유념해야 한다. 달리 말하면 인간 존재의 특성을 명확히 파악하여 이에 상응한 꿈을 꾸어야 한다는 말이다.

사람은 개체적 존재(人)이자 사회적 존재(民)이며 초월적 존재(天) 특성을 지닌 삼위일체적 존재이다. 개체적 존재를 지칭할 때는 개인個人, 개개인個個人이라 하고, 사회적 존재를 지칭할 때는 주민住民, 시민市民, 국민國民이라고 한다. 그리고 사람은 자신의 초월적 특성 (天: 佛性·神性·靈性……)을 어느 정도 반듯하게 깨달아 이를 제대로 발현하느냐에 따라 금수인간·학자·철인·달사·이인異人·신인神人·지인至人·도인道人·부처(眞人·完人) 등 아홉 종류의 인간상으로 구분된다.

'개체적·사회적' 존재 특성을 초월적 특성과 연계하여 정의定義할 때는 '①사람이 곧 한얼님(人乃天), ②민심民心이 곧 천심天心'이라고 한다. 이로 미루어 인人=천天=민民인 셈이어서 이 또한 사람은 삼위일체적 존재임을 잘 설명하고 있다. 인간의 존엄성·정의·행복추구권·평등·자유 등은 사람의 사회적 존재 특성을 존중·보장하기 위한 헌법상 개념이지만 사람의 초월적 특성을 떠나서는 온전히 정립될 수 없는 개념임도 삼위일체적 존재 특성 측면에서 유의해야 한다.

그런데 말법시대末法時代 중생계는 자신의 초월적 특성을 거의 망각한 채 이기적 욕망과 욕구만 치성한 금수인간들이 절대 다수를 차지하고 있다. 이들의 이기적 탐애심, 특히 다섯 가지 욕망('食·色·

財·名·睡眠(慾) 충족욕은 날로 증장하게 됨에 따라 도덕성은 붕괴되기 마련이어서 이들을 규율할 사회제도는 초월적 특성에 상응한 진리에 입각하기보다 이기심의 충돌을 조정하는 선에서 정립된다.

인류 위기상황으로 운위되는 전쟁·범죄·공해·인간성 상실 그리고 빈부격차의 심화·계층 간의 갈등과 분규·근간에 발생한 미국의 경제위기에 이르기까지 이기적 탐애심에 자리한 금수인간적 가치관과 이 가치관의 팽배로 인한 도덕적 해이와 무관한 것이 단 한 가지인들 있는가를 돌이켜보면 위에서 언급한 논지를 쉬이 이해할 수 있을 것이다.

이로 미루어 보아 삼위일체적 존재인 사람의 초월적 특성에 상응하는 진리력眞理力과 사회적 특성에 걸맞은 제도력制度力, 그리고 개체적 존재 특성에 부응하는 탐애력貪愛力을 삼위일체로 엮을 수 있어야 비로소 인류 모두 안락한 삶을 구현할 수 있게 됨을 알아야 한다.

새로운 꿈 새로운 종교

진리력과 제도력과 탐애력을 삼위일체로 엮으려면 진리에 부합된 새로운 사상과 이 사상을 구현할 새로운 인물과 새로운 제도를 삼위일체로 완벽하게 엮어낼 수 있는 새로운 꿈을 꾸어야 한다. 달리 말하면 새로운 꿈을 반듯하게 일깨우는 종교와 새로운 꿈을 온전하게 성숙시키는 교육과 새로운 꿈을 더불어 구현하는 정치(과학·경제)가 삼위일체로 유기적 공조 하에 연계 작동할 때 비로소 새로운 세상이 구현될 수 있다 함이다.

성직자의 허울을 쓴 종교 상인과 종교 사기꾼들이 사교邪敎를 종교로 위장하여 앵무새 같은 잠꼬대를 태평가로 삼을 때 새로운 꿈은 배태되기 어렵다. 인류에게 새로운 꿈을 일깨울 진정한 종교의 부활 없이 이상적인 새로운 세상은 구현될 수 없다. 종교개혁 없이는 진정한 교육개혁도 정치개혁도 불가하다는 말이다. 그간 우리의 정치인들이 외쳐대는 정치개혁이건 교육개혁이건 거짓스럽고 실망스러울 수밖에 없었던 까닭이 바로 여기에 있다.

종교·교육·정치(과학·경제) 등 국가 중심기능이 유기적 공조 하에 삼위일체로 연계 작동되어야 함에도 각기 엇박자로 놀아나는 현실과 그 원인, 그리고 이로 인한 인류의 위기상황 등을 직시하게 하는 대목이다. 나아가 새로운 꿈의 구현 방안을 가늠하게 하는 시발점이 자, 종교개혁의 방향 내지 새로운 종교의 창출을 절감하게 하는 대목이기도 하다.

보라, 전쟁·범죄 등 인류위기를 고조시키는 사안 중 어느 하나인들 인간의 도덕적 해이와 무관한 것이 있는가! 사람의 초월적 특성을 온전히 밝혀주어 도덕성을 부단히 제고하도록 일깨워야 할 성직자들이 제 역할을 하지 않음으로써 인류 위기상황이 고조되고 있음을 직시해야 한다. 전쟁·범죄·공해·인간성 상실의 주범은 성직자의 허울을 쓰고 종교를 사교邪敎로 변모시킨 금수인간류와 자신의 소임을 제대로 수행하지 않는 사이비 성직자들임을 간파해야 한다. 그리고 이 시대 인류와 아픔을 함께하는 진정한 성직자가 우리 주변에 있는지 돌이켜봐야 할 것이다.

종교개혁은 어려운 과제가 아니다

새로운 꿈을 반듯하게 일깨우기 위해 종교로 하여금 그 본래 모습을 찾게 하는 종교개혁 내지 진정한 종교의 부활은 어려운 과제가 아니다. 우선 유교·불교·선교(仙敎: 東仙)인 동학과 西仙인 서학(가톨릭·개신교 등)으로 분류 등 3대 종교 교리敎理의 진리부합성과 교단 운영 실태를 비교하여 이들 종교가 종교라는 상품 제공자인 교단(교주) 지향적 종교인지, 종교의 소비자인 신도 지향적 종교인지를 판단할 수 있는 기본 역량, 즉 사이비 종교 내지 사이비 성직자를 가려낼 수 있는 역량을 공교육公敎育 과정에서 전 국민에게 일깨우고 함양시키는 교육과정 개편을 단행하면 종교개혁 내지 진정한 종교의 부활은 은연중 실현되게 되어 있다.

이는 헌법상 자유권적 기본권으로 보장하고 있는 '종교의 자유'의 내용 중 하나인 「종교 교육의 자유」를 「종교 '교육을 받을 권리'」, 곧 사회적 기본권으로 확충하여 보장하는 발상의 전환이 전제된다.

인간은 정신(心)과 육체(物)가 혼연 합일된 존재(物心調和體)여서 인간의 생존은 정신적 건강을 떠나서 생각할 수 없다. 따라서 인간 정신을 좌우하는 종교의 중요성을 유념하건대 사람의 초월적 특성에 근거한 인간의 존엄성과 인간다운 삶을 제대로 보장하기 위해 ①교단 위주의 '종교 교육의 자유', 즉 자유권적 기본권의 보장에서 한 걸음 더 나아가 ②국민 모두 '종교 교육을 받을 권리', 곧 사회적 기본권으로 확충 보장해야 할 이유가 이해될 것이다.

공교육을 통해 「종교 '교육을 받을 권리'」를 확충하면 ①종교 영재英

才의 조기 발굴 및 육성과 ②종교와 사교邪敎 및 성직자와 종교 상인과 종교 사기꾼에 대한 국민의 변별 역량의 제고로 사교邪敎와 사이비 성직자의 발호를 자연 예방할 수 있고, 각 종교 교단은 신도 지향적 교단운영이 불가피해져서 종교개혁은 자의반 타의반 순조롭게 진행될 것이다. 출중한 종교 영재의 육성, 그리고 종교와 사교의 변별에 「법성게」의 쓰임새가 단연 돋보일 것으로 예견된다.

다음으로 각 교단의 자정능력 함양을 위해 회계의 투명성을 국가가 제도적으로 확보하고 각 교단 성직자의 자격 기준 또한 일반 사회적 기준에 상응한 법적 기준에 부응토록 해야 한다. 나아가 유교·불교·선교 등 삼교三敎로 분화되기 이전의 뿌리 종교를 찾는 노력을 경주하면 종교간 분쟁은 종식되고 진정한 종교의 부활로 종교계는 본연의 자리로 돌아가 우리 모두로 하여금 자신의 초월적 특성을 되찾아 새로운 꿈을 반듯하게 일깨우는 역량을 다시금 발현할 것이다.

종교가 제자리로 돌아가 제 기능을 발휘하면 모든 사람들은 자신의 초월적 특성인 천연본심天然本心이 발현되므로 무한한 행복감으로 도덕성이 부단히 제고되어 분명 새로운 꿈을 꿀 것이다. 새로운 희망으로 활기차고 안락한 새로운 세상을 꿈꿀 것이어서 진정 '세상은 꿈꾸는 사람의 것'이 될 것이다.

그 즈음엔 그간 사이비 성직자의 타락상을 빌미로 온갖 부정과 비리를 일삼던 부패 정치인의 그릇된 타성은 더 이상 찾아보기 어렵게 될 것이어서 외형상의 정치개혁은 은연 중 순조롭게 진행될 전망이다. 나아가 교육 또한 새로운 꿈을 온전히 성숙시키는 본연의 기능에 충실하게 될 것이다.

진정한 정치개혁은 이법정민以法正民에서

문제는 진정한 정치개혁이다. 정치가 그 본연의 목적과 기능에 입각한 역할을 할 때 비로소 진정한 정치개혁이 이루어질 것이기에 정치 본연의 목적과 기능을 내포하고 있는 정치의 개념을 돌이켜봐야 한다.

한자대전에 의하면 정치政治의 '정政은 이법정민以法正民(법으로써 국민을 바르게 함)'으로 정의하고 있다. 즉 '정政'은 법으로써 백성을 바르게 함, 곧 '치화治化(다스려 교화함)'를 뜻함으로 정치政治의 '치治'는 '정政'의 기능을 부연 강조하는 바여서 정政의 겹문자로 봐도 될 것 같다.

요컨대 정치 그 본연의 목적과 기능은 '국민을 바르게 함(正民)'에 있고 그 방편은 법法인 셈이다. 그리고 법이 지향하는 바 이념이 정의正義인 점을 유념하면 정치의 목적과 그 수단인 법이 상호 올바름(正)을 지향하여 궤軌를 같이함을 알 수 있어 정치 본연의 목적과 기능이 이법'정'민(以法'正'民)임을 돌이켜보게 한다.

내용을 좀 더 살펴보자. '국민을 바르게' 한다 함은 ① '고친 법성게' 제1, 2구(眞性甚深極微妙 不守自性隨緣成)의 일깨움을 통해 '일체 중생이 모두 불성佛性을 지니고 있음'을 유념하건대 ② 국민 개개인이 구유하고 있는 초월적 특성(佛性·眞性)의 한 내용인 '바름(正)'[311]을 온전히 깨쳐 반듯하게 발현시킴, 즉 '자아를 완성하고 구현'-자신의 초월적 특성을 온전히 발현하여 개체적·사회적 존재이자 초월적

---

311 『천지팔양신주경』에서 '사람은 바르고 참됨(人者正也眞也)'을 일깨우고 있음도 참조.

존재인 삼위일체적 존재로 거듭나게-함을 뜻한다.

이는 ①「보행왕정론」에서 '바른 법에 의한 올바른 정치란 국왕뿐 아니라 모든 인간의 인격완성을 지향하는 것'이라고 일깨운 바와도 상통하고, ②'정치학은 국민들에게 지식과 도덕의 올바른 의미와 정의의 참뜻을 가르치고 그 구현을 위해 국민의 지성과 덕성의 향상이 필수 불가결'하다고 역설한 고대 그리스 정치학과도 맥을 같이 한다.[312]

참고로 국민의 자아완성과 구현(正民)을 본지로 하는 정치 본연의 목적을 온전히 달성하기 위한 수단인 법法의 이념인 정의正義는 ①모든 국민이 불성을 지닌 본래 부처임(진리: 正)을 직시하고 이를 존중하는 일체의 행위(올바름: 義)를 뜻하는 초월적 정의(절대적 동등同等과 그 구현)를 전제로 하고, ②개개 국민을 자아의 완성과 구현으로 이끄는 모든 법령은 국민 개개인이 사회적 존재로서 국가 사회에 기여하는 정도에 상응하여 평등하게 예우하는 사회적 정의(상대적 평등과 그 구현)에 부합해야 함을 첨언한다. 이는 절대적 동등과 상대적 평등을 혼동하거나 동일시하는 오류를 일깨우기 위해서이다.

다만 과정적·상황적 여건을 감안하건대 때로는 국태민안國泰民安, 국리민복國利民福이 우선되거나 경제 살리기 내지 경제 정의正義가 국민의 자아완성과 구현을 위한 부수적 전제조건으로 대두되는 상황도 있음을 유념해야 한다. 그러나 부수적 전제조건도 정치의 궁극적 목적인 정민正民, 곧 국민의 자아완성 및 구현과 연계하여 정립해야

---

312 오스카 와일드가 "삶의 목적은 자기 개발이다. 자신의 본성을 완벽하게 실현하는 것, 바로 그 목적을 위하여 우리 모두가 지금 여기에 존재한다"고 한 말도 참조.

정치 본연의 기능이 제대로 유지될 것이다.

범부의 행복幸福이란 착각에 싸여 스쳐가는 환상幻想에 대한 일시적 감흥에 불과하다. 진정한 행복이란 자아의 완성과 구현에 내재된 영원불멸의 법열法悅이다. 정치가 진정 국민의 행복한 삶(國利民福)을 구현하고자 할진대 국가의 모든 정책은 국민 모두의 자아 완성과 구현에 귀결되어야 함을 알아야 한다.

이법정민以法正民과 정치인의 자격

정치 본연의 목적과 기능인 '법으로써 국민을 바르게', 즉 '국민으로 하여금 자아를 완성하고 구현(以法正民)하게' 하기 위해서는 ①그 방편인 법法은 그 내용이 발라야(正) 한다. 즉 초월적 정의(절대적 동등)를 전제로 사회적 정의(상대적 평등)를 구현하는 내용이어야 하고, ②법의 내용이 반듯하려면 법의 제정권자인 정치 권력자가 반듯해야 한다. 즉 자아를 완성하여 구현하는 자이거나 굳은 서원으로 스스로 자아를 완성하고 구현하고자 실천 수행하는 자여야 한다. 여기서 정치인에게 고도의 도덕성이 요구되는 까닭과 근거가 명확히 드러난다. 그리고 ③무엇이 반듯함인가를 정치 권력자가 알아야 한다. 정치인이 정치를 제대로 하려면 무엇이 반듯함인가를 제시하고 일깨우는 종교(최소한 유교·불교·선교)에 두루 밝아야 함은 물론, 스스로 반듯한 인물답게 자아의 완성과 구현에 매진하는 대승적 보살도菩薩道를 실천할 수 있는 근기와 역량이 요구됨 또한 예서 명확해진다. 스스로 종교에 두루 밝지 못하면 유·불·선 삼교에 두루 밝은 반듯한 성직자의 도움을 받아야 함을 알 수 있다.

자아의 완성과 구현의 방편과 그 실천을 부단히 일깨우는 '종교'와 자아의 완성과 그 구현의 방편을 실천하도록 제도적(法)으로 강제하는 '정치'가 상호 공조해야 하는 까닭이 바로 여기에 있다. 즉 정치와 종교의 공조가 불가피함을 뜻한다. "금강산에 도인道人이 없으면 장안에 정승감이 없다"라고 한 옛 말씀의 무게를 절감하게 하는 대목이다. 특정 종교에 편향된 정치인이나 자신의 종교관에 갇힌 사이비 종교지도자로서는 무엇이 바른 것(正)인지 제대로 알기 어렵거니와 세상을 바르게 이끌 수 없음을 차제에 명확히 알아야 한다. 『묘법연화경, 서품』에서 "여러 왕王들이 부처님 계신 곳에 나아가 위없는 도道 묻자옵고"라고 일깨우신 말씀을 겸허히 받아들이는 정치지도자가 실로 아쉬운 세태이기에 더욱 그러하다.

민심民心은 천심天心인가!

그런데 무엇이 바른 것인가를 정치논리로 추구하게 되면 '자유 민주주의 정치 이념과 제도'하에서는 '다수결'로 정해진 바가 '바른 것(正)'으로 간주된다. 이를 뒷받침하는 최상의 논리를 '민심民心이 곧 천심天心'이라는 경험적·실증적·역사적 당위성에서 찾는다. 이 논리가 정당하다면 오늘날 인류의 삶은 안락하고 자아의 완성과 실현이 보편화되었어야 할 것이다.

그러나 전쟁·범죄·빈곤·질병·공해·인간성 상실 등 현대위기가 증대 일로에 있는 인류의 현실을 유념하건대 '민심이 곧 천심이다'는 말씀은 그 당위성에 의문이 제기되고 다수결의 정당성을 뒷받침하는 논거로는 적절하지 않다고 반론할 수 있다. 이는 대다수 국민이 자신의

초월적 특성인 천연본심天然本心이 발현되어 결집될 때 비로소 민심이
천심이 되는 것이지, 개체적 존재 특성인 이기심이 발현되어 결집될
때는 민심이 결코 천심이 될 수 없기 때문이다.

그리고 시대 상황과 시절 인연에 따라 금수인간·학자·철인·달사·
이인·신인·지인·도인·부처 등 아홉 종류 인간상의 분포 비율이 다르
겠지만, 말법시대 중생계에는 이기적 오욕충족 욕구에 혈안이 된
금수인간과 학자가 절대 다수를 점하기 마련이어서 민심이 천심
되기는 불가능하다. 그렇다고 만인에게 공통되고 절대 동등한 초월적
특성을 지닌 모든 사람(國民)의 투표권을 아홉 종류의 인간상에 상응
하여 비중을 달리할 적정한 기준의 설정도 용이하지 않다. 그러므로
개체적 존재 특성인 이기심을 순치시켜 초월적 특성을 제대로 발현토
록 하는 방편에 착안함이 득책으로 사료된다.

정론正論·공론公論·중론衆論

개체적 존재 특성인 이기심의 순치 없이는 초월적 특성의 발현이
용이하지 않아 민심이 천심이 되기는 불가함을 유념하면 이기적
우중愚衆의 중생심衆生心이 집단 표출된 것에 불과한 중론衆論은 정론
正論이 될 수 없음을 쉬이 알 수 있다. 그럼에도 불구하고 편의상
다수결의 논리로 중론을 정론화한 결과 오늘날과 같은 인류위기가
존속되고 증가될 수밖에 없는 것으로 사료된다.

다수 전문가의 검토를 거친 공론公論은 중론보다는 정론에 가깝지
만 이 또한 전문가집단의 이기심이 제대로 순치되지 않는 한 정론이
되기 어렵다. 정론은 인간의 초월적 특성인 천연본심을 살려 '응당

머문 바 없이 그 마음을 낼 수 있는(應無所住 而生其心)' 경계에 도달한 도인道人에게서나 얻어 볼 수 있는 귀중한 것이다. 무릇 우중愚衆의 다수결로 정한 바가 결코 정론이 될 수 없음을 유념하면 도인과 정치인, 정치와 종교의 공조가 불가피함을 다시금 절감하게 된다.

예로부터 전해오는 "금강산에 도인이 없으면 장안에 정승감이 없다"는 말씀의 무게를 새삼 절감하게 된다. 이에 우리 종교계에 과연 유·불·선 삼교에 두루 밝은 도인道人이 있는가를 돌이켜보게 된다. 종교 영재의 조기 발굴 필요성을 절감하게 하는 대목이다.

정치와 종교의 공조와 전제조건

정치의 개념에 입각한 정치 본연의 목적과 기능을 살펴본 결과 정치가 제대로 그 역할을 다 하려면 종교와의 공조가 불가피하고, 종교와 공조하여 정치 본연의 목적과 기능에 충실한 정치개혁을 하려면 종교개혁이 선결 과제임이 명백하게 드러났다. 이에 앞서 언급한 종교개혁 방안을 시급히 구체화하는 노력이 절실함을 공감하리라 본다.

공자가 '정政은 정正이다'라고 한 말이나, 단군왕검께서 건국이념으로 '이화세계理化世界(理-이치-진리-바름〔正〕으로 세계를 교화함)'를 제창하신 바가 '이법정민以法正民'의 '정치政治' 본연의 목적과 기능에 부합함을 알 수 있다. 참고로 이화세계와 이법정민을 대비하면 방편인 '이理와 법法'의 내용과 규범으로서 강제성 여하에 상응하여 제정일치 祭政一致 시대와 제정분리 시대로 구분 가능할 것 같다.

법이 지향하는 이념이 바름(正義)이어서 이치상 그 내용이 이理와 다름없으나 이화세계를 지향하던 제정일치 시대에는 아홉 종류의 인간상 중 철인 이상의 근기를 지닌 사람이 대다수여서 드러난 이理를 다들 자발적으로 준수했다. 그러나 점차 금수인간과 학자가 증가함에 따라 강제성을 띤 규범이 요구되어 법法에 의한 통치, 곧 제정분리 시대로 변천된 것으로 여겨진다.

제정일치 시대건 제정분리 시대건 인류의 지향하는 바는 '자아의 완성과 실현'이어서 제정분리의 명분을 정민正民으로, 그 방편을 법으로 삼아 이법정민以法正民을 정치의 본지로 삼게 된 것으로 여겨진다. 그리고 정치와 종교의 치화治化 대상 내지 범위는 민民(人)과 세계(人과 物)로 서로 다르고 그 방편 또한 법法과 이理(도덕)로 서로 다르다.

그런데 이화세계理化世界가 지향하는 홍익인간 이념은 '남과 내가 동포(人吾同胞)'라는 초월적 특성에 근거하고 있다. 그리고 정민正民(以法正民), 곧 '자아의 완성과 구현'이 지향하는 바 역시 '남과 내가 동포(人吾同胞)'라는 초월적 특성과 상통하고 있어 이화세계와 이법정민은 그 지향하는 바가 다르지 않음을 알 수 있다. 달리 말하면 종교와 정치는 그 지향하는 바가 '사람의 초월적 특성의 구현'으로 상통하고 있어 이 연결고리에 착안하더라도 정치와 종교의 공조는 불가피하다. 그럼에도 불구하고 방편상 차이로 정치와 종교의 분화가 심화되어 '소 닭 보듯' 서로 무관한 양 오늘에 이르고 있다.

문제는 개체적 존재 특성인 이기심의 순치가 용이치 않으므로 이기심을 제대로 순치시켜 국민 개개인으로 하여금 '자아를 완성하고 구현(正民)'할 수 있도록 반듯한 법法을 제정할 수 있는 정치적 역량이 실로 아쉽다. 이에 '①사람은 개체적 존재이자 사회적 존재이며 초월적 특성을 지닌 존재임을 알아, ②초월적 특성에 상응하는 진리력과 사회적 특성에 걸맞은 제도력, 그리고 개체적 존재 특성에 부응하는 탐애력을 삼위일체로 엮을 수 있어야 함'을 위에서 강조한 것이다.

새로운 사상

진리력과 제도력과 탐애력을 삼위일체로 엮을 수 있는 방편인 새로운 사상으로는 이미 1940년대에 유·불·선 삼교에 두루 밝은 우리나라 도인에 의해 창안된 활공사상活功思想이 있다. 활공사상의 요지는 국가 사회의 발전에 기여한 국민에 대하여 그 기여도(功)에 상응하여 국가가 법적으로 우대조치를 해줌으로써 국민 모두로 하여금 더욱 더 적극적으로 사회적 기여를 하도록 사회적 기여의 활성화(活)를 도모하자는 방안이다. 노블리스 오블리제(Noblesse oblige : 사회적 신분에 상응하는 의무) 이전에 국가적 존중과 우대를 받으려면 사회적, 국가적 기여가 선행되어야 하고, 이를 전제로 그 기여도에 상응하는 국가적 사회적 신분을 보장하여 우대(noblesse)하고 이 우대에 상응하여 지속적으로 국가적·사회적 기여를 할 경우에만 국가적 우대조치도 계속하여 보장하자는 사상이다.

사회적 기여를 함은 국가공동체 구성원 모두를 향해 홍익인간 함이어서 국가 사회의 복지는 증진되고 사회적 기여자는 '자아의 완성과 구현'으로 나아가는 복 짓기(作福) 수행을 실천함이 된다. 국가적 우대를 받고자 하는 탐애심을 자아완성의 진리력의 구현으로 순치시키는 제도력이 돋보이는 사상이 활공사상이다.

국가적, 사회적 기여도는 가장 평가하기 쉬운 납세액에서부터 기부

금, 그리고 새로운 발명과 산업 발전, 국가정책 개발 등 과학·문화·체육·예술·교육·종교·정치·경제 등 모든 분야에 걸쳐 평가 가능한 범주와 유형을 총망라하여 평가하여야 할 것이다. 모든 국민이 모두 자신의 자질과 역량을 국가 사회 발전에 기꺼이 쏟을 수 있도록 이끌어 평등과 안락을 함께 누려야 국민 모두의 자아 완성(正民)이 원활하고 순조로울 것이기 때문이다.

인류가 국가 사회 공동체를 구성하고 유지하려는 까닭은 개개인이 각자의 역량을 발휘하여 이웃을 돕고, 이웃의 도움을 받는 공생共生 관계가 삶의 효율성과 질質을 높여주는 생존 방편임을 알기 때문이다. 서로 돕는다는 것은 서로의 은혜를 알아 은혜 갚음(廻向])을 한다는 뜻이기도 하다.

그러나 개개인은 그 역량 차이가 있기 마련이어서 국가 사회에 기여하는 정도 또한 현격한 차이를 보이고 있다. 인류 공동체는 개개인의 역량 차이에서 빈부 격차를 비롯한 갖가지 격차가 날로 심화되어 왔다. 이 격차로 인한 반목과 갈등, 투쟁과 전쟁에 이르기까지 도덕적 해이가 심각하다.

역량 발휘의 효율을 극대화하기 위해 집단 이기심이 기회 균등이라는 이름으로 미화되어 개개인의 이기심·탐애심을 한껏 고조시켰다. 그 결과 인류 공동체는 존립의 위기를 맞고 있다. 공동체 구성원이 서로 돕고 도움을 받는 '은혜'에 대한 상호 보답(廻向)을 소홀히 한 결과이다.

활공사상은 인류 공동체의 공생共生과 회향을 연계하여 그 순환을 제도적으로 활성화하자는 방안이다. 이는 국민 개개인이 이기심으로

상호 은혜 갚음을 소홀이 한 도덕적 해이를 순치시켜 국민 모두의
자아 완성과 구현을 도모하는 방책이기도 하다.

참고로 국가적 우대조치는 국민의 절대 다수를 차지하는 금수인간
과 학자계층의 이기적 탐애심을 최대한 발휘토록 유도하는 방안,
곧 다섯 가지 욕망('食·色·財·名·睡眠'慾) 충족욕구의 효율을 극대화
해 주는 내용이어야 한다. 이는 땅에 넘어진 자 땅을 의지해서 일어서
듯, 이기적 탐애심에 함몰된 금수인간과 학자계층에겐 그들의 이기적
탐애심을 이용해서 그들로 하여금 이기적 탐애심에서 벗어나 자아의
완성과 구현으로 나아가도록 이끄는 방편이 되기 때문이다.

활공사상은 국가 사회의 발전에 기여할 경우에만 타에 우선하여
다섯 가지 욕망을 원활하게 충족할 수 있도록 법적으로 우대함으로써
개개인의 생존욕구인 이기적 오욕충족(貪愛力)과 국가 사회 발전을
유기적으로 연계시킴(制度力)으로 자연히 자신도 이롭고 남도 이롭게
하는 자리이타自利利他의 보살도와 널리 인간을 이롭게 하는 홍익인간
弘益人間 이념(眞理力)을 구현하려는 사상이다. 이 활공사상이야말로
개체적 존재 특성에 부응하는 탐애력과 사회적 존재 특성에 걸맞은
제도력과 초월적 특성에 상응한 진리력을 삼위일체로 엮어내는 방편
인 셈이다.

이기적 탐애력과 사회적 제도력과 초월적 진리력을 삼위일체로
엮는 활공사상에 의거 새로운 사회제도가 정착되면, 초월적 특성을
거의 망각한 금수인간과 학자계층이 이기적 탐애심을 발휘하여 이기
적으로 다섯 가지 욕망을 충족하고, 이는 곧 자리이타의 보살행이자
홍익인간 함이 되므로 초월적 진리력을 발현함이 되어 은연중 자신의

초월적 특성을 발현함이 된다.

이는 금수인간과 학자계층의 초월적 특성을 부단히 계발하고 나아가 이들의 인간상을 부단히 상향시킴은 물론, 철인 이상의 인간들도 이에 자극되어 더욱더 초월적 특성의 발현에 진력할 것이다. 활공사상의 구현은 국민 모두의 자아 완성과 실현에 기여함으로써 ① 국민 모두로 하여금 최상의 인간상인 부처를 이루게 하는 진정한 인간 방생 불사佛事이자 불국정토를 구현하는 방안이며, ② 인간상의 상향으로 민심은 자연 천심이 되므로 정치의 본지인 이법정민以法正民의 구현을 위한 최상의 방책이 됨을 알 수 있다.

특히 유능자(유산자)의 이기적 오욕충족 욕구를 국가 사회발전과 유기적으로 연계시킴으로써 무능자(무산자)의 삶이 더불어 안락해지므로 유산자(유능자)와 무산자(무능자)를 함께 살려낼 수 있어서 공산주의와 자본주의의 한계를 극복한 새로운 사상인 셈이다. 자신의 초월적 특성을 거의 망각한 금수인간과 학자 계층의 이기적 오욕충족 욕구에서 싹튼 전도된 가치관과 이로 인해서 야기된 전쟁·범죄·공해·인간성 상실·빈곤·질병 등 현대위기 또한 이기심을 순치시키고 초월적 특성을 발현하게 하는 활공사상으로써 극복 가능하다 할 것이다.

참고로 「법성게」의 일깨움에 의하건대 한 국가의 구성원인 국민 개개인이 많고 많다 하더라도 모두 동일한 국민임(一中一切多中一 一卽一切多卽一)을 유념한다면 ① 국민을 유산자와 무산자로 양분하여 대립·투쟁케 하는 공산주의 사상은 진리에 어긋난 사상임을 쉬이 알 수 있고, ② 모든 국민에게 기회를 균등하게 보장하면 다 같이 잘살 수 있다고 주장하는 자본주의 사상은 유능국민에게는 분명 기회를 보장함이 되나 무능국민에게는 기회의 상실, 곧 빈곤과 생존의 위협이 됨을 간과한 어리석은 사상임을 알 수 있다.

특히 공산주의자가 '공산혁명을 통해 무산자가 정치권력을 획득하여 무산자 독재를 하면 모두 잘살게 된다'는 주장은 논리적으로 온당하지 않다. 무산자가 정치권력을 획득하는 순간 유산자가 되므로 무산자 독재라는 말 자체가 성립할 수 없기 때문이다. 그리고 공산주의자가 공산혁명 과정에서 유산자를 제거함은 「법성게」가 일깨우는 '일중일체다중일一中一切多中一, 일즉일체다즉일一卽一切多卽一'에 어긋나는 것이며 진리를 거역한 거짓스러운 작태임을 명확히 알아야 한다. 유산자가 유능자有能者임을 유념하면 유산자(유능자)를 제거하고 무능자끼리 어떻게 잘살 수 있을 것인지 황당하다. 이 거짓스런, 진리위역의 사상에 인류가 오랫동안 처참하게 유린당한 어리석음은 또 무엇으로 설명할 수 있을지 난감하다.

활공사상은 앞서 본 바와 같이 홍익인간 이념에도 부합하는 사상이어서 '인류화人類化·일체화·합리화·일류화一流化·한국화'를 지향하는 '세계화'의 추진원칙에도 부응하는 사상이다. 『25시』의 작가 '게오르규'가 '태평양 시대에는 한국이 낳은 홍익인간 사상이 세계를 지배할 것'이라고 한 바와 강증산의 '만국을 살릴 계책이 남조선에서(萬國活計 南朝鮮)'라고 예언한 바를 돌이켜보게 하는 사상이기도 하다.

새로운 사상과 새로운 인물

이제 진리(正道)에 입각한 새로운 사상을 법제화(正道令)하여 이 새로운 제도를 진리에 입각하여 운영할 수 있는 새로운 인물(正道領)의 출현이 절절히 기대되는 즈음인가 한다. 즉 반듯한 인물(人物: 正道領)과 올바른 제도(system: 正道令)의 공조가 이루어질 때 새로운 세상이 구현될 수 있다 함이다.

새로운 꿈을 절절히 꿀 때 비로소 새로운 사상이 마음에 와 닿을 것이다. 새로운 꿈을 절절히 꾸는 새로운 인물이 그 어느 때보다 소중한 즈음인가 한다. 새로운 사상에 입각한 새로운 제도를 창출해 낼 새로운 인물, 인류 위기상황을 잠재워 인류의 안락한 삶을 구현할 원대한 꿈을 꾸는 사람, 새로운 세상을 꿈꾸는 사람의 출현을 간절히 함께 소망함이 마땅한 때인가 한다.

'시대가 영웅을 만든다'는 시절인연을 감안하건대 오늘날과 같은 위기상황에서는 '꿈은 이루어진다'는 믿음을 갖고 뜻을 모아 새로운 인물을 더불어 찾고 더불어 만들어가는 노력이 더욱 절실하다. 노력이 때맞춰 결실을 맺기 위해서는 새로운 인물을 양성할 새로운 교육기관과 교육과정을 조속히 마련하는 것이 바람직해 보인다.

국가 기능의 유기적 공조와 세계화

'종교 교육을 받을 권리'의 확충을 통한 종교개혁이 이루어지면 종교계와 정치계가 본연의 자리에 서게 되고 교육·과학·경제 또한 제자리에 반듯하게 서게 마련이다. 나아가 정치·경제·교육·종교·과학 등 국가 중심기능을 담당하는 창조적 소수들도 이들 기능의 사회적 기여도에 상응하여 우대를 받게 되므로 이들 창조적 소수가 국가 중심 기능의 상호 유기적 공조를 주도할 전망이다.

돼지의 풍요로움이나 죽림칠현 류의 고고함이 행복의 유일한 척도일 수 없듯이, 도덕성 제고와 문화 창달을 도외시한 경제지표의 상향만으로 국민의 행복지수가 제고될 수는 없다. 작금의 화급한 화두인 '경제 살리기'는 경제계가 주도하되 과학·교육·정치·종교·체육·문화 등 모든 관련 분야의 유기적 공조 하에 유연하게 추진함이 바람직하다. 경제인들만의 몫으로 떠넘기거나 정치인들이 앞장서서 생색내기 공약을 남발하고 경제인들의 노고를 가로채고선 제 공덕인 양 설쳐대는 것은 바람직하지 않아 보인다.

정치의 목적 내지 기능이 이법정민以法正民임을 유념하면 정치계가 '경제'에만 매달려 사생결단하듯 바둥대는 모습은 정치의 본지를 망각한 무지의 소치요, 월권이며 허세요, 엄살로 보일 수 있다. 정치계는 이제 정치 만능의 꿈을 털고 국가 중심기능의 하나로서 여타 국가 기능과의 독립과 공조를 겸허히 받아들여야 할 때인가 한다.

국가 중심 기능의 공조를 통해 국난 극복에 공동대처하면 국민 모두의 안락한 삶의 구현 또한 순조로울 것이다. 나아가 국제정치도 세계화와 정치 본연의 기능에 부합할 때에야 비로소 인류 모두의 위기도 종식될 수 있으므로 활공사상을 먼저 구현하게 될 우리나라가 국제정치를 주도할 것으로 전망된다. 앞에서 소개한 게오르규와 강증산의 예언을 돌이켜보게 하는 대목이다.

국가 중심기능의 유기적 공조, 나아가 국제정치 또한 정치 본연의 기능에 부합하게 하여 인류 위기상황을 극복할 새로운 꿈을 더불어 꾸는 대장부의 지혜로운 동참을 기대하며 새로운 세상을 함께 꿈꿀 분에게 이 글을 아래 도표와 같이 그려 삼가 봉헌한다.

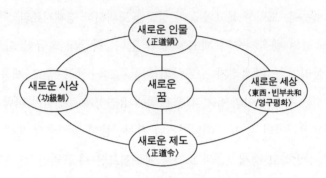

맺음말

「법성게」를 고쳐 풀이하기 위해 『화엄경』을 다시 읽지 않을 수 없었다. 예전엔 뜻이 와 닿지 않아 지루하고 번다하게 여겨졌었는데, 신기하게도 재미있고 때로는 감동하여 감탄하며 남은 세월 동안 『화엄경』에 잠겨 보고 싶은 소망이 끊이질 않았다. 즐겨 읽곤 하던 『화엄경, 보현행원품』은 새롭기만 했다. 아마도 「법성게」의 뜻을 온전히 알고자 나름대로 「법성게」에 심취했기 때문인가 한다.

그래서인지 「법성게」의 내용을 먼저 파악한 후 『화엄경』을 다시 보도록 누구에게나 권청하리라 마음먹었다. 독자들께 권청하노니, 시중의 많고 많은 「법성게」 해설서를 접할 때에는 『화엄경』 말씀과 연계해서 그 내용을 살펴보는 차분함을 잊지 말길 바란다.

그리고 『화엄경, 십지품』에서 "일찍이 듣지 못했던 법을 한 구절만 들어도 크게 환희하여 삼천대천세계에 가득한 보배를 얻은 것보다 좋아하고, 듣지 못했던 바른 법을 한 게송만 들어도 크게 환희하여 전륜성왕의 지위를 얻은 것보다 기뻐함(若聞一句未曾聞法 生大歡喜 勝得三千大天世界滿中珍寶 若聞一偈未聞正法 生大歡喜 勝得轉輪聖王位)"을 일깨우신 말씀을 마음에 새겨 『화엄경』을 찬찬히 살펴보길 권청한다.

經에서 "신심 없는 중생은 부처님을 뵙지 못하나(無信衆生不見佛)

308

부처님은 그에게도 이치를 일깨워(而佛亦爲興義利) 이름도 듣고 광명
도 받게 하여 그로 인해 보리를 얻게 함(聞名及以觸光明 因此乃至得菩
提)"[313]을 일깨우시니

　　"세계 티끌 같은 마음 헤아려 알고(刹塵心念可數知)
　　큰 바다의 물을 마셔 없애며(大海中水可飮盡)
　　허공을 측량하고 바람을 얽매어도(虛空可量風可繫)
　　부처님의 공덕은 말로 다할 수 없음(無能盡說佛功德)"[314]

을 확인하는 기쁨을 『화엄경』에 잠겨 진하게 누리시길 기원한다.
　　아울러 『화엄경, 보살문명품』에서 "세간의 말(言論)이란 모두가
분별이니 일찍이 한 법도 법성法性에 들어가지 못하는도다"라고 일깨
우신 말씀과 『지세경』에서 "여래는 법성法性의 소견으로가 아니라
모든 법성을 떠나는 것을 보는 자를 이름하여 여래를 본다"라고 하신
말씀을 돌이켜 「법성게」를 다시 살펴보는 여유를 갖게 되길 간절히
기원한다.

　　제대로 미치지(狂) 못하여 온전히 미치지(及) 못한 부분은 귀하에
의해 온전히 다듬어지길 고대하면서 다음 '게송'으로 부족한 아쉬움을
달래며 『고쳐 풀이한 법성게 - 그 공능과 쓰임새』를 마무리한다.

---

313 『화엄경, 여래출현품』
314 『화엄경, 입법계품』

법의 성품 허공 같음을 통달하시고(了達法性如虛空)

삼세에 두루 들어가되 걸림 없어(普入三世皆無碍)

생각 생각 모든 경계 반연하여도(念念攀緣一切境)

마음에는 여러 분별 아주 끊으시고(心心永斷諸分別)

중생들의 성품 없음 통달하시고도(了達衆生無有性)

중생에게 대비심을 일으키시어(而於衆生起大悲)

여래의 해탈문에 깊이 들어가시며(深入如來解脫門)

한량없는 중생의 온갖 어리석음 널리 제도하시고(廣度群迷無量衆)

온갖 법을 관찰하고 깊이 생각하시어(觀察思惟一切法)

온전히 깨달아 모든 법의 성품에 들어가시며(了知證入諸法性)

부처님의 지혜를 이렇게 닦으시어(如是修行佛智慧)

널리 중생을 교화하여 해탈케 하시네(普化衆生令解脫).[315]

---

[315] 『화엄경, 입법계품』에서 선재동자가 '수호일체성주야신'을 게송으로 찬탄한 구절 중에서 인용함.

저자 후기

　견성見性을 꿈꾸던 계절에 견성한 분들의 안목과 삶에 회의가 생겨 꿈을 접었다. 좁은 소견으로는 견성하면 '일체 중생이 모두 불성을 지니고 있음'을 확연히 알아 일체 중생을 향한 동체관과 동체대비심이 불현듯 솟아서 현대 인류가 당면하고 있는 전쟁·범죄·공해·질병·계층 간 세대 간 갈등과 대립·빈곤·인간성 상실·도덕적 해이 등등 모든 위기상황에 대한 연민의 정이 깊어, 분명 이들 위기상황을 타개하기 위한 방편을 제시하고, 그 구현을 위해 불철주야 보살도菩薩道를 실천할 것으로 알았다. 『화엄경, 십회향품』에서 "내가 닦는 행은……내 자신을 위하여 해탈을 구함이 아니고…… 일체 중생을 구제하여 그들로 하여금 모든 괴로움을 해탈케 하려는 것(我所修行…… 不爲自身而求解脫 但爲救濟一切衆生 令其…… 解脫衆苦)"임을 일깨운 말씀이 늘상 감동을 주었기 때문이다

　그러나 박복薄福한 내가 만난 내로라 하는 도인(?)들은 줄탁동시啐啄同時의 연緣이 성숙되지도 않은 상황에서 옛 조사들의 공안公案을 마치 활구活句인 양 내던지거나 남의 살림살이를 마구 끌어다가 자기 것인 양 호도하기 일쑤였다. '무명실성즉불성無明實性卽佛性'이요 '환화공신즉법신幻化空身卽法身'임을 읊어대면서도 동체대비심의 발현으로 보이는 행적行蹟을 찾아보기 어려웠다.

인류위기를 극복하기 위한 방안은 동체관과 동체대비심을 마냥 노래하는 승가僧伽에서 나와야 한다는 당위當爲와 이에 대한 기대가 지나친 만큼 견성(?)한 분들에 대한 실망이 컸었다. 그들은 신기루를 오아시스로 착각하는 견성병見性病을 앓고 있는 사람들 같았다.

아무튼 필자가 견성의 꿈을 접고 긴긴 방황의 계절에 인류위기 극복 방안으로 제시한 소천 선사[316]의 저술인 『활공원론活功原論』을 만나게 되었으니, 그 감격과 감탄은 실로 크나큰 위안이었고 새로운 꿈이 되었다. 이로부터 정치와 종교의 공조에 관한 방안의 구현을 꿈꾸느라 정작 부처님의 가르침을 접고 온갖 망상으로 마냥 꿈에 취한 채 세월을 허송하며 살았음을 뒤늦게 알게 되었다. 환갑이 지나 늦깎이로나마 출가할 즈음에도 '활공사상活功思想'의 연구와 보급을 꿈꾸며 마지막 열정을 쏟아보고자 했다.

그런데 산중山中에 달랑 홀로 사는 삶이 시시로 내게 '주제 파악'의

---

316 필자는 출가 후에야 신소천 선사가 백용성 선사의 위패상좌가 된 사연을 알게 되었다. 사연인즉 용성 선사의 상좌인 하동산 선사가 늦깎이로 출가하고자 하는 소천 선사에게 용성 선사를 은사로 천거하였는데, 그 이유로는 두 분의 세 가지 공통점을 거론했다고 한다. 첫째는 견성한 점이 같고, 둘째는 항일독립운동을 한 점이 같으며, 셋째는 한문경전을 한글로 번역·풀이한 역경 불사佛事를 활발히 한 점이 같다고 했다. 이에 소천 선사는 용성 선사의 위패상좌가 되셨다고 한다. 견성한 후의 삶에 동체대비심이 확연히 드러난 독립운동과 역경사업에 감탄하여 이 두 분은 참으로 견성한 분이라는 확신을 갖게 되었고, 필자는 소천 선사의 위패상좌가 된 것을 무한한 영광으로 알고 스스로를 추스르고 있다.

계기를 펼쳐 주었나보다. 죽기 전에 꼭 한 번은 읽어보리라 하고선 마냥 미루기만 하던 '한글대장경'을 읽기 시작한 것이다. 출가의 공능과 공덕에 관한 부처님 말씀이 홀로 사는 삶에 한 줄기 서광을 비춘 듯 부처님 말씀을 이해하는 폭과 깊이가 달라졌음을 서서히 절감하게 되었다.

찾는 이 없는 외딴 산중의 퇴락한 절 뜨락에 앉아서 둥그스름한 산봉우리를 마냥 바라보며 하염없이 보낸 세월의 무게 탓인지 시비곡직是非曲直을 즐겨 따지던 업습이 지식된 줄도 몰랐다. 분별을 여읜 삶이 뜨락의 꽃과 나를 구분하지 않을 즈음에야 내 삶에 모종의 변화가 있음을 알게 되었다.

은연중 젖어든 변화의 계절에 「법성게」에 심취하여 그 뜻을 온전히 헤아리느라 혹독한 추위와 쌓이는 눈 속에서 산중 독살이의 어려운 겨울나기가 언제 어떻게 지나갔는지 신기할 따름이었다. 『고쳐 풀이한 법성게』의 초고가 지나간 겨울을 얘기하며 나에게 마무리를 독려하는 듯했다. 그러나 「법성게」의 무게를 감당하기엔 나의 겨울은 너무 짧지 않았나 싶다. 게다가 봄은 짧고 할 일은 많고 고된 겨울나기의 후유증으로 지친 나머지 마무리 작업은 잊혀져가고 있었다.

그러던 어느 날 "학송 스님 법문은 귀에 쏙쏙 들어온다"며 필자를 격려하시던 유한조 보살님의 타계 소식을 접하게 되었다. 이분에게 『고쳐 풀이한 법성게』 해설서를 보여드리지 못한 아쉬움이 필자로 하여금 마무리 작업에 매달리게 했다.

49재 기간에 탈고하게 되길 소망하여 꽤나 열심히 노력했다. 혹독한 병고에 시달리면서도 타계하실 즈음에 "학송 스님에게 '이백만

원'을 드리라고 말씀하셨다"라는 유족의 전언傳言도 있고 해서 이 돈을 『고쳐 풀이한 법성게』 해설서 출판 비용에 충당하고자 서두르는 마음도 있었기 때문이다.

마무리 작업은 꽤나 순조로운 듯했다. 그런데 「법성게」를 고치는 이유와 풀이한 근거가 필자 나름의 깜냥과 논리에 치우쳐 있음을 돌이켜보게 되었다. 그 즈음에야 「법성게」가 부처님께서 말씀하신 '경전經典' 속의 게송이 아니어서 「법성게」가 만들어진 과정의 신령스러움만으로는 그 내용의 타당근거가 박약함을 알게 되었다.

그래서 마무리 작업을 접고 『화엄경』을 읽어가며 「법성게」의 내용과 연계된 부처님 말씀을 찾기 시작했다. 49재 기간은 다 지나가고 계절이 바뀌어도 『고쳐 풀이한 법성게』의 마무리 작업은 진척이 없고 이젠 『화엄경』에 빠져들게 되었다. 그리고 보다 온당한 저술을 출간하길 소망하여 천일기도를 병행하느라 또 한 번의 겨울은 그렇게 지나가고 있었다.

「법성게」가 세상에 나온 이래 1,300여 년의 세월 속엔 내로라 하는 대덕 스님들도 많았고 「법성게」를 풀이한 저술도 적지 않았다. 그런데 하필 풋내기 늦깎이 주제에 겁 없이 「법성게」를 감히 '고쳐' 풀이하고자 하는 까닭이 도무지 납득이 되지 않을 것 같았다. 그래서 충분히 세월을 삭이며 천천히 마무리 작업을 하는 게 바람직하다는 생각도 자연히 고개를 들기 시작했다. 그러나 평생 소망하던 '정치와 종교의 공조'에 관한 저술을 더 이상 미룰 수도 없어서 부족한 아쉬움을 지닌 채 『고쳐 풀이한 법성게』의 출간을 서둘러 매듭짓기로 작정하였다.

그런데 아쉽고 부족함이 많은 원고나마 초고草稿가 막 매듭지어질 즈음에 엉겁결에 항암치료를 받게 되었다. 남은 저술거리를 생각하면 아쉬움이 절절한 삶이지만, 『고쳐 풀이한 법성게 – 그 공능과 쓰임새』의 탈고만으로도 늦깎이의 밥값은 할 것 같아 안도하며 치료에 임했다.

종류도 많고, 사연도 많은 '암'이 내게도 찾아들 정도로 세상이 바뀌고 있음을 안타까워하며 새로운 치료법의 개발을 위한 동서의학의 공조와 통합을 다시금 간절히 소망하게 된다. 암환자의 고통을 체험하니 연민의 정이 끊이질 않고 의료보험 혜택을 받으니 부끄럽고 미안할 따름이다.

부디 좁은 국내 의료시장 쟁탈전에서 벗어나 세계 의료시장을 선점先占할 수 있는 역량을 기르기 위해서라도 동서의학의 통합에 국가가 적극 나서주길 고대한다. 두 차례의 항암치료(약물 9회, 방사선 20회)가 무위로 끝나게 되니 식이요법과 운동을 통한 면역력 회복과 동서의학의 통합에 의한 새로운 치료법의 개발을 더욱 소망하게 된다.

돌이켜보면 내 삶엔 유난히 극적 반전反轉이 많은 것 같다. 행복이 따로 없어 행복의 문턱 또한 본래 없는 것이지만, 내겐 유난히 높고 항상 새로운 도전을 일깨우며 참회와 서원, 그리고 불석신명不惜身命을 되뇌게 한다. 모든 사연에 늘상 감사하면서, 아울러 그간 이 법신法身을 환화공신幻化空身으로 홀대한 어리석음을 돌이켜 법신과 공신을 함께 내려놓는 삶에 충실하고자 한다.

그래서인지 내겐 지리한 투병 생활에 은근히 활력을 일깨우는 새로운 행운이 펼쳐지고 있다. 이해가 되질 않아 늘그막에 다시 볼 요량으로 마냥 미루기만 했던 『원각경圓覺經』을 살펴보는 재미가 새롭기만 하다. 자연 「법성게」 해설서의 퇴고는 늦어지지만 『원각경』 말씀으로 완성도는 높아지게 되었다. 그리고 이젠 『능엄경』을 보며 감탄과 즐거움이 나날이 새롭게 펼쳐지고 있다. 병마病魔가 고통과 행운을 함께 안겨주고 있어 인생사人生事 동남풍이 따로 없음을 절감한다.

돌이켜보건대 만약 『능엄경』과 『원각경』, 그리고 『화엄경』을 제대로 본 후 「법성게」를 접했다면 과연 「법성게」에 이렇게 심취할 수 있었을까 하는 의문이 생긴다. 필자의 「법성게」 해설 작업은 거꾸로 진행된 게 분명하다.

관련 경전을 종합적으로 살펴 그 뜻을 알고 「법성게」를 해설함이 온당하다. 그러나 필자는 거꾸로 「법성게」 해설을 먼저 한 후, 그 타당 근거를 관련 경전에서 찾아 연계 설명하는 방식으로 탈고하게 되었다. 거꾸로 진행된 저술 작업은 필자의 독창성을 끌어내는 데는 분명 크게 기여했을 것이나 다소간 문제점도 있을 듯하다. 비록 연역적演繹的 접근에 이어 귀납적 접근이 이루어지긴 했어도.

필자의 이런 상황과 사정을 독자들에게 세세히 언급하는 뜻은 '어설프나마 시작은 필자가 하되 완성은 눈 밝은 분이 해주십사' 하고 간청하기 위해서다. 부디 필자의 이 소망이 성취되길 바라며, 투병 중인데도 불석신명 한답시고 탈고에 매달린 미련한 주제에 무리하게 진행한 이 부족한 작업에 대해 독자의 관량을 빌어마지 않는다.

아울러 15개월 동안 두 차례의 항암치료를 주관한 의료진, 먹거리와 교통편의 등 많은 도움을 주신 주변의 친지, 그리고 속가의 가족과 인생여정을 보다 풍부하게 엮게끔 온갖 배려를 마다하지 않은 화엄성 중님과 새로운 치료방법을 일깨워주신 원정 스님, 서평을 해주신 세 분 박사님과 지난 10년간 한결같이 보살펴준 홍기복·김상규 두 분 거사님께 깊이 감사드린다.

월하月河 학송鶴松

1944년 출생하여, 부산고와 서울대 법대를 졸업하고, 대학 교수를 역임하였다. 젊은 시절 소천 선사 문하에서 공부하였으며, 퇴임 후에 출가, 연구와 수행에 힘쓰다가 2016년 입적하였다.
저서로 『구종인간九種人間』, 『하산, 그 다음 이야기』, 『정도령正道令과 정도령正道領』, 『아이고, 부처님』, 『대보부모은중경 총설』, 『노동의 가치, 불교에 묻는다』(공저), 『좋은 정부란 무엇인가?』(공저) 등이 있다.

고쳐 풀이한 법성게

초판 1쇄 인쇄 2017년 6월 2일 | 초판 1쇄 발행 2017년 6월 12일
지은이 학송 | 펴낸이 김시열
펴낸곳 도서출판 운주사

　　　(02832) 서울시 성북구 동소문로 67-1 성심빌딩 3층
　　　전화 (02) 926-8361 | 팩스 0505-115-8361
ISBN 978-89-5746-485-4　93220　값 15,000원
http://cafe.daum.net/unjubooks 〈다음카페: 도서출판 운주사〉